한국 노동시장의 해부

KANKOKU NO TOSHIKASOU TO ROUDOUSHA

© Nobuko Yokota 2012

Originally published in Japan in 2012 by MINERVA SHOBO LTD., KYOTO,

Korean translation rights arranged with MINERVA SHOBO LTD., KYOTO, through TOHAN CORPORATION, TOKYO,

and Shinwon Agency Co., SEOUL.

한국 노동시장의 해부

: 도시 하층과 비정규직 노동의 역사

요코타 노부코 쓰고 옮김

그린비

| 일러두기 |

책 속 출처 표기는 원서를 따라 본문 괄호 주 형태로 되어 있으며, 제목을 비롯한 상세 서지
정보는 권말의 참고문헌에 실어 두었다.

서장

문제의식과 분석 시각

1. 문제의식

1962년부터 87년에 걸쳐 한국은 정부가 주도하는 개발 전략 아래 '한강의 기적'이라 불리는 경이적인 경제 발전을 이뤘으며, 제2차 석유 파동 직후인 80년과 98년 'IMF 경제위기'를 제외하면 현재에 이르기까지 순조롭게 경제 성장을 지속해 왔다. 1970년에 GDP가 81억 달러, 일인당 GNI(국민총소득)가 253달러에 불과했던 한국의 경제 규모는 2010년에 GDP가 1조 145억 달러로 세계 14위, 일인당 GNI는 1만 9890달러로 커졌다.

한국이 이렇게 '압축적' 경제 발전을 이룰 수 있었던 것은 개발 체제의 기반이 정비된 1960년대 후반부터 80년대 초반의 '개발연대'(開發年代)에 수출 지향형 경제 발전 전략을 채택하고, 그것을 강력히 추진해 왔기 때문이다. 특히 1998년 IMF 경제위기를 계기로 후발 자본주의국가로서의 '한국형 발전 모델'을 심화·고도화시킴으로써 세계 경제의 글로벌화의 파도에 재빠르게 올라탈 수 있었기 때문이다. 개발 초기엔 일본으로의 캐치업(catch-up)을 목표로 했던 수출 산업도, 전기기기, 반도체, 자동차 등의 분야에서 삼성전자나 현대자동차 등 일본을 능가하는 재벌계열 기업도 등장했다. 이처럼 세계 유수의 수출 기업을 전적으로 지원하며 수출을 신장시킴으로써 경제를 바닥에서 끌어올리려는 수출입국(輸出立國) 성장 전략은 다른 나라들에 앞서 FTA(Free Trade Agreement, 자유무역협정)을 적극적으로 체결한 이명박 정권의 자세에서도 선명하게 드러난다. 그러나 2011년 11월에 야당의 반대를 무릅쓰고 비준한 한미 FTA에 대해 한국 내에서 격렬한 반대운동이 일어났으며, 지금까지도 그 열기는 식지 않고 있다. 한미 FTA에 반대하는 이유는 지금까지 FTA의 혜택을 받은 것은 재벌 대기업뿐이고 중소 상공업자나 농업은 커다란 타격을 받았을 뿐 아니라, 양질의 고용이 창출되지 못하고 경제적 양극화 현상은 더욱 확대되어 간다는 것이다(『매일노동뉴스』, 2011년 11월 25일).

실제 한국에서는 1998년 IMF 경제위기 이후 양극화 현상이 급속히 확대되었다. 소득 분배 불평등도를 나타내는 지니계수는 97년에 0.264였는데, 98년에 0.293으로 급상승하더니 2000년대 중반 이후로 가파른 상승을 지속해 2009년에는 0.320까지 올랐다(한국 통계청, 『국가통계포털(Korean Statistical Information Service)』). 이러한 상황에서 2011년 말 미국 월가에서 시작되어 전세계로 퍼져나가며 '반양극화'를 요구했던 '월가 점령(occupy) 시위'가 서울에서는 청년층을 중심으로 수천 명이 모인 집회로 발전했다.

하지만 실업률이 계속 높은 상태로 유지되고 있는 서구 선진국과 달리 한국의 실업률은 3퍼센트대로 낮은 편이며, 서브프라임 모기지론 사태 직후인 2009년, 2010년에도 3.7퍼센트에 지나지 않았다. 두드러지게 높은 청년 실업률도 서구 선진국이 10~20퍼센트대인 것에 비해, 2009년 한국의 15~29세 청년 실업률은 8.1퍼센트로 같은 해 일본의 동일 연령층 실업률인 8퍼센트와 거의 같다(통계청, 『경제활동인구 조사』). 즉 문제의 핵심은 저임금, 장시간 노동, 불안정 고용을 특징으로 하는 비정규직 노동자 비율이 전체 임금 노동자의 과반수를 점하며, 중소 영세기업 노동자와 취업 인구의 30퍼센트 가깝게 점하고 있는 영세 자영업자층을 포함한 방대한 '주변 노동자'의 존재이다. 이들 중 대다수는 개발연대에 형성된 도시 하층과 연속성과 공통성을 가지며, 불안정하고 낮은 소득 및 불안정한 취로뿐 아니라 노동법이나 사회보장제도, 노동조합의 보호에서 배제된다는 점에서 양극화 문제를 더욱 심화시킨다.

그런데 의외로 사회경제적 양극화를 확대한다는 이유로 FTA 체결 반대를 외치는 주장 중에 한국의 경제 발전 모델과 양극화 확대, 비정규직 노동자의 증대를 구조적으로 연결해서 논하려는 논의는 거의 찾아볼 수 없다. 즉 한국의 비정규직 노동자를 비롯한 주변 노동자의 증대를 한국형 개발 모델의 심화·고도화 속에서 고착화된 구조로 인식하는 시점이 결여되어 있는 것이다.

이에 본서의 목적은 1960년대 후반 이후부터 현재까지의 한국 경제 발전, 그중에서도 생산 체제의 고도화와 함께 노동사회 구조가 어떻게 변화했는가를 역사적으로 추적하고 그 성격과 특징을 부각시키는 것이다. 여기서는 특히 한국의 노동사회의 구조 변화를 주변 노동자의 증대와 노동의 비정규직화에 초점을 맞추고, 노동시장 구조의 분석을 중심축으로 고찰한다. 한국형 발전 모델의 주요 부분으로서의 생산 체제가 노동력 수급을 규정하고, 그 노동력 수급의 결절점인 노동시장의 구조가 노동자의 고용·노동 조건뿐만 아니라 노사관계를 비롯한 노사정의 노동체제의 성격이나 노동자의 재생산 구조인 가족 구조까지 결정짓기 때문이다.[1] 이렇게 어떤 일정한 노동시장 구조가 사회제도나 시스템에 중대한 영향을 끼치거나 양자가 서로 규정하는 것을 노동시장 구조와 구별해 노동시장 체제라고 부르고자 한다. 다만 본서에서는 한국 노동사회나 노동시장을 고찰하기 위하여 주로 한국의 경제 발전을 주도했던 공업제품 생산 주체인 생산 노동자를 대상으로 하고, 관리직·기술직·사무직 등 화이트칼라 노동자에 대해서는 생산 노동자와 관련이 있는 경우에만 언급한다.

2. 본서의 구성과 분석 시각

본서의 구성에 따라 문제의식과 분석 시각에 대해 서술하고자 한다.

---

1 다케나카 에미코(竹中恵美子)는 노동시장 분석의 의의를 다음과 같이 논하고 있다. 즉, "노동력 수급의 결절점인 노동시장의 분석은 노동 제 조건을 규정하는 노사관계의 경제적 배경으로, 노동 제 조건의 결정 및 일본적 노사관계를 해명하는 경제 분석의 도구로써 불가결한 연구 분야"(다케나카 에미코, 1979: 2)이다. 본서 또한 한국의 노동사회 분석에 임할 때 이 다케나카의 지적에서 커다란 영향을 받았다.

○제1장 개발연대에서 도시 하층의 형성과 노동시장

제1장에서는 1960년대 후반에서 80년대 초반까지의 개발연대의 노동시장 구조와 노동자의 실태에 대해 고찰한다. 기존의 연구로는 1960년대 후반 이후 급속한 공업화의 진행과 함께 농촌에서 도시로 대량 이동한 이농민들이 유입되면서 70년대 중반 무렵까지 무제한적으로 저임금의 공업 노동력을 공급된 것이 실증된다(배무기, 1982). 그러나 이 시기의 노동시장 구조가 이후 한국의 노동시장 체제를 규정하는 기반을 만들었음에도 불구하고 이농민을 중심으로 거대하게 형성된 도시 슬럼인 '도시 무허가 정착지'와 공장 노동자와의 관계성을 시야에 넣어 분석한 총체적 노동시장 구조 분석 연구는 거의 없다.

이는 많은 연구자가 경제 발전이 막 시작되었을 때의 한국을 개발도상국형의 이중경제 구조론의 틀에서 파악하려고 했기 때문이다. 즉 근대 부문과 전통 부문으로 분절된 개발도상경제의 이중 구조에 대응해 그 노동시장도 도시잡업(雜業)적인 비공식 부문과 근대적 공장 노동자의 공식 부문이라는 두 부문으로 분단된 이중 노동시장 구조를 형성한다고 인식했기 때문이다. 그러나 이러한 분단적인 이중 노동시장 구조론으로는 도시 무허가 정착지 주민이나 공장 노동자가 도시 비공식 부문(informal sector)과 공식 부문(formal sector) 사이를 빈번하게 편력하는 두 부문간의 긴밀한 교류관계를 설명할 수 없다.

그래서 제1장에서는 1980년대 초에 실시된 도시 무허가 정착지 실태 조사 원자료를 분석하고 거기에서 얻어진 도시 무허가 정착지의 취업자 실태를 공장 노동자의 그것과 비교함으로써 개발연대의 총체적인 노동시장 구조를 밝힌다. 더불어 이러한 노동시장 구조가 개발연대에 유지된 요인을 노동력의 공급 구조 및 권위주의적 노동 체제의 양측면에서 고찰한다.

○제2장 노동자대투쟁과 '87년 체제'의 성립
　: 대기업과 중소기업의 '분단 노동시장 체제'의 성립

제2장에서는 1980년대 중반 이후 중화학공업화의 급속한 진전과 87년에 일어난 '노동자대투쟁'으로 노동시장의 구조와 노동시장 체제가 어떻게 변화했는가에 대해 고찰한다. 분석 대상 기간은 1980년대 전반에서 90년대 초반까지이다.

　1987년 6·29민주화선언 이후 민주화과정에서 한국사회의 변동과 구조는 일반적으로 '87년 체제'로 불린다. 노동사회에서도 6·29민주화선언 직후인 7~10월에 마른 들판에 퍼지는 불처럼 전국으로 확산되어 동시다발적으로 일어난 노동쟁의는 '노동자대투쟁'이라 불리는데, 권위주의적 노동 체제가 타도되어 노동 삼권이 확립되었다는 점에서 한국 노동운동사에서 큰 획을 그었다. 그리고 노동자대투쟁을 계기로 대기업·중화학공업·남성 생산 노동자라는 '중핵 노동자'(中核勞動者) 층이 생겨나고 그들에 의해 대기업에 내부 노동시장이 형성되었다는 것이 정설이 되었다.

　그러나 지금까지 1980년대 전반에서 87년 노동자대투쟁까지의 기간에 노동시장 구조가 어떻게 변화했는지, 대기업에서만 내부 노동시장이 형성된 기층적 요인은 무엇인지에 대해서는 기존 연구에서 거의 논의되지 않았다. 확실히 노동자대투쟁은 대기업·중화학공업·남성 생산 노동자에 의해 주도된 80년대 노동운동의 폭발적인 귀결이었다. 그러나 대기업 남성 생산 노동자를 기업별 노동조합으로 급속히, 그리고 강력하게 조직했던 노동시장 구조의 변화는 무엇이었을까? 또한 그 노동시장 구조의 변화를 불러일으킨 요인은 무엇이었을까? 이 질문에 대답해 주는 선행 연구는 찾을 수 없다. 제2장에서는 83년 이후 중화학공업화의 급진전과 관련시켜 이 문제에 접근하고자 한다.

또한 87년 체제에 대한 한국의 노동 연구에서 더욱 중대한 문제점을 지적해야만 한다. 대부분의 연구 관심이 노동자대투쟁을 주도했던 대기업·중화학공업·남성 생산 노동자에 의해 이루어진 강력한 기업별 노동조합운동과 노사관계 및 그 노동시장 구조에 집중되어 있는 반면, 중소기업 노동자와 비정규직 노동자 등 주변 노동자에 대한 고찰이나 분석은 결여되어 있다. 그 결과 한국의 노동 연구는 87년 체제의 전체 구조를 제대로 인식할 수 없다는 치명적인 결점을 내재하게 되었으며, 87년 체제의 동태적인 변화 파악이 어려워졌다. 그래서 제2장에서는 노동자대투쟁을 계기로 내부 노동시장을 형성한 대기업 남성 생산 노동자와 중소기업 노동자와의 관계나 차이에 대해서 고찰한다. 구체적으로는 대기업과 중소기업 노동자 사이의 상이점와 격차에 대해 노동자의 정착성과 임금 구조에 초점을 두고 비교 분석한다. 또한 대기업과 중소기업 노동시장 간의 관계의 변화를 보기 위해 개발연대인 1976년과 노동자대투쟁이 끝난지 얼마 안 되는 1991년에 양자간 노동 이동 양상의 차이도 비교해 볼 것이다.

○ 제3장 '신경영전략'의 전개와 '87년 체제'의 변화
  : 대기업에서의 내부 노동시장 구조의 심화와 '주변 노동자'의 증대

제3장에서는 한국 노동사회의 87년 체제가 1990년대에 어떻게 변화해 갔는가를 살펴본다. 분석 대상 기간은 노동자대투쟁 3년 후인 1990년대 초부터 한국 노동사회에서 제2의 전환점이 되는 98년 IMF 경제위기까지이다.

여기서는 87년 체제의 변화를 고찰하는데, 두 가지 측면에서 검토한다. 하나는 거시적 통계 분석을 통해 한국 노동사회 전체의 취업 구조 변화를 파악하기로 한다. 다른 하나는 대기업 남성 생산 노동자를 비롯한 중핵 노동자로 구성된 내부 노동시장 구조 변화에 주목하며, 거기에서 다시 한번 중소기업 노동자나 비정규직 노동자 등 주변 노동자와의 관계를 살펴보고 첫 번째 측면에서 본 취업 구조 변화의 의미를 짚어 볼 것이다.

특히 1990년대 초반에 재벌계열 기업을 중심으로 대기업에서는 노동비용이 급격하게 상승하자 그에 대응하기 위해, 그리고 노동자대투쟁을 통해 노동조합에 넘어간 현장 통제력을 되찾고 새로운 헤게모니를 구축하기 위해 '신경영전략'이 활발히 전개되었다. 신경영전략은 고용 감소를 위한 자동화 설비에 대한 대대적 투자, 노동자를 개별적으로 기업 조직에 포섭하는 '개별적 노무 관리' 틀의 구축을 그 내용으로 한다. 이런 식으로 자동화가 진행되는 중에 대기업 생산 노동자의 노동력 구성은 어떻게 변화해 갔는가를 구체적인 사례를 들어 살펴본다. 덧붙여 대기업의 노동 정책이 그때까지의 집단적 노사관계에서 개별적 노무 관리로 전환된 것이 대기업의 기업별 노동

조합 조직이나 노사관계에 어떤 영향을 주었는지도 함께 고찰하며, 이러한 대기업의 내부 노동시장 구조의 변화가 주변 노동자도 포함한 87년 체제를 전체적으로 어떻게 변용시켰는지 부각하고자 한다.

다만, 자료의 제약으로 제1장에서 제3장까지 여성 노동자에 대한 분석을 생략할 수밖에 없다. 그 이유는 1970~90년대 한국 정부에 의한 노동 통계는 남녀를 구분해 집계한 것이 극히 드물고, 설사 남녀별로 구분되어 있다고 하더라도 샘플 추출 방법의 제약으로 실질적으로 통계상 여성 노동자를 파악할 수 없는 경우가 많기 때문이다.

○제4장 IMF 경제위기 이후의 생산 체제와 '내부 노동시장 체제'의 변화
  : '중핵 노동자'의 비정규직화를 중심으로

제4장과 제5장에서는 IMF 경제위기 이후 한국에서 노동의 비정규직화의 특징과 사회 구조상의 의미에 대해 고찰한다.

1998년에 IMF 경제위기가 일어나기까지 한국에서 진행되었던 노동 연구의 관심은 대기업의 '내부 노동시장 체제'에 의해 규정된 대기업의 기업별 노동운동의 전개와 노사관계에 집중되어 있으며 중소기업 노동자나 비정규직 노동자 등 주변 노동자의 존재는 거의 인식하지 않았다. 그런데 한국 노동사회의 제2의 전환점이 되는 IMF 경제위기로 인해 비정규직 노동자가 급속히 늘어났고 사회 문제의 초점이 되었다.

1997년 연말 아시아 통화위기가 파급되어 한국 정부는 IMF에 긴급구제금융을 요청했고, 경제의 긴축·자유화 정책을 내용으로 하는 IMF의 융자 조건을 수용했다. 이로 인해 그때까지 연평균 7.3퍼센

트라는 고성장을 유지해 왔던 한국 경제는 98년엔 -5.8퍼센트의 마이너스 성장으로 급격히 전환되었고, 재벌 기업을 포함한 연쇄 도산이 대량 실업을 불러일으켰다. 그때까지 한국의 실업률은 2퍼센트대로 완전 고용 수준이었으나, 순식간에 6.8퍼센트까지 올라갔다. 또한 IMF의 구조 개혁 요구를 수용한 김대중 정권은 사회적 합의 구성 기구인 '노사정위원회'를 98년 1월에 발족시켜 정리해고제의 즉시 도입과 근로자 파견 제도의 대폭 규제 완화라는 노동시장 규제 완화 정책을 시행했다. 그 결과 기업이 정리해고에 이어 정규직 노동자를 비정규직 노동자로 전환하는 구조조정을 단행했기 때문에 대량 실업과 함께 비정규직 노동자가 급증했으며 이는 심각한 사회 문제로 이어졌다.

제4장에서는 IMF 경제위기 이후 한국 노동사회에서 87년 체제의 전환을 노동의 비정규직화의 진행과 대기업을 중심으로 하는 내부 노동시장 체제의 위축과 동요의 관점에서 검토한다. 특히 87년 체제 아래에서 내부 노동시장에 안정적으로 포섭되어 있던 중핵 노동자인 대기업 남성 정규직 노동자가 IMF 경제위기 이후 비정규직 노동자로 치환된 이유를 생산 체제의 자동화 추진에 따른 탈숙련화 진행과 관련하여 고찰한다.

글로벌 경쟁이 격화되는 IMF 경제위기 이후, 특히 2000년대에 들어와서 전자기기와 자동차 등 한국을 대표하는 수출 제조업에 모듈형 생산 시스템이 급속히 도입되었다. 디지털화·자동화를 철저히 추구한 모듈형 생산 시스템으로의 이행은 87년 체제 아래에서 주로 재벌계열 기업에 의해 추진되어 자동화 설비 투자를 하나의 중요한 요소로 삼는 신경영전략의 연장선상에 있다고 여겨진다. 따라서 여기서는 개발연대에서 IMF 경제위기까지 한국의 경제 발전 메커니즘을 기술 발전의 특징과 노동자의 기능 형성과 연관지어 분석한 핫토리 다미오(服部民夫)의 '조립형 공업화'론을 실마리로 IMF 외환위기 이후의 생산 체제 변화의 의미를 짚는다. 그리고 이러한 생산 체제 속에서 대기업 내부 노동시장에 포섭된 정규직 노동자가 비정규직화된 요인을 노동과정이나 기능의 질적 변화의 고찰을 통해 밝히고자 한다. 이때 한국 수출 제조업의 주력이며 동시에 모듈형 생산 시스템의 도입을 가장 적극적으로 진행한 자동차 기업인 현대자동차를 사례로 들 것이다.

○제5장 젠더 시점에서 본 한국에서 노동의 비정규직화
 : '비공식성 고용'의 증대와 비정규직 노동자 가족의 특징

제5장에서는 1990년대 이후 특히 IMF 경제위기 이후 한국 노동의 비정규직화의 특징을 젠더의 시점을 더하여 전체적으로 파악하고자 한다. 한국에서는 지금까지 비정규직 고용의 정의나 규모에 논의가 집중되어, 사회 구조 속에서 그 다양한 존재 형태가 갖는 의미나 상호 관련성에 관한 고찰은 거의 이뤄지지 않았다. 특히 87년 체제 아래에서 내부 노동시장에 안정적으로 포섭되어 있던 많은 남성 정규직 노동자가 IMF 경제위기를 계기로 정리해고되면서 비정규직 노동자로 전환되었다는 측면만으로는 한국에서의 비정규직화의 전체상(像)을 포괄적으로 파악하는 것은 불가능하다. 이는 한국 노동 연구에 있어 젠더 관점의 결여에서 유래하는 것이기도 하다. 정규직 고용과 비정

규직 고용의 차별 문제만이 아니라 다양한 형태로 존재하는 비정규직 고용의 분석에서도 젠더 구조는 도외시되어 왔다.

그래서 제5장에서는 '비공식성'(informality)이라는 새로운 개념을 도입해 한국에서의 노동의 비정규직화의 전체적인 특징을 분석한다. '비공식성'이라는 개념은 원래 1970년대 이후 개발도상국에서의 도시잡업적인 경제활동을 가리키는 용어로 ILO가 처음으로 사용했다. 그런데 1990년대 이후 경제의 글로벌화와 함께 생겨난 메가 컴피티션(mega-competition)을 맞이해 많은 선진국이 노동시장 규제 완화 정책을 채택했고, 그 결과 실업자와 비정규직 노동자가 급증했다. 이러한 상황을 ILO는 '선진국에서도 비공식 경제가 확대되고 있다'라고 보고했다(ILO, 2002:1). 그러나 ILO의 '비공식성'이라는 개념은 명확하지 않다. 그래서 본서에서는 '비공식성'을 법·제도 및 노동조합의 보호에서 배제된 고용 및 취업의 성질로 정의한다. '비공식성'이라는 기준을 설정함으로써 개발도상국에서 선진국까지 비정규직 고용의 비교가 가능해질 뿐만 아니라 한국에서의 다양한 비정규직 고용의 특징을 부각시키고, 젠더 구조도 포함하여 그것들의 사회적 관계성을 밝힐 수 있을 것이다.

그러나 본서의 일관된 문제의식인 한국 비정규직 노동자의 고용이나 사회적 취업 구조 속에서 그들의 위치는 개개인 노동자의 법·제도나 노동조합의 보호로부터의 배제를 검토하는 것만으로는 불충분하며, 이들 노동력이 어떻게 재생산되는가를 찾아야만 한다. 이를 위해 노동력 재생산의 장소인 가족의 재생산 구조, 이른바 한국의 노동자 가족의 생활 구조와 가계 수입 구조를 일본과의 비교를 통해 유형화해 본다. 이때 일본 고용 구조의 형태를 가족의 재생산 구조에서 남성 생계 부양자형과 가족 전체 벌이형(가족 구성원 전체의 노동으로 가계를 꾸리는 형태)으로 구분한 노무라 마사미(野村正実, 1998)의 관점은 시사하는 바가 크다.

이상, 본서의 문제의식과 독자적인 접근 시각에 대해 서술했다. 그러나 본서의 궁극적인 목적은 한국의 경제 발전을 지탱해 온 생산 노동자에 의한 노동사회의 변화를 노동시장 구조 분석을 중심으로 부각시키는 것이다. 특히 지금까지 1970년대를 제외하고는 눈여겨보지 않았던 도시 하층과의 연속과 단절이라는 두 측면에서 한국 노동시장 구조의 변화를 살펴보고자 한다. 이를 통해 1990년대 이후 사회 문제의 핵심이 된 비정규직 노동자 문제를 사회 구조 속에서 객관적으로 인식할 수 있을 것이다.

차례

한국 노동시장의 해부

제1장·개발연대에서 도시 하층의 형성과 노동시장

1. 문제 제기

1960년대 후반 이후 1987년 6·29 민주화선언까지 한국은 '한강의 기적'이라 불리는 경이적인 고도 경제 성장을 이룩했다. 한국 경제는 70년대 말 제2차 석유파동과 아시아 외환위기가 발단이 된 98년 'IMF 경제위기'로 큰 타격을 받지만, 수출지향형 공업화를 더욱 강력히 추진함으로써 그때마다 재기했고 그 이후에도 성장세를 이어갔다. 한국 경제 발전의 원형이 구축된 1960년대 후반부터 80년대 초까지를 일반적으로 '개발연대'(開發年代)라고 한다.

개발연대의 경제 발전 메커니즘을 규명하고자 하는 연구는 매우 많다. 그러나 그 이후 한국의 노동 체제나 취업 체제를 규정하는 개발연대의 노동시장 구조나 노동자의 실태에 관한 연구는 극히 드물다. 특히 1960년대 후반 이후 공업화의 급속한 전개와 함께 농촌에서 도시로 유입된 이농민(離農民)을 중심으로 형성된 '도시 하층'도 포함된 총체적인 한국의 노동시장 구조 분석은 거의 없다. 일본에서 이뤄진 연구로는 스미야 미키오(隅谷三喜男, 1975; 1976a)가 있을 뿐이다. 또한 후술하겠지만 한국에서는 80년대에 활발히 전개된 '한국 자본주의 논쟁'[1] 중에서 '도시 비공식 부문'의 의미를 둘러싼 논쟁이 이뤄졌는데, 그 안에서도 공장 노동자와의 관계성에 대해서는 거의 관심을 두지 않았다. 그 이유 중 하나로는 '유신 체제'라고 불리는 70년대의 개발 독재하에서 노동운동을 억압하기 위해 실시된 철저한 노동 통제로 인해 노동자의 열악한 노동 조건과 무권리 상태를 밝히는 노동 조사는 매우 어려웠으며 정부 통계 또한 매우 엉성했기 때문이다.[2] 이러한 상황에서 70년대에 이뤄진 유의미한 샘플 수를 가지며 체계적으로 정리된 유일한 노동 조사가 서울대학교 경제학부 교수인 배무기와 박재윤의 1976년 『한국의 공업 노동 연구』[3]이다. 본 장에서는 이러한 자료적 제약을 보충하기 위해 배무기와 박재윤의 노동 조사에 덧붙여 주로 80년대 전반에 이뤄진 '도시 무허가 정착지' 실태 조사에 근거해 개발연대 한국의 노동시장 구조와 노동자의 실태에 대

---

1 '한국 자본주의 논쟁'은 한국 자본주의의 성격에 관한 일련의 논쟁을 가리킨다. 일본에서 한국 자본주의 논쟁의 내재적인 문제의식까지 파고들어 소개한 연구로는 다키자와 히데키(滝沢秀樹, 1988; 1992)가 꼽힌다.
2 그중에서도 임금 통계가 특히 미흡해서 1970년대 유일한 직종별 임금 통계인 『직종별 임금 실태 조사』에서는 학력별, 기업 규모별, 근속별, 경력별 등의 항목에서 생산 노동자와 사무·기술·관리직이 구별되어 있지 않기 때문에 고도성장을 짊어졌던 생산 노동자의 정확한 임금 수준이나 임금 체계의 추정은 곤란하다.
3 1976년 6월 말에 제조업 기업의 노동자를 대상으로 행해진 설문 조사를 바탕으로 1970년대에 간행된 한국의 노동 조사 연구로는 유일한 것이다. 표본 수는 기업 규모별 현장 노동자 1115명(그중 남자 6767명), 271 기업이다(배무기·박재윤, 1978).

해 고찰한다.

1970년대 말부터 80년대 초반에 걸쳐 한국에서는 한국사회 및 한국 자본주의의 분석 틀로써 종속론·주변부 자본주의론이 찬반양론을 불러일으켰고, 그 이후 국가 독점 자본주의론과의 사이에 한국 자본주의 논쟁이 격렬히 전개되었다. 이 논쟁의 일환으로 같은 시기 경제 발전에 동반하는 대량 이농과 과잉 도시화로 인해 형성된 도시 슬럼인 '도시 무허가 정착지'를 개발도상국의 도시 빈곤 문제에 대한 접근 시각인 도시 비공식 부문(urban informal sector)론으로 분석하고자 했던 실태 조사와 연구가 많이 나타났다. 그중에서 노점상, 행상, 영세 자영업, 넝마주이와 일용직 노동자 등 '도시 무허가 정착지'에 거주하며 각종 잡다한 직업에 종사하는 '도시잡업층'(都市雜業層)[4]이라고 칭해야 할 도시 비공식 부문을 어떻게 평가해야 할지에 대해 종속론적 입장[5]과 근대화론적 입장[6]이 대립한 것이다. 전자는 도시 비공식 부문이 근대적인 자본 제부문에 포섭되지 않고 반영구적으로 대규모로 잔존해 가는 것이라고 말한 것에 비해, 후자는 자본제적 생산

---

4 '도시잡업층'이라는 개념은 스미야 미키오(1960)가 처음으로 사용했다. 스미야는 자본주의화과정에서 농촌에서 유출한 노동자는 곧장 자본주의적 관계에 포섭되는 것이 아니라 일단 '도시잡업층'에 체류한다고 서술했으며, 이는 개발도상경제에 토다로 모형(Todaro, 1969)의 이농민의 2단계이동설과 유사하다. 스미야에 의하면 '도시잡업층'은 '본래적인 임금 노동 관계 주변에서 전기적(前期的)인 제관계와 잡다한 취업 조건 아래에서 영세 공업, 가내 노동, 영세 소매상 등 잡다한 영업'에 종사하는 '영세 기업 노동자, 가족 노동자, 가내 노동이자, 인부·일용공 및 기타 잡업 등(스미야 미키오, 1960[스미야 미키오 저작집 제2권, 2003년, 176쪽에서 재인용])'이다. 그러나 이 이상의 언급은 없으며 그 개념 규정은 명확하지 않다.

5 종속론적 입장의 대표적 논고로는 윤진호(1984)를 들 수 있다. 그러나 윤진호는 1990년 서울대학교에 제출한 박사학위논문(윤진호, 1994)에서는 '불안정 취업층'이라는 개념을 사용했으며, 이를 자본주의의 심화와 함께 대량으로 창출된 상대적 과잉 인구로 인식하고 종속론적인 시각에서 전환되고 있다.

6 근대화론적 입장의 대표적 논고로는 배무기(1982)가 꼽힌다.

양식의 관철과 함께 축소·소멸해 갈 것이라고 주장했다. 그러나 근대 부문과 전통 부문으로 분절화되어 있는 개발도상경제의 이중 구조론에 입각해서 노동시장도 비공식 부문과 공식 부문이라는 두 부문으로 분단되어 단절적인 이중 노동시장 구조를 형성한다는 시각은 양자가 공통적이다. 스미야 미키오 또한 비공식 부문이라는 표현을 사용하지는 않았으나, 한국의 노동시장 구조를 근대적 부문과 전근대적 부문으로 이뤄진 개발도상국형 이중 구조라고 인식하고 있다(스미야 미키오, 1976a: 69~80).[7] 또한 이러한 노동시장의 이중 구조에 대응해서 근대적 공장 노동의 규율과 기술에 적합한 노동자와 그러한 자질을 갖추지 않은 노동자라는 두 종류의 노동력이 상이한 노동시장을 구성한다(스미야 미키오, 1976a: 79)는 견해는 한국의 이중 노동시장론자와 공통적이다.

그런데 이중 노동시장 구조를 주장하는 대부분의 논자가 비공식 부문이라는 경제 부문을 주로 종업원 규모와 같은 단순히 양적 기준만으로 무한정으로 구분하고 있다. 이렇게 되면 도시 비공식 부문이 한국 자본주의나 한국사회에서 어떤 의미를 갖고 있는가를 파악할 수 없을 뿐 아니라 그 개념을 정의하는 데 있어 각 연구자의 자의적 판단을 피할 수 없게 된다. 즉 비공식 부문과 공식 부문(formal sector)

---

7 스미야 미키오는 독점자본 형성기 초기의 일본의 노동시장에서는 인력거꾼이나 막일꾼 등의 도시 잡업층과 대기업의 노동자는 계층적으로 구별하기 어려운 도시 하층을 이루고 있었다고 논하고 있다. 이에 반해 개발도상국형 노동시장은 근대적인 생산 양식이 도입된 초기부터 노동시장이 이중으로 형성되어 그 둘 사이에 연속성이 없다고 특징지었다(스미야 미키오, 1976b: 98). 스미야는 개발연대의 한국 노동시장을 개발도상국형으로 분류하고 한국의 많은 이주 노동시장 논자 또한 같은 생각이다. 그러나 이 장에서는 개발연대의 한국 노동시장 구조는 일본형 도시 하층과 유사했다는 가설을 세우고 그것을 검증한다.

사이의 명확한 선긋기가 불가능하다는 것이다. 또한 분단적인 동시에 단절적인 이중 노동시장 구조론에서 무엇보다 문제가 되는 것은 도시 무허가 정착지의 주민이 비공식 부문과 공식 부문 사이를 빈번하게 직업 편력한다는, 양 부문 간의 긴밀한 교류관계[8]를 고찰하지 못하고 사상(捨象)하게 된다는 점이다.

그리하여 필자는 이중 노동시장 구조론을 전제한 도시 무허가 정착지의 실태 조사를 실마리로 해서 저임금·저소득을 특징으로 하며 다양한 직업을 전전하는, 1970년대부터 80년대 초까지의 한국 노동시장을 '도시 하층'이라는 포괄적인 개념을 축으로 재인식하고자 한다. 이에 의하면 70년대 후반 이후 형성되기 시작한 중화학공업의 남성 생산 노동자의 대부분도 도시 하층에서 적지 않게 분리되지 않은 상태였다고 여겨진다.[9] 한편, 도시 하층은 정태적(靜態的)으로 존재한 것이 아니라 중화학공업화의 진전에 따라 생산력의 확대와 함께 숙련 노동자도 나타나면서, 뒤이어 도시 하층에서 이탈하고자 하는 다이내믹한 구조 변화의 징후도 내포하고 있었다고 추측된다. 그러나 여기에서는 개발연대의 생산 노동자가 그러한 가능성을 내포하면서

---

8 여기에서 비공식 부문과 공식 부문의 교류관계란 두 부문 사이의 물자, 정보, 그리고 노동력의 교류를 뜻한다. 이러한 교류는 동세대 안에서만 이뤄진 것이 아니라 세대 간에도 일어날 수 있었다. 최재현(1986a)은 두 부문 상호 교류의 가장 중요한 분석 단위를 가족이라고 서술하고 있다. 그 이유는 두 부문의 노동자가 동일 가족 혹은 동일 가구를 구성하는 경우가 많기 때문이다(최재현, 1986: 256~257). 그러나 이 장에서는 자료상의 제약으로 도시 무허가 정착지에 거주하는 가구의 가족 구조 분석은 할 수 없었다.

9 최재현(1986a)은 1970년대 출판된 노동자의 수기, 인터뷰 기사, 혹은 그것을 바탕으로 쓰인 르포 16편을 상세히 분석해서 70년대 한국 노동자의 직업 편력 양상을 부각시켰다. 그 결과 공장 노동자 층과 도시 비공식 부문 취업자 사이에 본질적인 차이는 없으며 빈번한 상호 교류가 있는 것을 발견했다.

도 도시잡업층과 함께 전체적으로 횡단적인 단일의 노동시장, 이른바 도시 하층을 형성하고 있었다는 가설을 제시하고 그것을 검증하고자 한다. 대기업을 중심으로 도시 하층에서 이탈한 노동자가 나타나고 단일 노동시장이 두 개의 노동시장으로 분화하는 시기가 87년의 '노동자대투쟁' 이후인 것은 제2장에서 상세히 논하도록 하겠다.

이 장에서는 서울대학교 경제학부 배무기 교수 연구팀이 1982년 1월에 서울시 관악구 신림7동(별명 난곡)에서 실시한 도시 무허가 정착지 실태 조사의 원자료를 주로 분석한다. 이 조사의 표본 수는 200가구이고, 그중에서 이농 가구가 139가구로 표본 수는 적으나 조사지가 서울에서도 가장 전형적인 도시 무허가 정착지 중 하나였기 때문에 자료로써의 일반성은 높다고 여겨진다. 더불어 이 조사의 특징은 이농민이 서울 유입 뒤에 갖게 된 직업의 편력이 상세히 기록되어 있고, 한국 도시 하층 내부의 교류 양상을 알 수 있다는 점이다. 다만 조사 데이터가 이농민 가구주로 한정되어, 이농민 가구의 가구원의 데이터는 불충분한 형태로만 수집되어 있어 이용은 거의 불가능했다.[10] 그래서 이 결점을 보완하기 위해 희소하긴 하지만 신뢰하기에 충분한 매크로 통계 자료나 그 외 사례 연구[11]를 원용하고자 한다.

더불어 이렇게 얻은 도시 무허가 정착지 취업자의 실태를 공장 노

---

10 다른 실태 조사 연구에서도 가구주에 대한 설문 조사나 인터뷰는 상세히 이뤄졌으나, 가구원에 대한 조사는 가구주 조사에 대한 보완적 의미밖에 없는 것이 많다. 실제로 노동자 가구는 다취업 형태가 다수를 점하는데도 불구하고 남성 가구주=생계부양자라는 선입견이 강했기 때문이라고 여겨진다. 이렇게 가족 구조의 중요성에 대한 인식이 희박하다는 점이 현재까지 한국 노동 조사의 문제점으로 지적할 수 있다.

11 1970년대에서 80년대 전반에 걸쳐 도시 무허가 정착지 거주자의 직업 편력을 부분적이나마 알 수 있는 사례 연구로는 한상진 외(1985), 이재열(1986), 국토개발연구원(1982) 등을 들 수 있다.

동자의 그것과 비교함으로써 양자의 관계, 특히 노동시장 내부에서의 관계성이나 연속성을 밝히는 것이 본 장의 목적이다.

2. 농촌에서의 인구 유출과 도시 하층의 형성

1960년대 후반 이후 강력한 정부 주도하의 수출지향형 공업화가 급속히 추진되어 농업 종사자와 공업 종사자의 소득이나 생활 수준의 격차 확대와 동시에 도시에서 고용 기회가 창출되어 농촌에서 도시로 대량의 인구 유출이 일어났다.[12] 농촌 인구 유출의 추이를 표1-1에서 보면 60년대 전반 연평균 유출 인구가 약 27만 명인 것에 반해 60년대 후반에는 그 2배 이상인 약 60만 명으로 급증했다. 70년대 전반에는 양곡의 수매 가격을 올리는 정부의 고미가 정책과 농촌 새마을운동을 비롯한 중농 정책으로 농가 경제가 회복되면서 농촌 유출 인구가 연평균 50만 명으로 그 기세가 일시적으로 둔해졌다. 그러나 70년대 후반 이후 중화학공업화 진행과 동시에 정부의 중농 정책이 방기되면서 농촌 유출 인구는 연평균 66~67만 명으로 다시 급증했고 60년대 후반보다 이농이 더욱 격화되었다. 그 결과 농촌 인구 비율은 60년에 72.0퍼센트에서 85년에는 34.6퍼센트로 반감되었고, 도시의 인구 비율이 급격히 높아졌다. 특히 서울 및 수도권의 인구 집중이

---

12 한국 공업화와 농촌·농가 인구 유출에 관해서는 구라모치 가즈오(1994)가 현존하는 연구로는 가장 상세하며, 이 장에서도 이 연구에 많이 근거했다.

두드러져서 70년에 전인구의 28.5퍼센트, 80년에는 35.8퍼센트까지 이르렀다(다키자와 히데키, 1988: 8).

표 1-1 · 농촌 인구 유출 추이

(단위: 천 명, %)

	총인구	농촌 인구	농촌 인구 비율(%)	총인구 증가율(%)	예상 농촌 인구	기간 농촌 유출 인구	연평균 농촌 유출 인구
1960	24,989	17,992	72.0			1,632	272
1966	29,193	19,388	66.4	16.8	21,019	2,385	596
1970	31,466	18,513	58.8	7.8	20,898	2,506	501
1975	34,707	17,914	51.6	10.3	20,420	3,321	664
1980	37,436	16,002	42.7	7.9	19,323	3,284	667
1985	40,448	14,005	34.6	8.0	17,289		

출처: 구라모치 가즈오(1994: 56).

표 1-2 · 농가 계층별 유출형태별 이농 인구 추이(1960~75년)

(단위 : 천 명, %)

	0.5ha 미만	0.5~1.0ha 미만	1.0~2.0ha 미만	2.0ha 이상	계
세대 유출	2,610 (55.8)	1,557 (33.3)	513 (10.9)	-	4,680(68.2) (100.0)
단신유출	606 (27.8)	705 (32.3)	681 (31.2)	190 (8.7)	2,182(31.8) (100.0)
계	3,216 (46.9)	2,262 (33.0)	681 (17.4)	190 (2.7)	6,862(100.0) (100.0)

출처 : 배진한(1977: 60).

표 1-3 · 농촌에서의 단신 유출자 시기별 분포

(단위 : 명, %)

이주 시기	1965년 이전	1966~70년	1971~75년	1976~80년	1981년 (조사년)	계
절대수 (%)	7 (0.7)	31 (3.4)	111 (11.7)	595 (62.6)	205 (21.6)	950 (100.0)

출처 : 이형덕 · 김종덕(1982: 57).

1960~75년의 농촌 인구 유출을 단신 유출인지 가구 유출인지를 형태별로 분석한 표 1-2에 의하면 1.0헥타르 미만의 영세농을 중심으로 가구 유출이 전체의 68.2퍼센트를 차지하고 있으며, 단신 유출은 31.8퍼센트에 지나지 않는다. 게다가 농가 호수는 67년을 정점으로 일관적으로 감소하고 있으며(구라모치 가즈오[倉持和雄], 1994: 104~105), 70년대 후반 이후에도 대량의 가구 유출이 이어졌던 것을 엿볼 수 있다. 그러나 70년대 후반이 되면 그때까지와 다른 양상도 나타난다. 1981년에 이뤄진 사례 조사를 토대로 단신 유출자의 시기별 분포를 표시한 표 1-3이 이를 단적으로 보여 준다. 즉 70년대 들어와 단신 유출이 증가하기 시작했는데, 특히 76~80년인 70년대 후반에는 단신 유출자가 급격하게 증가했으며, 65~81년 조사 기간의 62.6퍼센트를 점하고 있다. 이것에 81년의 수치를 더하면 70년대 후반 이후가 단신 유출자의 84.2퍼센트에까지 이른다.

　이러한 농촌 인구 유출의 추이는 농촌 유출 인구의 연령 구성 변

표 1-4 · 농촌 유출 인구의 연령 구성 변화

(단위 : %)

	1960년~65년	1966~70년		1979년	1980년	1981년
0~12세	27.0	22.4	0~14세	13.9	16.1	16.1
13~17세	16.0	12.3	15~20세	28.7	22.1	22.6
18~29세	33.0	33.1	21~30세	38.1	35.7	39.2
30~53세	20.6	26.9	31~59세	17.5	23.4	19.4
54세 이상	3.5	3.1	60세 이상	1.8	2.7	2.7
계	100.1	97.8	계	100.0	100.0	100.0

출처 : 이형덕·김종덕(1982: 57).
주 : 『인구센서스』 1970년판 및 농협중앙회 『조사월보』 1982년 7월([정건화, 1987: 85]에서 재인용).

화를 표시한 표 1-4에서도 파악할 수 있다. 즉, 1960년대에는 경제
활동 연령에 도달하지 않은 12세 이하가 22~27퍼센트를 점하는 것
에 반해, 79~81년에는 14세 이하 연소자의 비율이 약 14~16퍼센트
로 크게 내려갔다. 한편 연령 계층 구분에 약간의 차이는 있지만 10대
후반에서 20대 청년층이 60년대 45~49퍼센트에서 79~81년에는
58~67퍼센트로 크게 증대했다. 이는 표 1-3과 함께 보면 농촌 인구
유출이 60년대에는 가구 유출이 대부분이었지만, 70년대 후반 이후
청년층을 중심으로 단신 유출이 대규모로 일어났다는 것을 나타낸
다.[13]

이러한 대량 이농은 서울을 비롯한 도시에 과잉도시화 현상을 불
러일으켰으며, 도시빈곤층 집주(集住) 거주지대인 도시 무허가 정착
지를 다수 만들어 냈다. 원래 고도 경제 성장이 시작되기 이전부터
도시 주변부에는 해방 직후에 일본 등 해외에서 귀국한 사람들이나
6·25전쟁 피난민이 거주했던 판자촌이 산재했다(하시야 히로시[橋谷
弘], 1995: 336). 1965년에는 빈곤 인구의 64퍼센트가 농촌에 거주하고
있었는데, 80년에는 62퍼센트가 도시에 거주했다는 것(정동익, 1985:
46)에서 알 수 있듯이 60년대 후반 이후 도시 빈곤층의 팽창은 한국
의 빈곤층을 농촌에서 도시로 옮기게 했다. 도시에 넘치는 빈민은 산
기슭을 따라 판잣집이 모인 불량 주택군을 확대해 갔으며, 달에 닿을

---

13 구라모치 가즈오는 한국의 농촌 인구 이동을 1960년대는 거가 이촌형(擧家離村形), 70년대는 단신
이촌형, 80년대는 단신 이촌형과, 단신으로 농촌을 떠나 도시에 정착한 사람이 가족을 도시로 부르
는 연쇄이민형이 병존했다고 서술하고 있으며 이는 이 장의 분석과 일치한다(구라모치 가즈오, 1994:
64).

정도로 산 중턱까지 불량 주택이 퍼져 나갔다는 의미에서 '달동네'라고 불리는 도시 무허가 정착지를 대규모로 형성했던 것이다. 이러한 판잣집은 서울에서 61년에는 8만 4440호였던 것이 연평균 10~15퍼센트의 비율로 증가했으며 66년에는 13만 6600호, 70년에는 18만 7500호(정동익, 1985: 45)로 불과 10년 만에 2배 이상 팽창했다.

그러나 국토개발연구원이 서울, 수도권을 중심으로 실시한 도시 저소득층에 관한 사례 조사 보고서(국토개발연구원, 1982)에서는 도시 빈곤층의 거주지역을 위에서 본 도시 무허가 정착지만이 아니라 '합법적 주거지역 내 자생적 저소득층 밀집지역'도 포함해서 조사를 실시했다. 즉, '시장, 공장 밀집지역, 대규모 건설 현장 등의 근린에 저렴한 주택이 집중된 주택지로 근린의 시장이나 공장에서 일하고 있는 주민이 많은'(국토개발연구원, 1982: 111) 지역을 가리키고 있다. 1960년대 후반 이후 영세 빈농층을 중심으로 가족 모두 이농한 가구가 도시 무허가 정착지를 형성한 것으로 보인다. 그런데 한편으로 70년대 후반 이후 단신 유출한 많은 청년층은 60년대 후반에서 70년대 초반에

표 1-5 · 구로공업단지의 노동자 성별·연령별 구성(1981년)

(단위: 명, %)

		남성	여성	계	남녀계 누적률
노동자수(%)		20,172(34.7)	37,889(65.3)	58,061(100.0)	
연령	20세 이하	26.2	49.1	41.9	41.9
	21~25세	21.4	43.6	36.6	78.5
	26~30세	22.1	2.5	8.7	87.2
	31~35세	14.0	0.9	5.0	92.2
	36~40세	8.9	1.7	4.0	96.2
	40세 이상	7.4	2.2	3.8	100.0
	계	100.0	100.0	100.0	

출처: 정건화(1987: 150).

걸쳐 급속히 조성된 공업단지에 저임금 공장 노동자로 직접 유입되었다고 추정된다.

이러한 공업단지의 전형인 서울 구로공업단지 노동자의 성별·연령별 구성(1981년 9월 현재)를 나타낸 것이 표 1-5이다. 표 1-5에 의하면 구로공업단지 전체 노동자의 87.2퍼센트가 30세 이하로, 특히 여성의 경우는 92.7퍼센트가 25세 이하인 청년 노동자였다.

표 1-6 · 구로지역 노동자 이농 형태별 분포(1981년)

(단위 : 명, %)

	노동자 수	%
단신 유출	184	70.5
세대 유출	37	14.1
비농가	40	15.4
계	261	100.0

출처 : 박경수(1981: 35).

또한 표 1-6을 보면, 1981년에 이뤄진 실태 조사(박경수, 1981)에서는 구로공업단지에서 일하는 노동자의 84.6퍼센트가 이농자로 그중 70.5퍼센트가 단신 이농자라는 결과가 나오고 있다. 이러한 농촌 출신 청년 노동자의 대다수는 저임금 단순 기능노동자로 공장에서 일하면서 공장 주변에 밀집된 '닭장집', 또는 '벌통집'이라고 불리는 불량 주택이나 열악한 환경의 기숙사에 거주했다(정건화, 1987: 108).

그러나 지금까지 한국의 도시 빈곤 연구의 대부분은 도시 비공식 부문론의 영향으로 도시 슬럼이라고도 할 수 있는 도시 무허가 정착지의 주민에만 초점을 맞추고, 근대적인 공식 부문인 공장에서 일하는 공장 노동자를 연구 대상에서 제외해 왔다. 그래서 본 장에서는 도시 무허가 정착지의 거주자와 공장 노동자를 통일적이며 포괄적으로 도시 하층이라고 보는 시점을 제시하고, 양자의 존재 형태와 관계성의 검토를 통해 개발연대 한국의 노동시장 구조를 고찰하고자 한다.

3. 도시 무허가 정착지 내부 구성의 변화

1960년대 후반 이후 한국에서는 도시 무허가 정착지와 같은 도시 슬럼이 급격히 확대되었고 그 내부 구성에도 눈에 띄는 변화가 나타났다. 표 1-7는 서울·난곡의 도시 무허가 정착지의 이농민 가구주가 서울에 와서 처음으로 취업한 직업(첫 직업) 분포를 서울 유입 시기별로 구분한 것이다. 이에 따르면 60년대 후반에 이농민 가구주의 29.7퍼센트가 서울에 유입되었고, 70년대 전반과 같이 보면 52.2퍼센트가 60년대 후반에서 70년대 전반 시기에 집중적으로 유입되었다. 그러나 전술한 것처럼 70년대 이후 단신 이농자가 공업 노동자로 공업단지에 직접 유입되는 경향으로 나아갔으며, 특히 70년대 후반 이후는 가구 유입자의 비율이 눈에 띄게 줄었다. 이 때문에 1975년부터 82년 1월까지 서울에 유입된 난곡 주민의 이농민 가구주의 비율도 전체의 16.7퍼센트로 감소했다. 그래도 조사 시점에서 난곡의 '무허가 정착지'에 거주하는 이농민 가구주 중에 공업화가 본격화된 60년대 후반 이후에 서울로 유입된 비율은 전체의 70퍼센트에 이른다.

이러한 양적 추이와 함께 난곡의 이농민 가구주가 서울로 유입된 뒤 처음 갖게 된 직업 구성은 1960년대 중반(65년) 이전과 이후에서

표 1-7 · 도시 무허가 정착지의 이농민 가구주의 서울 유입 시기별 첫 직업 분포

(단위 : 명, %)

직업 \ 유입 시기	1950년대 및 그 이전	1960~ 64년	1965~ 69년	1970~ 74년	1975~ 81년	합계
잡역(청소부·수위 등)	0 (0.0)	2 (11.8)	3 (7.3)	1 (3.2)	2 (8.7)	8 (5.8)
판매점원·식당 종업원 등	1 (3.8)	2 (11.8)	0 (0.0)	2 (6.5)	0 (0.0)	5 (3.6)
개인·가사 서비스 (가정부)	1 (3.8)	0 (0.0)	0 (0.0)	0 (0.0)	0 (0.0)	1 (0.7)
건설업 단순노동자 (육체 노동자)	5 (19.2)	1 (5.9)	6 (14.6)	5 (16.1)	6 (26.1)	23 (16.7)
행상·노점상	2 (7.7)	2 (11.8)	5 (12.2)	4 (12.9)	1 (4.3)	14 (10.1)
상업·서비스업 자영업주	8 (30.8)	3 (17.6)	3 (7.3)	2 (6.5)	4 (17.4)	20 (14.5)
가내 공업 자영업주	1 (3.8)	0 (0.0)	2 (4.9)	1 (3.2)	1 (4.3)	5 (3.6)
기능 건설 노동자(미장이·목수, 현장감독자 등)	2 (7.7)	0 (0.0)	6 (14.6)	2 (6.5)	0 (0.0)	10 (7.2)
기능공(떠돌이 장색, 영세 자영업 기능공 등)	1 (3.8)	2 (11.8)	4 (9.8)	5 (16.1)	1 (4.3)	13 (9.4)
운전수	0 (0.0)	1 (5.9)	1 (2.4)	1 (3.2)	2 (8.7)	5 (3.6)
공장 생산 노동자	2 (7.7)	1 (5.9)	7 (17.0)	3 (9.7)	3 (13.0)	16 (11.6)
사무·기술·관리직 (공무원도 포함)	3 (11.5)	2 (11.8)	3 (7.3)	5 (16.1)	1 (4.3)	14 (10.1)
무직	0 (0.0)	0 (0.0)	1 (2.4)	0 (0.0)	1 (4.3)	2 (1.4)
분류 불능	0 (0.0)	1 (5.9)	0 (0.0)	0 (0.0)	1 (4.3)	2 (1.4)
합계	26(18.8) (100.0)	17(12.3) (100.0)	41(29.7) (100.0)	31(22.5) (100.0)	23(16.7) (100.0)	138(100.0) (100.0)

자료 : 서울대학교 경제학부 배무기 교수 조사팀
「도시 무허가 정착지에 관한 실태 조사」 원자료에 근거해 작성.

큰 차이를 보인다. 표 1-7에 게재된 직업을 무자본·무기능형, 영세
자영업주, 어느 정도의 기능을 가진 기능노동자형,[14] 사무·기술·관리
직형으로 분류해 보았다. 이 분류에 의하면 청소부·수위 등의 잡역,
판매점원·식당 종업원, 가정부를 비롯한 개인·가사 서비스, 건설업
단순노동에 종사하는 육체노동자가 무자본·무기능형에 속한다. 그
리고 행상·노점상을 포함한 상업·서비스업 자영업주 및 가내 공업
자영업주가 영세 자영업주로 분류된다. 한편 미장이·목수, 건설 현장
감독자 등의 기능 건설 노동자, 영세 자영업의 기능공·떠돌이 장색
등의 기능공, 운전수, 공장 생산 노동자[15]가 기능노동자형에 속하게
된다. 여기에 공무원을 포함한 사무·기술·관리직이 사무·기술·관리
직형이다.

　무자본·무기능형은 1960년대 중반 이전에 27.9퍼센트, 60년대 중
반 이후 26.3퍼센트로 두 시기의 구성비가 거의 변하지 않았다. 그
러나 영세 자영업주와 기능노동자형은 60년대 이전이 각각 37.2퍼
센트, 20.9퍼센트인 것에 반해, 60년대 중반 이후는 각각 24.2퍼센
트, 36.8퍼센트로 양자가 점하는 비율은 거의 역전하고 있다. 또한 사

---

14 이 장에서 말하는 기능노동자, 혹은 '기능공'은 숙련 노동자를 가리키는 것이 아니라 공장 노동을 수
　행할 수 있는 단순 기능노동자, 또는 간신히 제조업 반숙련공에 해당하는 범주로 설정했다. 배무기
　팀에 의한 『한국의 공업 노동 연구』(배무기·박재윤, 1978)에서는 한국 공업 노동자의 대다수가 숙련
　노동자 및 반숙련 노동자로 생각하지만, 이 노동자들의 직무의 대부분이 단순 반복적이고 정형적인
　루틴워크이므로(이효수, 1988: 184), 반숙련 노동자라고 생각하는 것이 타당할 것이다. 후술하겠지만,
　당시의 한국에서는 생산 노동자와 화이트칼라 노동자의 차이는 일종의 '신분 차별'이라고 할 수 있
　을 정도로 격심했다. '기능공'은 이러한 생산 노동자에 대한 차별을 희석시키기 위한 완곡한 단어로
　사용되었다.
15 이 조사에서는 공장 생산 노동자를 종업원 10명 이상의 제조업 공장에서 일하는 생산 노동자로 정
　의하고 있다.

무·기술·관리직형에 속하는 사람은 60년대 중반 이전은 11.6퍼센트, 60년대 중반 이후엔 9.5퍼센트로 일관적으로 10퍼센트 전후를 점하면서 그 구성비에 큰 변화는 없다. 즉, 고도성장이 시작된 60년대 후반 이후에 서울로 유입되어 온 이농민은 처음부터 잡업적 직업에 취업하는 사람도 상당수 존재했지만, 한편으로 공업화에 적응할 수 있는, 어느 정도의 기능을 갖춘 기능노동자로 유입될 수 있었던 사람도 적지 않았던 것이다. 이는 달리 말하면 60년대 중반 이전에 서울로 유입된 이농민은 자본제 부문과 단절된 도시잡업층, 또는 도시 비공식 부문적 성격이 강했다. 이에 반해 60년대 후반 이후 서울로 유입된 이농민 중에는 공업화의 급속한 진행과 함께 자본주의에 포섭되고 그 과정에서 공업 노동력이 될 수 있는 층이 출현했다는 것을 시사한다. 구체적으로는 서울에 유입되어 처음부터 공장 생산 노동자로 취업한 이농민은 60년대 중반 이전에는 불과 3명으로 7.0퍼센트에 불과했다. 그러나 60년대 중반 이후가 되면 유입된 이농민 중에 13명, 13.7퍼센트가 처음부터 공장 생산 노동자가 될 수 있었다는 사실은 그들이 그 뒤 다양한 직업 편력을 한다고 해도 유입 이농민의 성격이 바뀌어 가고 있었다는 것을 말하고 있다.

그럼, 조사 시점(1982년 1월)에서 난곡의 도시 무허가 정착지에 거주하고 있던 이농민 가구주의 존재 형태에 대해 고찰해 보자.

먼저, 표 1-8에서 이농민 가구주의 1982년 1월 현재의 직업을 보고자 한다. 무직 비율이 34.5퍼센트로 압도적으로 높아서 한눈에 도시 무허가 정착지의 주민이 항상 반실업 상태의 불안정 취업자인 것을 알 수 있다. 그리고 잡역이나 건설 현장 등의 단순 육체 노동자, 점

표 1-8 · 도시 무허가 정착지 이농민 가구주의 직업 분포(1982년 1월 현재)

(단위 : 명, %)

직업	명(%)	직업	명(%)
잡역(청소부·수위 등) 부업적 가내 수공업	13(9.4)	기능공(떠돌이 장색, 영세 자영업 기능공 등)	8(5.8)
판매 점원·식당 종업원 등	1(0.7)	운전수	6(4.3)
개인·가사 서비스 (가정부)	1(0.7)	공장 생산 노동자	6(4.3)
건설업 단순노동자 (육체노동자)	9(6.5)	사무·기술·관리직 (공무원도 포함)	13(9.4)
행상·노점상	3(2.2)	무직	48(34.5)
상업·서비스업 자영업주	18(12.9)	분류 불능	2(1.4)
가내 공업의 자영업주	3(2.2)	합계	139(100.0)
기능 건설 노동자(미장이·목수, 건 설 현장 감독자 등)	8(5.8)		

자료: 표 1-7과 같음.

원, 개인·가사 서비스라는 무자본·무기능형 취업자와, 행상·노점상
도 포함된 영세 상업·서비스업이나 가내 공업의 영세 자영업주인 취
업자가 각각 17.3퍼센트나 된다. 이들이 도시잡업층이나 도시 비공식
부문적인 측면이 강하다는 것은 지금까지 서술해 온 바이다. 그러나
주목해야 할 점은 일반적으로 '근대 부문'이나 공식 부문으로 분류되
는 공장 생산 노동자와 사무·기술·관리직이 각각 4.3퍼센트, 9.4퍼센
트로 합해서 13.7퍼센트나 존재한다는 것이다. 특히 공장 생산 노동
자 중에는 재벌계열 대기업의 생산 노동자도 포함되지만 그들 중 많
은 이들이 실업과 취업을 반복하는 직업 이동이 빈번한 불안정 취로
상태에 있는 것은 뒤에 본 대로이다. 더욱이 표 1-7에서 기능 노동자
형으로 분류한 기능 건설 노동자, 기능공, 운전수도 15.9퍼센트를 차

표 1-9 · 도시 무허가 정착지 주민의 계층 분류(1982년 1월)

(단위 : 원)

분류	기준	취업 유형	월간 평균 소득		
			범위	평균	중간치
I	무자본·무기능	부업적 가내 수공업 판매점원, 취로사업 개인 및 가사 서비스 (가정부)	6만 원 미만 6~10만 원 5~15만 원	5.4만 원	5만 원
II	영세자본·단순기능	제조업 미숙련공 건설업 단순노동자 행상, 노점상	5~10만 원 12~18만 원 5~25만 원	11.8만 원	10만 원
III	소자본·약간의 기능	제조업 반숙련공 기능 건설 노동자 (미장이·목수등) 자영업주(운전수도 포함)	20만 원 전후 10~30만 원 10~35만 원	23.6만 원	20만 원

자료 : 이종훈(1985: 59).

지하고 있다. 이들 기능노동자형 취업자는 뒤에 보는 것처럼 기능 정도나 소득이 반숙련 공장 생산 노동자와 유사하다.

도시 무허가 정착지 주민의 취업 상태는 대체로 실업과 취업을 반복하는 불안정 취로라고 특징지을 수 있겠지만, 소득에 있어서는 최하층에서 최상층까지 그 범위가 넓으며 일괄적으로 빈곤층이라고 할 수는 없다. 표 1-9는 이 실태 조사에 직접 참가한 이종훈이 청취 및 설문 조사를 바탕으로 조사지의 가구주[16] 중에서 취업자를 자본 혹은 소득과 기능을 기준으로 계층을 셋으로 분류한 것이다. 제I계층은 맨손뿐인 무자본·무기능 취업자로 부업적 가내 수공업 종사자, 판매점원, 정부의 취로 사업 종사자, 가정부 등의 개인 및 가사 서비스 종사

---

16 여기에서의 가구주는 이농민만이 아니라, 서울에 계속 주거하고 있으면서 조사 시점에서 난곡에 거주하고 있던 가구의 가구주도 포함된다(이종훈, 1985: 59).

자 등이다. 제I계층의 평균 월간 소득은 5.4만 원이고 중간치는 5만 원으로 낮으며, 내부에서의 소득 분포도 5~15만 원으로 그 차이는 작다. 또한 당시의 유일한 노동조합 전국 중앙조직인 한국노동조합총연맹(이하 한국노총)의 추정으로는 1981년 단신(單身) 남성의 최저 생계비가 13만 2305원(전국금속산업노동조합연맹, 1982: 247)이었으니 대부분의 제I계층 취업자의 소득은 이에도 미치지 못한 것이다.

이에 반해 영세자본·단순기능인 제II계층과 소자본·약간의 기능을 가진 제III계층에서는 월간 평균 소득의 계층 내부 격차가 크다. 특히 자영업에서 그 차이가 두드러지는데, 행상·노점상은 5~25만 원, 자영업주는 10~35만 원으로 20만 원 이상 차이가 벌어져 있다. 또한 후술하겠지만, 1981년 종업원 500명 이상 제조업 대기업의 남성 생산 노동자의 월평균 총임금액인 21만 3692원(한국노동부 『직종별 임금 실태 조사』 원자료)과 비교하면 행상·노점상 중에서도 그에 필적하는, 혹은 그 이상의 소득을 얻는 자가 있다. 그뿐 아니라 제III계층의 월평균 소득은 23만 6000원으로 대기업 남성 생산 노동자의 평균 임금을 2만 원 이상이나 상회한다.

더욱 중요한 것은 이종훈이 당시 한국의 공장 생산 노동자의 중핵이었던 제조업 반숙련공과 기능 건설 노동자를 기능적으로 동등하게 위치지었다는 것이다. 제조업 반숙련공의 임금은 대기업 남성 생산 노동자도 포함해 20만 원 전후로 거의 차이가 없으며, 수입 자체는 비교적 안정되어 있다. 그러나 이 임금은 한국노총이 추계한 평균 가족 수 4.52명, 가구당 평균 취업자수 1.27명에서 노동자 한 명이 벌어야만 하는 가족 3.5명의 최저 생계비 28만 3814원(전국금속산업노동조합연맹, 1982: 250)의 약 70~75퍼센트 정도이다. 따라서 공장 생산 노동자가 수입을 최저 생계비에 조금이라도 접근하기 위해, 가령 수입이 불안정해도 많게는 월 30~35만 원이나 벌 수도 있고 기능 수준에서도 동등한 기능 건설 노동자로 전업하거나, 자영업을 시작하는 일도 상상하기 어렵지 않다. 한마디로 저소득층이 많은 도시 무허가 정착지라고 해도 내부에서는 소득 수준이나 기능 수준이 매우 다양하며 그 일부는 근대적인 공장 생산 노동자와도 겹쳐져 있다는 것을 여기에서도 엿볼 수 있다.

그럼 도시 무허가 정착지에서는 어떻게 직업 이동이 이뤄지고 있는 것일까. 학력별[17]로 조사지의 이농민 가구주의 직업 이동 패턴을 정리한 것이 표 1-10이다. 표 1-10에서는 직업을 기능 정도나 소득계층을 고려해 다음과 같이 다섯 개의 범주로 구분했다. 즉 ①은 청소부·수위 등의 잡역, 판매점원·식당 종업원, 가정부를 비롯한 개인·가사 서비스의 무자본·무기능층, ②는 건설업 단순노동에 종사하는 육체 노동자, ③은 행상·노점상을 포함하는 상업·서비스업 자영업주 및 가내 공업 자영업주인 영세 자영업주, ④는 미장이·목수, 건설 현장 감독 등의 기능 건설 노동자, 영세 자영업의 기능공·떠돌이 장색 등의 기능공, 운전수, 공장 생산 노동자인 기능노동자층이다.

앞서 본 것처럼 이종훈(1985)에 의하면 이들 직업은 기능 정도가 동등하게 여겨진다. ⑤는 공무원을 포함한 사무·기술·관리직이

---

17 한국에서는 학력에 의해 직업이 정해진다고 해도 과언이 아닐 정도로 학력과 직업의 상관성이 높기 때문에 학력별로 직업 이동 패턴을 분류했다.

표 1-10 · 도시 무허가 정착지 이농민 가구주의 직업 이동 학력별 분포

(단위 : 명)

직업이동[1] \ 학력	무학	국졸[2]	중졸	고졸	대졸	합계
①→①	2	2	1	1	1	7
②→②	0	9	2	1	0	12
②→③	0	3	0	1	0	4
③→①	0	3	0	0	0	3
③→②	1	1	0	2	1	5
③→③	2	2	7	5	0	16
③→④	0	4	6	1	0	11
④→③	1	0	6	2	0	9
④→③→④	0	0	2	1	0	3
④→④	1	10	12	6	0	29
⑤→③→⑤	0	0	0	3	2	5
⑤→⑤	0	0	0	6	0	6
합계	7	34	36	29	4	110

자료 : 표 1-7과 동일.

주 : 1) 이동 패턴 중에서 사람 수가 두 명 이상일 경우만 표기했다.
    2) 국민학교는 초등학교에 해당함.

다. 또한 다섯 개의 범주로 나눴다고는 하지만 많은 직업 이동의 패턴을 생각할 수 있기 때문에 표 1-10에는 두 명 이상이 경험한 직업 이동 패턴에 한해 표기했다.[18] 그 결과 110명의 직업 이동 패턴이 표 1-10에 게재되었으며 직업 분류 가능한 전 표본 수 136명의 80.9퍼센트를 차지하고 있기 때문에 한 명밖에 없는 직업 이동 패턴을 제외해도 크게 무리는 없을 것이다.

먼저 눈에 띄는 것은 ①→①(7명), ②→②(12명), ③→③(16명),

---

[18] 다만, 같은 범주 내의 직업을 여러 번 이동해도 그 횟수는 표기하지 않는다. 또한 무직 기간은 직업 편력에서 제외했다.

④→④(29명), ⑤→⑤(6명)와 같이 동일 범주 내의 이동이 많다는 점이다.[19] 첫 직업과 같은 범주에서만 이동하는 비율(같은 범주 내 직업 이동 인수/첫 직업 인수(표1-7참조))을 계산하면 ①50.0퍼센트, ②52.2퍼센트, ③41.0퍼센트, ④65.9퍼센트, ⑤42.9퍼센트로 높게 나오고 있다. 이 중에서 특히 ①의 무자본·무기능층, ②의 육체 노동자, ④의 기능노동자층은 반수 이상이 첫 직업과 같은 범주로 이동하며 비교적 폐쇄적인 노동시장을 형성하고 있다고 할 수 있다. 이에는 또한 학력과의 강한 상관관계도 존재한다. 전형적인 무자본·무기능층인 ①과 육체 노동자인 ②의 내부를 한결같이 이동하는 사람은 교육 수준이 낮은 국민학교 졸업[20] 이하가 각각 57.1퍼센트, 75.0퍼센트에 이르고 있다. 반대로 화이트칼라라 할 수 있는 ⑤→⑤는 고졸이 100퍼센트를 점하고 있다. 또한 영세 자영업주인 ③→③과 기능노동자층인 ④→④는 ①→①, ②→②, ⑤→⑤와 비교하면 학력은 분산되어 있으나 중졸과 고졸이 ③→③은 75퍼센트, ④→④는 62.1퍼센트를 점한다. 따라서 맨손인 무자본·무기능층의 ①→① 및 ②→②와 그 이외를 구별하는 것은 중졸 이상인가 아닌가 하는 학력 라인이다.

이 중에서 학력과 밀접하게 연결되어 있는 배타적인 노동 이동의 패턴 중에 ④→④ 라는 동일 범주 내를 이동하는 기능기술자층이 나타난 것이 주목된다. 이때 기능노동자를 무자본·무기능층에서 구별하는 가장 큰 요인은 표 1-11이 보여 주는 것처럼 고도성장기를 통해

---

19 하나의 직업에 머물며 직업 이동하지 않은 경우(23명)도 이처럼 표기했다.
20 당시 한국의 의무교육 기간은 국민학교 6년 동안이었다.

표 1-11 · 학교 진학률[1]의 추이

(단위 : %)

	중학교	고등학교	대학
1965년	54.3	37.5	12.1
1970년	66.0	46.3	12.4
1975년	77.2	57.7	14.9
1980년	95.8	84.5	27.2

자료: 한국교육개발원, 『교육통계 분석 자료집』(각 연도 12월)에서 작성.
주 : 1) 초등학교 졸업자의 진학률을 나타냄.

급속히 높아진 교육 수준이라 할 수 있을 것이다. 100퍼센트에 가까운 의무교육 취학률(고이케 가즈오[小池和男], 1980: 114)에 더해 의무교육 수료자의 중학교 및 고등학교 진학률이 70년대에는 각각 66.0퍼센트와 46.3퍼센트였던 것이 80년에는 각각 95.8퍼센트, 84.5퍼센트로 급상승했다. 이렇게 100퍼센트에 가까운 의무교육 취학률 및 중학교 진학률, 그리고 80퍼센트 이상의 고교 진학률이라는 높은 교육 수준을 전제로 한 '근대적인' 기능노동자층이 형성되어 온 것이다.

그러나 주의를 요하는 점은 기능노동자층으로 묶은 ④범주 내부에서의 직업 이동이다. 여기에서의 주요 문제 관심은 목수·미장이, 현장감독자 등 기능 건설 노동자나 영세 자영업의 기능공이 공장 생산 노동자가 될 수 있느냐 하는 것이다. 면밀한 청취 조사를 통해 이들이 같은 정도의 기능 수준이라고 추정했던 이종훈의 연구의 높은 객관성이나, 당시 한국의 높은 교육 수준과 균질성으로 보면 이들 노동자 사이에서 노동력의 질에 큰 차이가 없을 거라 생각해도 큰 지장은 없을 것이다. 본 조사에서는 첫 직업이 공장 생산 노동자였던 사람 16명 중 9명인 56.3퍼센트가 일관되게 공장 생산 노동자로 일하는 한편, 기능 건설 노동자나 영세 자영업의 기능공과 공장 생산 노동자 사이에서 직업 이동한 예는 10건을 헤아렸다. 즉 ④→④라는 직업 이동을 한 사람의 65.5퍼센트(19/29 (④→④ 총수)×100)가 그 직업 편력에서 공장 생산 노동자를 경험한 것이 된다. 표본수가 적기 때문에 단정할 수는 없지만, ④범주의 기능노동자층 중에 원래 공장 생산 노동자는 물론 기능 건설 노동자나 영세 자영업의 기능공이라고 하더라도 상당 부분이 근대적인 공장 노동에 적응 가능한 질을 갖춘 노동력을 형성하고 있었던 것은 아니었을까. 이는 다른 도시 무허가 정착지의 사례 연구로도 뒷받침된다. 예를 들어 1985년 7월 4일~13일에 한상진 팀이 실시한 조사에서는 서울에서 영세 자영업자 도장공이었던 남성 노동자가 국내 굴지의 조선회사에 도장공으로 취로했던 사례를 들고 있다. 그러나 그는 그 조선회사의 낮은 임금 수준에 대한 불만과 일상적으로 느끼는 해고의 위협을 이유로 회사를 그만두고 다시 서울에서 영세 도장업을 하게 되었다(한상진 외, 1985: 115~116). 또 하나의 사례는 기능 건설 노동자였던 남성 노동자가 종업원 1000~2000명 규모의 금속공장에서 프레스공 겸 용접공으로 일했지만, 다시 건설 현장 감독자로 취업한 예이다(한상진 외 1985: 117~118). 이 두 가지 사례는 모두 ④범주의 영세 자영업의 기능공 혹은 건설 기능 노동자와 대기업 공장 생산 노동자와의 상호 교류관계를 보여 주고 있으며, 이들 노동자를 동일 범주로 묶는 것의 타당성을 시사하고 있다.

그런데 표 1-10에서 읽어 낼 수 있는 또 하나의 중요한 직업 이동의 패턴은 ④⇔③의 상호이동이다. ③→④ 11명, ④→③ 9명,

④→③→④ 3명까지 포함하면 ④⇔③은 23명이며, ④→④의 29명 다음으로 많다. 게다가 이 직업 이동 패턴에서도 중졸자와 고졸자가 78.5퍼센트를 차지해 ③과 ④의 성질의 유사성을 확인할 수 있다. 이 직업 이동은 기능노동자층과 영세 자영업주의 상호 교류에 해당하는데, 왜 이러한 양자의 상호 교류가 생겼는지는 다음 절에서 공장 노동자의 존재 형태를 논하며 설명하고자 한다. 여기에서는 근대적인 노동자로서 독자성을 완전히 갖추지 못한, 이른바 도시 하층에서 미분리된 노동자의 존재 형태가 나타났다는 점만을 서술해 두고 싶다.

표1-12 · 도시 빈민가구 가구주와 가구원의 직업 분포(1982년)

(단위 : %)

직업	가구주	가구원
피고용자	28.3	45.7
전문직	3.6	1.6
사무직	14.7	24.1
생산직	10.0	20.0
자영업	55.1	28.7
단순 노무직	8.0	5.4
영세 자영업주	14.0	7.0
반숙련·숙련공	12.7	5.4
단순 육체노동자	20.4	10.5
기타	-	0.4
무직	15.2	26.0
비경제활동	7.7	-
실업	7.5	26.0
합계	98.6	100.4

자료: 국토개발연구원(1982: 184, 187)에서 작성.
주 : 직업 분류 및 그 구성비는 합계가 100.0%가 되지 않으나 국토개발연구원(1982)에 게재되어 있는 대로 기재했다.

지금까지 주로 이농민 제1세대 가구주가 형성한 도시 무허가 정착지의 내부 구성의 변화에 대해 서술했다. 그런데 표 1-11에서 본 것처럼 개발연대를 통해 교육 수준이 계속 높아져, 1965년에는 중학, 고교 진학률이 각각 54.3퍼센트, 37.5퍼센트였지만, 80년에는 중학 진학률이 100퍼센트 가깝게, 고교 진학률이 80퍼센트 이상까지 올라갔다는 것은 앞서 말했다. 즉, 이는 도시 무허가 정착지에 주거하는 이농민 제2세대는 부모 가구보다 높은 수준의 교육을 받을 기회가 급격히 증대했다는 것을 의미한다. 이러한 현실을 반영해 제1세대와 제2세대의 직업 구성에 변화가 보인다. 1981년 12월 현재의 도시 빈곤층 밀집지역에서 제1세대 가구주와 그 자녀인 제2세대 가구원의 직업 분포를 비교한 사례 연구[21]의 결과를 표시한 것이 표 1-12이다. 이에 의하면 제2세대인 가구원의 직업 분포에서는 피고용자의 비율이 제1세대 가구주가 28.3퍼센트인 데 반해 45.7퍼센트로 17.4포인트나 높으며, 그중에서도 사무직 24.1퍼센트, 생산직 20.0퍼센트로 제1세대와 비교해 각각 약 10포인트나 높아졌다. 다른 한편으로 자영업층은 제1세대 가구주가 55.1퍼센트를 점하는 것에 반해, 제2세대 가구원에서는 28.7퍼센트로 26.4포인트나 낮은데 이는 제1세대인 부모의 거의 절반에 미치는 수준이다. 특히 영세 자영업주, 자영업 기능공·기능 건설 노동자 등 반숙련·숙련공, 건설현장의 단순 육체 노동자 비율이 현저하게 낮아진다. 이렇게 교육 수준이 높아짐에 따라 제2세대에서는 제1세대보다 도시잡업층적인 자영업에서 독립한, 근대

---

21 국토개발연구원이 1981년 12월 10일~2월 22일에 서울, 성남, 대전, 이리의 도시 빈곤층 밀집지역에 거주하는 1244명을 대상으로 실시한 설문 조사 및 청취 조사다(국토개발연구원, 1982). 그러나 조사 지역은 도시 무허가 정착지나 도시 재개발에 수반되는 '집단 철거 이주지역'만이 아니라 공업단지 주변지역도 포함되어 있기 때문에 표 1-12의 무직자는 표 1-8의 배무기에 의한 도시 무허가 정착지에서의 조사 결과보다 훨씬 적게 나타나고 있다.

적인 노동자층이 더욱 많이 형성되었다는 것을 알 수 있다. 동시에 제 1세대 가구주와 제2세대 가구원은 동일 가구로 제1세대가 도시 잡업 적인 직업을 가졌으며, 제2세대가 근대적인 노동자로 취업한 경우는 많을 것이다. 이러한 경우야말로 같은 가정 내에서 세대 간에서 도시 비공식부문과 공식부문이 혼재하고, 서로 교류하는 사례로서 인정할 수 있을 것이다.[22]

4. 공장 노동자의 존재 형태

앞서 서술했듯이 스미야 미키오는 1970년대 한국의 노동시장 구조 를 개발도상국에 공통된 이중 노동시장이라고 특징지었다. 즉, 저임 금이고 불안정 취로를 특징으로 하는, 전근대적인 전통 부문인 중소 기업 노동자의 노동시장과 비교적 고임금에 안정된 고용인 근대적 인 대기업 노동의 노동시장으로 이루어져 있으며, 양자는 노동력의 질을 전적으로 달리하며 분단되어 있다는 것이다(스미야 미키오, 1976: 78~79).[23] 더구나 이런 분단 구조를 단적으로 보여 주는 것이 대기업 과 중소기업 노동자 사이의 커다란 임금 격차라고 논하고 있다(스미

---

22 서울대학교 의과대학 학생들과 이화여자대학교 사회학과 학생들에 의해 1972년 실시된 서울 도시 슬럼(송형동 판자촌) 조사에서도 이미 72년에 가구주의 11.5퍼센트(60명), 가구원 51.4퍼센트가 공장 노동자로 취로하고 있었다는 것이 밝혀졌다. 앞으로도 개발연대에 한국의 노동시장은 근대적 공장 노동자와 도시잡업층이 혼연일체가 되어 존재하는 도시 하층으로서 광대한 단일노동시장을 형성하 고 있던 것을 엿볼 수 있다(스미야 미키오, 1976a: 65~66).
23 그러나 스미야 미키오의 한국 이중 노동시장론은 대기업-중소기업의 이중 구조에 대해서는 논하고 있지만 도시잡업층과 대·중소기업 노동자와의 관계에 대해서는 명확히 논하고 있지 않다.

야 미키오, 1976a: 76). 그러나 스미야의 주장과 달리 앞 절의 도시 무허가 정착지 분석에서는 그 주민 중에도 근대적인 공장 노동에 종사하는 동시에 도시 하층에서도 완전히 분리되지 않은, 주로 자영업층의 도시잡업적인 직업 사이를 순환하는 사람도 적지 않게 존재했다는 것을 검증했다. 그에 더해 이 절에서는 이러한 도시 하층과의 관계성도 고려하며 한국의 개발연대의 대기업과 중소기업의 공장 생산 노동자의 존재 형태와 노동시장 구조에 대해 검토해 보고자 한다.

먼저, 제조업 생산 노동자의 대기업과 중소기업의 임금 격차에 대해 검토해 보자. 앞서 서술했듯이 1970년대 노동 통계, 특히 임금 통계는 극히 부족하기 때문에 개발연대의 임금 구조를 추정하기 위해서는 80년대 초반의 통계에 의존할 수밖에 없었다는 점에 대해 미리 양해를 구하는 바이다. 스미야 미키오는 기업 규모별이나 학력별, 근속·경력별로 생산 노동자와 화이트칼라 노동자를 구별할 수 없는 70년대 임금 통계를 이용해 임금 분석을 실시했다. 그러나 개발연대의 한국 노동시장 구조의 특징으로, 생산 노동자와 화이트칼라 노동자 사이의, 일종의 신분 차별이라고도 할 수 있을 정도로 다양하고 격심한 격차에 바탕을 둔 분단 구조를 무시할 수는 없다. 그중에서도 임금 수준에서는 예를 들어 1978년의 생산 노동자의 평균 임금을 100.0이라고 하면 사무직 181.3, 전문기술직 269.6, 관리직 431.2로 매우 큰 격차가 보인다(한국 노동청, 『직종별 임금 실태 조사』 1979년판). 거기에 임금 수준만이 아니라 임금 체계에 있어도 화이트칼라 노동자가 안정적인 월급제인 데 반해, 생산 노동자는 시급·일급제였다. 따라서 많은 항목에서 양자를 구별하지 않고 임금 수준을 추계한 70년

표 1-13 · 제조업 생산 노동자의 기업 규모별 임금 및 노동 시간(1981년)

(단위 : 원, 시간)

		I규모	II규모	III규모	IV규모	V규모
		(10~29명)	(30~99명)	(100~299명)	(300~499명)	(500명 이상)
남성	소정 내 임금	128,059	120,271	118,326	122,517	127,031
	(지수)	(100.0)	(93.9)	(92.4)	(95.7)	(99.2)
	소정 내 노동시간	198.8	198.4	197.3	196.9	194.2
	(지수)	(100.0)	(99.8)	(99.2)	(99.0)	(97.7)
	총임금	156,579	168,701	181,259	197,236	213,692
	(지수)	(100.0)	(107.7)	(115.8)	(126.0)	(136.5)
	총노동시간	218.7	241.3	250.2	247.6	248.9
	(지수)	(100.0)	(110.3)	(114.4)	(113.2)	(113.8)
여성	소정 내 임금	73,411	64,953	61,704	63,253	66,124
	(지수)	(100.0)	(88.5)	(84.1)	(86.2)	(90.1)
	소정 내 노동시간	200.5	199.8	198.7	197.0	199.2
	(지수)	(100.0)	(99.7)	(99.1)	(98.3)	(99.4)
	총임금	95,300	94,928	96,230	97,624	104,335
	(지수)	(100.0)	(99.6)	(101.0)	(102.4)	(109.5)
	총노동시간	236.7	248.9	252.0	247.5	244.9
	(지수)	(100.0)	(105.2)	(106.5)	(104.6)	(103.5)

자료: 한국 노동부, 『직종별 임금 실태 조사』 1981년 원자료에서 작성.

대 임금 통계로는 한국 생산 노동자의 임금 구조를 정확히 분석하는 것은 어렵다.

그래서 본 절에서는 앞 절에서 검토한 도시 무허가 정착지의 실태 조사와 비교할 수 있도록 1981년 『직종별 임금 실태 조사』의 원자료 데이터를 이용했다. 이에 의거해서 제조업 생산 노동자의 기업 규모별 임금 및 노동시간을 나타낸 것이 표 1-13이다. 종업원 10~29명의 소규모(이하 I규모라 칭함)의 월평균 소정 내 임금액과 총임금액 및 노동시간을 100.0으로 해서 다른 규모를 지수로 표시해 보았다. 임금의 근간인 기본급과 각종 수당으로 구성된 소정 내 임금을 보면 남성은

I규모가 12만 8059원인 것에 비해 오히려 다른 규모의 지수는 100.0 미만으로, 종업원 500명 이상의 대기업(이하 V규모라 칭함)조차도 12만 7031원으로 99.2퍼센트며 소정 내 임금은 I규모의 소기업보다 근소하긴 하지만 적다. 여성의 경우도 마찬가지인데, I규모의 소정 내 임금액이 가장 높아 7만 3411원이며, 이에 비해 다음으로 높은 V규모는 6만 6124원으로 I규모의 90.1에 머물고 있다. 또한 기준 내 노동시간은 남녀 모두 고작 2퍼센트 정도의 차이 안에 머물러 거의 차이가 없다.

한편, 초과 근무에 대한 소정 외 0임금과 상여를 12로 나눈 것을 소정 내 임금에 더한 월평균 총임금액에서는 남성 I규모 15만 6579원에 대해 최고액의 V규모는 21만 3692원으로 36.5퍼센트나 차이가 벌어져 있다. 그러나 총노동시간을 보면 V규모의 대기업에서는 248.9시간으로, I규모의 소기업보다 30시간이나 더 초과 근무를 하고 있다는 것을 알 수 있다. 한국에서는 시간 외 노동이나 야근에 50퍼센트 이상의 초과 근무 수당을 지급하는 것이 노동기준법으로 정해져 있기 때문에 이 V규모와 I규모의 임금 격차를 액면 그대로 수용할 수는 없다. 단순히 총임금액을 총노동시간으로 나눈 시간당 임금액을 비교하기만 해도 I규모 716.0원/시간에 비해 V규모 858.5원/시간과 그 차이는 19.9퍼센트로 크게 축소된다. 따라서 대기업 노동자의 총임금액이 중소기업에 비해 높은 것은 월 250시간이라는 장시간 노동과 상여가 그 원인이라는 것을 알 수 있다. 이로써 저임금이기 때문에 월 약 250시간이나 장시간 노동을 해야 겨우 생계를 유지할 수 있는 대기업 남성 생산 노동자의 모습이 떠오르는 것이다. 한편 여성 총임금액의 경우 I규모 9만 5300원과 V규모 10만 4335원으로 규모에 따른 차이가 거의 없다. 오히려 기업 규모를 불문하고 남성과 같거나, 그 이상의 장시간 노동을 하고 있음에도 불구하고 여성 임금은 남성 임금의 48.8~60.9퍼센트에 불과하다는 것이 눈길을 끈다.

이상 살펴본 바에 의하면 중소기업과 대기업 제조업 생산 노동자 사이에는 스미야 미키오가 말한 것처럼 커다란 규모별 임금 격차는 확인할 수 없다. 게다가 V규모의 대기업 남성 생산 노동자의 월평균 총임금액도 앞 절에서 검증한 도시 무허가 정착지의 공장 노동자를 포함한 기능노동자의 임금 수준과 거의 같은데, 당시 평균 가족 수 4.52명의 최저 생계비에 훨씬 못 미친다. 여성의 경우는 1981년 단신 여성 최저 생계비인 12만 9700원(전국금속산업노동조합연맹, 1982: 247)에도 미치지 못한다. 요컨대 기업 규모에 관계없이 한국의 제조업 생산 노동자, 바꿔 말하면 공식 부문에 속하는 공장 노동자의 많은 수가 저임금 상태에 놓여 있었다고 말할 수 있을 것이다.

그런데, 한국에서는 1973년에 '중화학공업화 육성 계획'이 책정되어 70년대 후반 이후 철강, 비철금속, 기계, 선박, 전자, 석유화학을 중심 분야로 해서 중화학공업화가 강력한 정부 주도로 추진되었다. 이 과정에서 중화학공업 분야의 생산 노동자에 대한 수요도 대량으로 발생했다. 여기에서 재벌계 기업도 포함된 대기업의 노동조합이 많이 소속되어 있는 전국금속산업노동조합연맹이 81년에 산하 조합을 대상으로 실시한 임금실태 조사를 토대로 기계·금속산업의 생산 노동자의 임금 수준을 검토해 보자.

우선, 평균 총임금액은 남성 23만 5044원, 여성 11만 7994원(전국금속산업노동조합연맹, 1982: 326)으로 앞서 본 대기업 V규모보다 각각 10.0퍼센트, 13.1퍼센트 높을 뿐, 제조업 대기업 생산 노동자의 평균적인 임금 수준과 크게 다르지 않다. 다만 기본급을 주요 부분으로 하는 소정 내 임금의 평균액은 남성 15만 4592원, 여성 8만 3274원(전국금속산업노동조합연맹, 1982: 326)으로 가장 많은 소정 내 임금을 받고 있는 I규모 제조업 생산 노동자보다 각각 20.7퍼센트, 13.4퍼센트 높다. 기계·금속산업의 생산 노동자, 특히 남성 노동자의 소정 내 임금이 상대적으로 높은 것은 기본급 비율이 높다는 것을 뜻하고, 당시의 주도적 중화학공업 부문이었던 기계·금속산업의 남성 생산 노동자는 제조업 생산 노동자 중에서 비교적 안정적인 임금을 받고 있었다고 할 수 있다.

다음으로 표 1-14에서 기계·금속산업의 남녀 생산 노동자의 임금 계층별 분포를 살펴보자. 다만 이 임금 계층별 분포 조사에서는 임금 총액이 아니라 소정 내 임금 분포밖에 표시되어 있지 않기 때문에 종합적인 임금 수준의 비교는 불가능하다. 먼저 한눈으로 알 수 있는 것은 남성 노동자와 여성 노동자 임금 계층 분포의 상이함이다. 전자부품 조립 등 한국 수출지향형 중화학공업화를 떠받쳐 온 기계·금속산업 여성 노동자의 약 60퍼센트가 5만 원에서 7만 원 미만의 최하층에 분포되어 있다. 이는 앞 절에서 본 도시 무허가 정착지의 최빈층 소득 수준에 필적한다. 게다가 이 중에 저임금·청년 여성 노동력에 기대어 고성장을 이룩한 전기·전자공업에서는 이 임금 계층의 여성 노동자 비율이 73퍼센트로 더욱 높았으며(전국금속산업노동조합연맹, 1982: 327), 임금 계층 분포의 저임금 집중 경향이 더욱 강했다.

표 1-14 · 기계·금속 생산 노동자의 소정 내 임금의 계층별 분포(1981년)

(단위:명, %)

		40,000 ~49,999	50,000 ~59,999	60,000 ~69,999	70,000 ~79,999	80,000 ~89,999	90,000 ~99,999	100,000 ~119,999
남성	(명)	16	337	910	3,476	3,906	6,538	12,154
	(%)	0.02	0.44	1.18	4.50	5.06	8.46	15.73
여성	(명)	18	5,092	13,192	4,465	3,699	1,931	1,703
	(%)	0.06	16.58	42.95	14.54	12.04	6.29	5.54

		120,000 ~149,999	150,000 ~199,999	200,000 ~249,999	250,000 ~299,999	300,000원 이상		계
남성	(명)	16,725	22,329	6,725	3,322	829		77,267명
	(%)	21.65	28.89	8.70	4.30	1.07		100.0%
여성	(명)	519	94	—	—	—		30,713명
	(%)	1.69	0.31	—	—	—		100.0%

자료: 전국금속산업노동조합연맹(1982: 329).

한편 남성 노동자의 임금 계층 분포는 여성 노동자보다 훨씬 상위에 있으며, 10만 원 이상 20만 원 미만이라는 더 넓은 범위에 66.3퍼센트의 노동자가 분포되어 있다. 그러나 기계·금속산업의 남성 노동자 중 약 60퍼센트(57.0퍼센트)의 노동자가 15만 원 미만의 임금 계층에 속해 있는데, 이는 표 1-13에서 봤던 I규모의 제조업 남성 생산 노동자의 평균 소정 내 임금 총액 12만 8095원과 같거나 약간 상회하는 정도의 소정 내 임금 수준이다. 이처럼 중화학공업 생산 노동자 중에서도 비교적 안정적인 고임금을 받고 있다고 여겨지는 기계·금속산업의 남성 생산 노동자조차도 그 대부분이 도시 하층에서 그렇게 동떨어진 존재가 아니라는 것을 엿볼 수 있다. 그러나 소정 내 임금이 25만 원 이상이라는 제조업 남성 생산 노동자의 평균 소정 내 임금의 두 배 이상의 금액을 받고 있는 기계·금속산업 남성 생산 노동자도

5.4퍼센트로 매우 적긴 하지만 존재한다. 굳이 이중 노동시장론을 펼칠 것이라면 이렇게 극단적인 소수의 고임금 노동자와 대부분의 저임금 노동자의 이중 구조에 주목해야 할 것이다.[24]

이렇게 최저 생계비에도 미치지 못해 가족의 생계를 유지하는 것이 어려운 임금 수준으로는 노동자가 조금이라도 노동 조건이 좋은 직장을 찾아서 다양한 직업을 전전하는 것도 납득이 간다. 이러한 노동자의 모습은 높은 이직률로 나타난다. 예를 들어 1978년과 79년 제조업 생산 노동자의 월간 이직률은 각각 6.5퍼센트, 7.0퍼센트로 매우 높으며,[25] 연간 약 80퍼센트의 노동자가 이직한 것이 된다. 또한 80년 제조업 남성 생산 노동자의 월간 이직률은 5.8퍼센트로, 연간 69.6퍼센트의 노동자가 이직하고 있다(한국 노동청, 『매월 노동 통계 조사 보고서』 각 연도 12월호).

그럼 이들 노동자의 노동 이동은 어떤 양상을 보였을까? 대기업과 중소기업이 분단되었던 이중 노동시장을 형성하고 있다면 대기업의 노동자는 대기업 사이에서만, 중소기업 노동자는 중소기업 사이에서만 노동 이동을 하게 될 것이다. 그래서 1976년 실시된 『한국의 공업 노동 연구』의 원자료를 사용해 당시 한국 공업 노동자의 전형인 반숙련 노동자의 기업 규모 간 노동 이동을 살펴보자. 표 1-15가 그것이

---

24 신원철(2001)이 대한조선공사의 사례를 중심으로 내부 노동시장의 형성에 대해 고찰한 결과, 1960년대에는 이미 남성 숙련 생산 노동자 사이에 내부 노동시장의 형성이 보인다는 결론을 끌어내고 있다. 그러나 이것들은 예외적인 사례로, 극히 일부의 고임금 노동자와 겹치며, 1960~70년대의 한국사회에 일반적으로 적용시킬 수는 없다.

25 제조업 사무·기술·관리 노동자의 월간 이직률은 1978년 3.5퍼센트, 79년 3.6퍼센트로 생산 노동자의 약 2분의 1 수준이다(한국 노동청, 『매월 노동 통계 조사 보고서』, 각 연도 12월호).

표 1-15 · 현직 규모별 · 전직 규모별 반숙련 노동자의 노동 이동

(단위: 명)

전직 ＼ 현직		종업원 수				전체
		5～49명	50～199명	200～449명	500명 이상	
종업원수	5～49명	17(21.3)	23(28.8)	13(16.3)	27(33.8)	80(100.0)
	50～199명	6(10.3)	20(34.5)	18(31.0)	14(24.1)	58(100.0)
	200～449명	4(7.0)	17(29.8)	14(24.6)	22(38.6)	57(100.0)
	500명 이상	5(6.1)	20(24.4)	23(28.0)	34(41.5)	82(100.0)
전체		32	80	68	97	277

출처: 배무기·박재윤(1978: 172)에서 작성.
주: 표본 수는 491명. 이동률은 (277/491)×100=56.4(%).

다. 표본수 491명에서 전직한 노동자 수는 277명으로 노동 이동률(표
본 수에 점하는 전직자의 비율)은 56.4퍼센트로 높다. 그뿐만이 아니다.
한눈으로 대기업과 중소기업 사이에서 노동 이동이 빈번하다는 것
을 알 수 있다. 즉, 종업원 500명 이상인 대기업의 전직자 중 58.5퍼센
트가 500명 미만의 기업으로 이동하고, 심지어 30.5퍼센트가 종업원
200명 미만의 중소기업으로 옮기고 있다.[26] 반대로 종업원 500명 미
만의 기업에서 500명 이상의 대기업으로 이직한 사람도 많은데, 종
업원 50명 미만의 소기업과 200~499명의 기업에서 500명 이상의 대
기업으로 전직한 사람의 비율은 각각 33.8퍼센트, 38.6퍼센트로 전직
자 중에서 가장 많다. 50~199명 중기업에서도 전직자의 31.0퍼센트
가 종업원 200~499명의 기업으로, 그리고 24.1퍼센트가 500명 이상

---

26 한국 중소기업기본법에 의하면 정부 통계상의 중소기업의 정의는 1976년에 종업원 200명 미만 기
업에서 300명 미만 기업으로 바뀌었다. 그 때문에 『한국의 공업 노동 연구』에서는 종업원 200명 미
만 기업을 중소기업으로 하고 있다.

의 기업으로 즉 과반수가 대기업으로 이동했다. 이렇게 기업 규모에 관계없이 노동 이동을 하는 경향은 조금이라도 좋은 조건의 직장으로 이동하려는 한국 공장 노동자의 모습이 떠오르게 한다.

예를 들어 1981년에 대기업 생산 노동자의 이직 동기를 조사한 한국경영자총협회의 보고에서는 임금이 낮기 때문이라고 대답한 사람이 21.2퍼센트로 가장 높고, 일하는 시간이 길어서 힘들다는 답변 16.3퍼센트를 합하면, 저임금을 비롯해 열악한 노동 조건을 이유로 이직하는 비율이 37.5퍼센트로 압도적이었다(한국경영자총협회, 『한국 노동 경제 연감』 1982년판: 124). 이 보고는 지금까지 고찰해 온 것처럼 대기업 생산 노동자의 노동 조건이 중소기업과 비교해서 결코 좋은 것이 아니었음을 뒷받침한다.

이처럼 개발연대의 한국 생산 노동자는 고임금을 받는 소수의 예외적인 중화학공업의 남성 생산 노동자를 제외하면, 저임금과 불안정한 취로를 특징으로 하는 광대한 단일 노동시장을 형성하고 있다는 것을 인식해야 한다. 노동자는 보다 높은 임금과 보다 좋은 노동 조건을 찾아 끊임없이 직업 편력을 해왔다. 덧붙여 중요한 것은 제3절에서 본 것처럼 이 직업 이동은 공장 노동자 사이에 한정된 것이 아니라, 기능 건설 노동자와 영세 자영업 기능공, 또한 행상·노점상을 포함한 상업·서비스업이나 가내 공업 등의 자영업이라는 도시잡업층과의 순환도 포함되어 있다는 것이다. 이들 직업의 소득 자체는 공업 노동자와 비교해 불안정하기는 하지만 경우에 따라서는 대기업 노동자의 임금을 상회하는 수입을 얻을 수 있었다. 한국 생산 노동자의 존재 형태는 저임금에 의해 규정되어 있었기 때문에 조금이라도 높은 수입을 얻을 수 있다면 대기업 생산 노동자에서 영세 자영업주로 쉽게 전직하며, 또한 그 반대도 가능했다. 이러한 사실이야말로 바로 임금 노동자로서 독자성이 약하고 도시 하층에서 완전히 분리되지 못한, 개발연대의 한국 노동자의 성격을 보여 주고 있다. 또한 이런 유동성이 높고 방대한 불안정 취로자의 존재야말로 한국의 저임금 구조의 근간이라 할 수 있을 것이다.

5. 개발연대의 노동시장 구조와 노동 통제

이상으로 개발연대에는 도시 무허가 정착지에 유입되어 온 많은 이농민이 영세 자영업층, 자영업 기능공·기능 건설 노동자 등의 도시잡업층적인 직업에 종사하는 한편, 근대적인 공장 노동자가 되기도 하면서 양자 사이에 순환·교류관계가 있다는 것을 밝혔다. 덧붙여 공장 노동자 또한 대기업과 중소기업 사이를 더 좋은 임금과 노동 조건을 찾아 빈번히 이동했다는 것을 알게 되었다. 이렇게 개발연대 한국 생산 노동자의 노동시장은 저임금과 불안정 취로를 특징으로 하는 도시 하층과의 경계선이 애매하며 오히려 그것과 연속적이고 광대한 단일 노동시장을 형성하고 저임금 노동력의 공급원으로서 경제 개발을 지탱하고 있었던 것이다. 본 절에서는 이러한 노동시장 구조를 지탱한 요인 중 하나로 정부에 의한 강력한 노동 통제가 있었다는 것을 지적하고자 한다.

　박정희 정권은 저임금을 비교우위로 하는 수출지향형 공업화라는 개발 전략을 수행하기 위해 1971년 12월 6일 국가 비상사태 선언을 하고, 이어서 12월 27일에 국가보위에 관한 특별조치법(이후, 국가보위법이라 칭함)을 공포했다. 다음 해 72년 12월 27일에 유신헌법을 발포하고, 개발독재 체제로의 유신 체제가 성립되었다. 유신 체제 아래에서 박정희 정권은 노동운동을 사회질서의 안정을 해치는 사회적 불안정 요인으로 보고 엄격히 통제했으며 노사관계의 안정과 임금 수준의 억제를 기도했다. 이를 권위주의적 노동 체제라고 부른다.

국가보위법하에서는 '비상사태하에서는 근로자의 단체 교섭 또는 단체 행동권의 행사는 미리 주무 관청에 조정을 신청해야 하며, 그 조정 결정에 따라야만 한다'(제9조 1항)는 조항에 의해 노사 간의 자율적인 교섭은 성립될 수 없었다. 그뿐 아니라 노동쟁의는 절차상 불가능해졌으며 비합법화되었다. 노동청 예규 103호에 의해 '단체 행동권의 행사 신청은 단체 교섭 결정이 내려지기 전까진 성립되지 않는다', 또한 동 105호에서 '단체 교섭의 조정이 결정되면 동 건에 대하여는 일체의 단체 행동(노동쟁의 혹은 쟁의행위)를 행사할 수 없다'고 규정되어 있기 때문이다. 이렇게 노동자가 불만을 표출하고 요구를 행사하는 수단으로써의 단체 교섭이나 쟁의는 사실상 금지되었고 억압당했다. 더욱이 국가보위법 제9조 2항에 근거해 외자계 기업이나 주요 국영기업, 재벌계 기업에서는 노동조합의 결성조차 커다란 제약을 받았다(시미즈 도시유키[清水敏行], 1987a: 473). 그 결과 부당 노동 행위가 횡행했으며 이에 대한 노동자의 저항은 이직이라는 소극적인 형태를 취하거나 폭동에 가까운 '집단분규'를 일으키는 양자택일밖에 없었다. 집단분규는 노동쟁의나 쟁의 행위가 법률로 금지되어 있기 때문에 '노사 간의 분쟁 사태가 농성이나 시위 등의 집단적인 행위로까지 현재화'(시미즈 도시유키, 1987a:487)되는 상황을 가리킨다. 군사 독재 정권하에서 전자가 압도적 다수라는 것은 말할 것도 없다. 앞서 말한 제조업 생산 노동자의 높은 이직률이 그것을 여실히 보여 주고 있다. 따라서 조금이라도 좋은 조건을 찾아 직장을 옮기는 노동자의 높은 유동성은 국가 권력에 의한 노동조합운동의 강력한 억압에 의한 부분이 크다.

한편, 후자의 집단분규에 의한 저항에 대해 살펴보면, 1970년대 후반의 발생 건수는 연 100건 전후에 머물러 있고(한국 노동청, 『노동 통계 연감』 각 연도). 노동조합의 조직화도 억압되어 있었던 터라 그중 반수 정도는 노동조합이 없는 기업에서 일어났다(배무기, 1982: 607). 집단분규의 대표적 예로는 1974년 현대조선소(현대중공업의 전신)에서 노동자에 의한 시설 파괴와 방화를 동반한 '현대조선소 쟁의'를 들 수 있다.[27] 이 집단 분규의 주요한 쟁점은 회사가 직접 고용한 본공(本工)[28]을 일방적으로 해고하고, 직장(職長)의 감독을 받아야 하는 하청 노동자로 재고용하려는 '위임 관리제'의 도입을 둘러싼 것이었다. 회사 측은 위임 관리제에 의해 전 직장이 우두머리가 된 하청 기업과 도급 계약을 맺거나 해약하는 것을 통해 수주량의 변동에 따라 발생하는 인원의 과부족을 회사의 부담 없이 조절하려고 했다. 이 위임관리

---

27 1974년 현대조선소의 집단 분규에 관해서는 전국금속산업노동조합연맹 『1974년도 사업 보고』에 의거했다 (전국금속산업노동조합연맹, 1975: 69~74).

28 [옮긴이] 대기업 등에서 계약 기간을 정하지 않은 노동 계약으로 고용된 상근 노동자를 말한다. 일반적으로 정년까지 고용이 보장된다. 반대 개념은 임시공(臨時工)이다.

제를 수용하면 1만 3000명의 생산 노동자 중에 9500명이 원래 본공이 받을 수 있는 퇴직금, 연차 휴가, 제수당 등의 권리를 박탈당함과 동시에 극단적으로 불안정한 고용 상황에 놓이게 된다(김용기, 1991: 13). 결국 경찰까지 동원되어 사태는 진압되었지만 위임 관리제는 조건부로 남겨지게 되었다. 이 사례는 국가 권력과 기업의 강력한 노동 통제로 중화학공업·재벌 기업의 생산 노동자조차도 예외없이 열악한 노동 조건과 불안정한 취로를 수용할 수밖에 없는 상태에 있었다는 것을 보여 주고 있다. 현대조선소처럼 노동자의 불만이 폭발해 사태가 집단 분규까지 가지 않는다면, 제3절(46쪽)에서 소개한 저임금에 대한 불만과 해고의 불안에서 국내 굴지의 조선회사를 그만두고 서울에서 영세 도장업을 개업하기에 이른 노동자처럼 직장을 옮기게 된다.

　그러나 이러한 노동시장 구조와 권위주의적 노동 체제에 변화를 불러온 것은 공업 노동력의 공급 구조 변화이다. 개발연대 저임금 구조의 필요조건은 급속한 공업화와 함께 노동력이 농촌에서 도시로 대량으로 이동함으로써 가능했던 공업 노동력의 무제한적 공급이었다. 그러나 배무기는 1975년 즈음, 공업 노동력의 공급이 무제한적 공급에서 미숙련 노동력의 상당한 임금 상승 없이는 원활하게 이뤄지지 않는 제한적 공급으로 바뀌었다고 논하고 있다(배무기, 1982: 575). 배무기의 이러한 주장은 60년대 후반에서 90년대 초까지 실업률의 추이를 보여 주는 그림 1-1과 70년대 이후의 제조업의 실질 임금 지수의 추이를 보여 주는 그림 1-2에서도 뒷받침된다. 먼저 그림 1-1에서는 65년의 비농가 실업률은 13.5퍼센트였는데 고도성장과

그림 1-1 · 실업률 추이

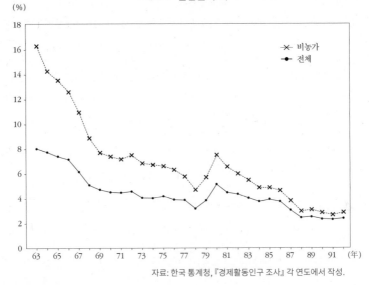

자료: 한국 통계청, 『경제활동인구 조사』 각 연도에서 작성.

함께 저하를 계속해 70년에는 7.4퍼센트가 된다. 이 저하 추세는 70년
대 전반에 일단 둔화되지만 중화학공업화가 시작된 70년대 후반에
다시 급속히 저하하고, 78년에는 4.7퍼센트까지 떨어진다. 이와 함께
실질 임금도 지속적으로 상승하지만 그림 1-2에 보이는 것처럼 특히
70년대 후반 이후 급격히 상승하게 된다. 이렇게 노동력의 공급 구조
는 70년대 후반에 무제한적 공급에서 제한적 공급으로 전환되었으
며, 아무리 강력한 노동 통제를 실시해도 실질 임금의 상승을 억제할
수 없게 된 것을 엿볼 수 있다.

1980년대 이후는 중화학공업화에 더욱 박차를 가하며 그와 더불
어 생산 노동력이 더욱 절박해졌다. 즉 그림 1-1에 의하면 제2차 오
일쇼크였던 79, 80년을 제외하면 실업률은 계속 저하했고 원화 약세,

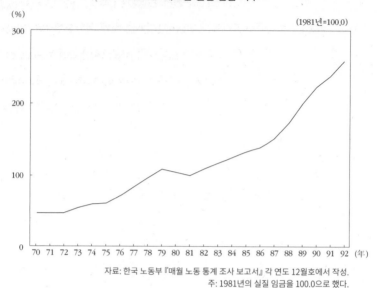

그림 1-2 · 제조업 실질 임금 지수

(%)   (1981년=100.0)

자료: 한국 노동부『매월 노동 통계 조사 보고서』각 연도 12월호에서 작성.
주: 1981년의 실질 임금을 100.0으로 했다.

저유가, 저금리의 '삼저 호황'이 시작된 86년 이후 그 저하는 더욱 급속히 이뤄짐과 동시에 생산 노동력의 부족이 심각해지는 것은 제2장에서 확인할 수 있다. 이러한 노동력 부족의 추세가 이어지면서 79년의 박정희 대통령 암살 뒤, 반동적인 정권으로 등장한 전두환 정권이 임금 가이드라인을 설정했음에도 불구하고 실질 임금은 82년 이후 계속해서 상승하고 있다(그림 1-2).

이렇게 급속한 생산 확대로 인해 일어난 생산 노동력 부족에 대응하기 위해 자본력에서 우월한 대기업에서만 필요한 노동력을 기업 내에서 양성·조달함으로써 노동자가 기업에 정착하는 것을 도모할 수 있었다. 이로 인해 생겨난 대기업과 중소기업 간의 노동자 정착성

차이는 1980년대 초반까지는 도시 하층과 겹쳐지는 유동성 높은 단
일 노동시장이었던 생산 노동자의 노동시장 구조에 중대한 변화를
가져오게 된다. 이러한 80년대 중반 이후의 한국 노동시장 구조의 변
화에 대해서는 제2장에서 살펴보고자 한다.

제2장·노동자대투쟁과 '87년 체제'의 성립
—대기업과 중소기업의 '분단 노동시장 체제'의 성립

1. 문제 제기

제1장에서 살펴본 것처럼 1960년대 후반부터 80년대 초반에 이르는 개발연대에는 풍부한 과잉 노동력의 존재를 전제로 대기업, 중소기업 구별없이 노동력의 유동성이 높은 횡단적 단일 노동시장으로써 도시 하층이 확산되었으며 방대한 저임금 노동력의 공급원이 되었다. 특히 생산 노동자의 대부분을 점하는 제조업 생산 노동 현장에서 노동자는 한결같이 저임금, 장시간 노동을 할 수밖에 없었으며 노동 삼권도 주어지지 않은, 이른바 원생적(原生的) 노동관계 아래에 놓여 있었다. 이러한 저임금 구조를 지탱하고 있었던 것은 박정희 군사 독재 정권의 강압적 노동 통제였다. 유신 체제로 불리는 권위주의적 노동 체제에 대항해야 할 노동조합운동은 섬유, 의복·잡화, 전자부품 조립 등 경공업·중소기업의 청년 여성 노동자를 주체로 하는 사업체

별 산발적인 노동쟁의에 머물렀으며 연쇄적으로 파급되어 대규모화되지는 않았다(Koo, 2001: 85).

그러나 1987년 6·29민주화선언 직후인 7~10월에 전국적으로 동시다발로 일어난 노동쟁의는 '노동자대투쟁'이라고 불리고, 규모 면에서도 질적인 면에서도 한국 노동운동사에서 획기적인 사건이었다. 그때까지의 쟁의 건수를 보면 80년에 유신 체제 붕괴 직후인 '서울의 봄' 때 있었던 400여 건을 예외로 하면 연 100건 전후였고, 노동운동이 현재화(顯在化)되기 시작한 85, 86년에도 300건에도 미치지 않았다. 이에 비해 87년 7~10월, 약 넉 달 동안 3311건이나 쟁의가 일어났으며, 그중 많은 수가 과격한 '농성' 형태로 나타났다(한국 노동부, 1988: 15, 26). 노동조합 수도 87년 6월 말 2741개였던 것이 같은 해 말에는 4102개 조합으로 단번에 50퍼센트나 증가했다(한국 노동부, 『노동 통계 연감』 1991년판). 그 결과 권위주의적 노동 체제는 붕괴되고 노동자대투쟁을 통해 '인간다운 대우'를 요구했던 노동자들은 노동 삼권과 대폭적 노동 조건의 개선을 획득했다. 그뿐만 아니라 노동자대투쟁으로 노동조합이 직장에서 통제권을 장악하고, 그로 인해 경영 측의 의사가 현장에서 관철되지 않는 상황도 나타나자 경영자는 강한 위기감을 느끼게 되었다(조동문 외, 1999: 15~16).

주목되는 점은 전체 쟁의 건수의 과반수가 제조업이며 그중에서도 화학, 조립금속, 기계공업 등의 중화학공업을 중심으로 한 대기업 남성 생산노동 현장에 집중해서 쟁의가 일어났다는 사실이다(한국 노동부, 1988: 18~21). 이처럼 노동자대투쟁이 중화학공업·대기업(특히 재벌 기업)의 남성 생산 노동자에 의해 주도되었다는 것은 1970년대 노동운동과는 그 양상이 완전히 달라졌음을 뜻한다. 그들은 군사 독재 정권의 뜻을 따르는 어용노조라고 지목되어 온 내셔널 센터 한국노동조합총연맹(이하 한국노총)의 통제를 넘어 민주노동조합(이하 민주노조)을 조직하고, 그전까지 예를 볼 수 없었을 정도로 광범위한 조직력을 갖춘 강력한 노동운동을 전개했다. 하지만 노동조합 사이의 연대가 강고한 한편, 이 노동운동의 주체는 대기업 남성 생산 노동자를 중심으로 한 기업별 노동조합운동이었다는 점을 명기해야만 한다.

본 장에서는 이러한 노동운동의 양적·질적 전환을 가져온 객관적 조건으로 1980년대 전반부터 87년 노동자대투쟁까지의 한국의 남성 생산 노동자의 노동시장 구조 변화에 대해 고찰할 것이다. 지금까지 한국의 노동시장 분석은 노동운동사에 있어 획기적 전환을 가져왔다는 점에서 노동자대투쟁의 의미에 관심이 집중되어 개발연대에서 87년까지의 연구는 극단적으로 그 수가 적다. 특히 개발연대에 저임금 노동력의 공급원으로 존재했던 도시 하층의 대·중소기업 간 횡단적인 단일 노동시장 구조가 80년대 전반에서 87년 노동자대투쟁까지 어떻게 변화되었는지, 그 변화를 가져온 원인은 무엇이었는지에 대해서는 거의 논의되지 않았다. 이미 1975년 전후에 농촌에서 도시로 향하는 노동력의 공급은 무제한적인 것에서 제한적인 것으로 전환되었지만(배무기, 1982: 575~576) 이 시기에는 중화학공업 중심의 수출 진흥 정책이 강력히 추진된 결과, 생산력의 급속한 확대와 함께 심각한 노동력 부족 현상이 일어났다. 이 심각한 노동력 부족이 대기업과 중소기업 간의 노동시장의 분단화를 야기한 것은 아닌가 여겨진다. 즉, 노동력 부족에 대응해서 대기업에 채용된 생산 노동자의 정착화 정책이 그때까지 빈번히 노동 이동을 반복해 왔던 노동자를 기업에 정착시켰고, 이로써 하나의 기업에서 계속 일하는 '중견 노동자'(中堅勞動者)층이 대기업에 출현하게 된다. 노동자대투쟁을 주도하는 세력이 될 수 있는 중견 노동자층이 대기업에서 일정 정도 형성되었기 때문에 기업 내에서 노동자의 조직력·단결력이 현격히 강화되었다고 추론된다.[1] 본 장에서는 대기업의 남성 생산 노동자 중심의 기업별 노동조합운동인 노동자대투쟁 이전 시기인 80년대에 '분단 노동시장 체제'로서의 '87년 체제'의 기반이 어떻게 형성되었는가를 고찰하고자 한다.

또한 대기업 남성 생산 노동자의 기업별 노동조합운동을 중심으로 전개되었던 노동자대투쟁을 계기로 대기업 남성 생산 노동자의 내부 노동시장이 형성되었다는 것은 그동안에 나온 몇 개의 훌륭한 실증 연구[2]로 정설이 되었다. 이에 대해 본 장에서는 대기업에 관한 고찰뿐 아니라 1987년 노동자대투쟁이 대기업과 중소기업 노동자 사이에 어떤 격차와 차이를 만들었는지에 관해서 노동자의 기업 정착성과 임금 구조로 분석할 것이다. 또한 76년과 91년의 대기업과 중소기업 노동자 간의 노동 이동 양상을 비교하면서 대기업과 중소기업 노

---

1 니무라 가즈오(二村一夫)는 일본의 기업별 노동조합의 생성에 대해서 "[…] 노동자가 의지해야 할 조직을 거의 갖지 못한 상황에서 임금 인상이나 해고 반대라는, 동일한 경영자에게 절박한 요구를 할 때 노동자가 일상적으로 얼굴을 마주해 서로 알고 있는 직장을 단위로써 조직하는 것은 매우 당연한 것 […]"이라고 말하고 있다(니무라, 1987: 82). 즉 권위주의적 노동 체제하에서 빈번히 노동 이동을 하던 한국의 대기업 노동자도, 기업에 정착함에 따라 '일상적으로 얼굴을 마주해 서로 아는': 노동자 간에 서로가 놓여 있는 열악한 노동 조건을 바꾸고자 하는 공감대가 형성되었고, 그것이 강력한 기업별 노동조합의 조직화로 이어졌다고 생각해도 무리는 없다.
2 여기에서 우선 대표적 연구로 거론하고 싶은 것은 정이환(1992)과 박춘식(1992)이다.

동시장의 관계성이 노동자대투쟁 이후 어떻게 변화했는지에 대해 검토하고자 한다.

한국에서는 1987년 이후의 정치·경제·사회 시스템을 '87년 체제'라고 부른다. 노동사회에서 그것은 대기업과 중소기업의 '분단 노동시장 체제'를 가리킴에도 불구하고 노동 연구 문제의 관심은 주로 대기업의 노동시장이나 노사관계 분석에 치우쳐 있었다. 그렇기에 본 장에서는 양자의 관계성에 초점을 맞추고 '분단 노동시장 체제'의 성립을 총체적으로 고찰하고자 한다. 따라서 본 장의 고찰 대상 기간은 80년대 전반에서 87년 노동자대투쟁 직후의 90년대 초반까지로 설정한다.

여기에서는 주로 정부 통계에 기초해 거시적인 시각에서 제조업 남성 생산 노동자의 노동시장 분석을 수행하며, 1980년대 한국 노동시장의 구조 변화를 전체적으로 파악하고자 한다. 자료가 제약된 관계로 여성 노동자에 대한 분석은 생략할 수밖에 없다. 왜냐하면 80년대에 정부에 의한 노동 통계에는 남녀별로 집계된 자료가 적다. 그뿐만 아니라 설사 남녀별로 구분되어 있다고 해도 한국 노동부『직종별 임금 실태 조사』와 같이 그 샘플 추출 방법의 제약[3]으로 실질적으로 여성 노동자가 통계에서 배제되어 있었기에 파악되지 않은 경우가 많기 때문이다. 또한 대기업과 중소기업 간의 노동 이동에 대해서는

---

3 『직종별 임금 실태 조사』는 종업원 10명 이상 기업의 남녀 상용 노동자의 임금 실태를 조사한 것이다. 그러나 뒤에서 자세히 서술하는 것처럼 많은 여성 노동자가 종업원 규모 10명 미만의 기업에 취업한 데다 임시직이나 일용직 노동자이기 때문에 『직종별 임금 실태 조사』로는 여성 노동자의 실태를 파악하는 것이 거의 불가능하다.

1976년에 배무기·박재윤이 실시한 70년대의 유일한 표본 조사 『한국의 공업 노동 연구』[4]와 1991년에 한국노동연구원이 실시한 표본 조사 『제조업 고용 조사』[5]의 원자료를 사용해 노동 이동 양상의 변화에 대해 분석할 것이다. 또한 대기업에서의 노동력 부족에 대한 대응책과 노동자를 기업에 정착하게 하는 방책, 임금 체계의 변화 등은 재벌계열 기업을 포함한 한국을 대표하는 대기업 각각의 사례에 맞춰 그 실태를 부각시키고자 한다. 이때 한국노사문제임의중재협의회가 한국 제조업 대기업 27개에 대해 실시한 설문 조사[6]의 결과인 한국노사문제임의중개협의회(1991)와 재벌계열 기업의 사내 자료를 이용할 것이다.

2. 1980년대 노동력 부족 상황과
   대기업에서의 노동력 기업 내 양성의 시작

1960년대 후반 이후 고도성장을 계속해 온 한국 경제는 제2차 오일

---

4 제1장 주석 3을 참조.

5 『제조업 고용 조사』는 1991년에 한국노동연구원이 기업 규모별로 생산 노동자를 대상으로 실시한 표본 조사이다(한국노동연구원, 1991). 표본 수는 1354명이며 그중 남자 736명, 여자 618명이다. 설문 내용은 ①교육·훈련 및 현장 학습, ②노동 이동 및 전·현 직장의 노동 조건, ③기혼 남성의 배우자의 노동 상태에 관한 것으로 나뉜다. 76년에 실시된 배무기·박재윤의 『한국의 공업노동 연구』와 비교할 수 있도록 질문 항목에 일관성을 갖추도록 하고 있다.

6 한국노사문제임의중재협의회가 1990년 4월 1일부터 9월 30일에 한국 제조업 대기업 27개의 인사·노무 관리에 관해 실시한 설문 조사이다. 다만, 유효한 회답을 얻을 수 있었던 기업은 한국의 대표적인 4개 재벌 그룹 산하의 기업을 포함해 13개 기업이었다. 이 조사 중에서 사내 직업 훈련에 대해서 정리한 것이 탁희준(1992)이다.

쇼크로 1980년에 처음으로 마이너스 성장을 기록했다. 또한 80년대 전반 불황기의 무역수지, 경상수지 적자는 확대되었으며 거대한 대외 채무가 누적되었다. 그러나 이러한 적자에도 83년 이후 중화학공업을 중심으로 하는 수출 확대 대책이 강력히 추진되어 86년에는 사상 처음으로 무역수지, 경상수지 모두 흑자로 전환되었다. 특히 86년부터 88년까지 저달러·저금리·저유가(삼저 호황)라는 수출에 유리한 외적 조건도 있어 무역수지 및 경상수지 흑자는 지속되었다.

1983년 이후 수출 신장을 지렛대로 한 생산 확대는 노동력 수요를 급증시켰다. 그로 인해 생긴 노동력 부족 상황의 추이를 한국 노동부 『고용 전망 조사』로 본 것이 그림 2-1이다.

여기에서 80년대 중반 이후의 전문·기술직 및 사무관리직 노동자인 화이트칼라 노동자와 생산 노동자의 부족 상황의 대조성을 확인할 수 있다. 즉, 노동자의 현재 인원수에 대한 부족 인원수의 비율을 표시한 부족률[7]은 전문·기술직 및 사무관리직에서는 83년에서 91년까지 항상 1퍼센트 전후의 낮은 비율로 움직이고 있는 것에 비해 생산 노동자는 경기 순환의 영향을 받으면서도 상승 추이를 보인다. 특히 85년의 경기 순환의 골에서 부족률은 일단 2.4퍼센트까지 내려가지만, 그 뒤 '삼저 호황'기에 급속한 상승이 계속 이어져 88년에는 5.2퍼센트에 이르고 있다. 89년 이후 부족률 상승은 더욱 급격해졌으

---

7 『고용 전망 조사』는 농림수산업을 제외하고 전국에서 상용 노동자 10명 이상을 고용하고 있는 사업체 3300개 기업을 표본 추출해 설문 조사를 실시한 결과이다. 여기에서 노동력 부족률은 조사 기준일 현재의 노동자 수에 대한 증원 혹은 보충이 필요하다고 기업이 회답한 노동자 수의 비율을 가리킨다.

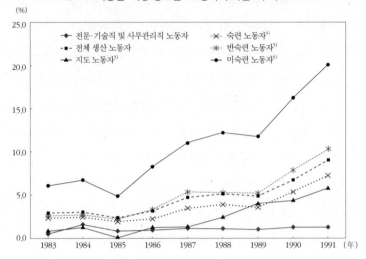

그림 2-1 · 직종별 · 기능 정도별[1] 노동자 부족률[2] 추이(1983~91)

주 : 1) 생산 노동자의 기능 정도.
   2) 부족률=(부족 인원/현 인원) × 100
   3) 생산과정에서 기능노동자의 감독, 지도 등의 업무에 종사하며, 직장(職長), 조장(組長), 반장(班長) 등의 직무를 담당하는 자.
   4) 6개월 이상 기능 습득 기간을 요하는 기능 직종에 3년 이상 종사한 자.
   5) 6개월 이상 기능 습득 기간을 요하는 직종에 1년 이상의 경험을 갖고 지도 노동자나 숙련 노동자의 지도를 받으며 생산활동에 종사하고 숙련 노동자는 아니지만 미숙련 노동자 혹은 견습공이 아닌 자.
   6) 위 반숙련 노동자의 수준에 달하지 못하는 자. 현재 연수 중인 자도 이 범주에 포함된다.

자료 : 한국 노동부,『고용 전망 조사』각 연도판에 의거해 작성.

며 91년에는 9.1퍼센트로 심각한 노동력 부족 상황을 보인다. 생산 노동자의 부족률을 기능 정도별[8]로 보면 모든 기능 정도에서 부족률

---

8 노동부『고용 전망 조사』에서 기능별 노동자의 정의는 다음과 같다. 지도 노동자는 생산 과정에서 생산 노동자의 감독, 지도 등의 업무에 종사하는 사람으로 직장, 조장, 반장 등의 직무를 담당하는 사람을 가리킨다. 숙련노동자는 고도의 숙련과 판단력, 책임, 적응력이 요구되는 작업에서 그 직무를 능숙하게 수행할 수 있는 능력을 가진 사람으로 6개월 이상 기능 훈련을 요하는 생산 직종에서 3년 이상의 경험을 쌓고, 생산과정에 관한 충분한 지식을 바탕으로 독자적인 판단을 내릴 수 있으며, 생산 시설 및 생산과정에 대한 책임을 지고, 생산활동에 직접 종사하는 노동자를 가리킨다. 반숙련 노동자는 6개월 이상의 기능 훈련을 요하는 생산 직종에서 1년 이상의 경험이 있으며 지도 노동자나

표 2-1 · 기업 규모별·기능 정도별 제조업 생산 노동자 부족률(1986년과 1990년)

(단위: %)

	전 규모	종업원 수				
		10~29명	30~99명	100~299명	300~499명	500명 이상
전 생산 노동자						
1986	3.20	3.21	3.69	4.16	2.40	2.35
1990	6.85	15.24	8.93	7.07	5.16	2.26
지도 노동자						
1986	1.26	0.42	1.48	2.08	0.83	0.53
1990	4.45	9.82	6.82	3.07	3.65	1.16
숙련 노동자						
1986	2.27	1.81	3.01	3.04	1.88	1.37
1990	5.31	11.63	7.31	5.40	3.23	1.38
반숙련 노동자						
1986	3.31	7.41	3.79	4.12	2.44	1.81
1990	7.92	19.77	10.72	8.85	5.21	2.40
미숙련 노동자						
1986	8.34	6.36	8.10	10.47	5.08	8.32
1990	16.23	39.36	17.72	18.17	17.05	7.41

자료: 그림 2-1과 같음.

은 상승 경향을 보이지만 기능 정도가 낮을수록 노동력 부족은 확대
된다. 특히 미숙련 노동자의 부족률은 다른 기능 정도의 노동자와 큰
격차가 있음을 보여 주고, 91년에는 그 차이가 20.1퍼센트에 이른다.

　다음으로 노동력 부족이 현재화되기 시작한 1986년과 '삼저 호황'
을 거치면서 심각해진 90년에 대해 기업 규모별·기능 정도별 제조업
생산 노동자의 부족 상황을 표 2-1로 살펴보자. 86년에는 모든 기능

숙련 노동자에게는 미치지 못하나 미숙련 단계 혹은 기능 훈련이 끝난 노동자를 가리킨다. 미숙련
노동자는 반숙련 노동자의 수준에 도달하지 못한 정도의 생산 노동자를 가르키며, 현재 연수 중인
노동자도 포함된다. 그러나 이 정의에서는 반숙련 노동자와 미숙련 노동자의 경계가 애매하기 때문
에 여기에서는 이 양자를 합해 저숙련의 반·미숙련 노동자라고 묶는다.

정도에서 기업 규모별 부족률 차이가 그렇게 크지 않을 뿐 아니라, 지도 노동자, 숙련 노동자, 반숙련 노동자는 전 규모 평균 부족률이 각각 1.26퍼센트, 2.27퍼센트, 3.31퍼센트로 비교적 낮게 나타난다. 그런데 미숙련 노동자만은 8.34퍼센트로 눈에 띄게 높으며 이미 86년 시점에서 노동력 부족이 현재화되어 있었다.

그런데 1990년이 되면 상황은 바뀐다. 종업원 300명 미만의 중소기업[9]에서는 모든 기능 정도에 걸쳐 부족률이 크게 상승하고, 노동력 부족이 심각해진다. 이에 비해 종업원 500명 이상의 대기업은 노동력 부족 상황이 86년과 크게 다르지 않고 오히려 낮아지고 있어, 중소기업과 비교해 확연히 낮게 나타나고 있다. 즉 종업원 500명 이상의 대기업에서는 지도 노동자나 숙련 노동자의 부족률은 각자 1.16퍼센트, 1.38퍼센트로 1퍼센트대이며, 반숙련 노동자의 부족률도 2.40퍼센트에 지나지 않는다. 이에 비해 중소기업에서는 대략 종업원 규모가 작을수록 부족률이 높아지고, 지도 노동자는 3.07~9.82퍼센트, 숙련 노동자에서 5.40~11.63퍼센트, 반숙련 노동자에서 8.85~19.77퍼센트로 각각 대기업의 2.6~8.5배, 3.9~8.4배, 3.7~8.2배나 노동력 부족을 보이고 있다. 여기에서도 노동력 부족이 심각한 것은 미숙련 노동자인데, 중소기업에서는 부족률이 86년의 6.36~10.47퍼센트에서 90년에는 17.72~39.36퍼센트로 3~4배나 크게 높아졌다. 그러나 대기업

---

9 제1장 주26에서도 지적했지만 한국의 중소기업 기본법에 의하면 정부 통계상의 중소기업의 정의는 1976년에 종업원 200명 미만 기업에서 300명 미만 기업으로 바뀌었다. 연대에 따라 기업 규모가 가진 사회적 의미가 다르기 때문에 76년 이전은 종업원 200명 미만을 중소기업으로 하고 그 이후는 300명 미만을 중소기업으로 하여 그대로 비교한다.

에서는 중소기업의 추세와는 반대로 86년 8.32퍼센트에서 90년에는 7.41퍼센트로 저하되었다. 그렇다고 해도 대기업에서도 미숙련 노동자의 부족률은 다른 기능 정도의 3.1~6.4퍼센트에 이르며 노동력 부족에서 벗어났다고 할 수 없다.

이처럼 생산의 급격한 확대와 함께 심각한 노동력 부족 사태에 직면했는데, 대기업만은 노동력 부족이 격화되지 않았다. 대기업은 노동력 부족에 대해 어떤 대책을 마련했던 것일까? 특히 대기업에서도 부족을 막을 수 없었던 미숙련 노동자를 비롯한 저숙련 생산 노동자와 노동력 부족 상황이 그렇게 절박하다고는 할 수 없는, 기능 정도가 높은 생산 노동자나 화이트칼라 노동자에 대해서는 다르게 대응했던 것일까? 1991년에 한국노사문제임의중재협회가 실시한, 대표적인 재벌 기업을 포함한 한국 제조업 대기업 13개사의 사내 직업 훈련에 관한 설문 및 면접 조사의 결과인 한국노사문제임의중재위원회(1991) 및 탁희준(1992)에 의거해 고찰해 보고자 한다.

동 조사에 의하면, 조사 대상 대기업에서 노동력 과잉 경향이 있었던 것은 상급 관리직, (생산 현장의) 일선 관리 감독자, 남성 사무직, 중고령 생산 노동자였다. 이에 비해 현저히 노동력 부족을 보인 것은 남성 기술직, 그중에서도 청년층 기술직과 청년 생산 노동자였다. 특히 청년 생산 노동자에 대해서는 13개 기업 중 8개 기업이 부족 경향이 있다고 대답했다(탁희준, 1992: 54). 일선 관리 감독자를 지도 노동자나 숙련 노동자로, 청년 생산 노동자를 반·미숙련 등 저숙련 생산 노동자로 바꾸면 이 조사 결과는 대기업에서 기능 정도가 높은 생산 노동자의 낮은 부족률과 저숙련 노동자의 노동력 부족이라는 앞서 본 거

표 2-2 · 제조업 대기업 노동자의 인원 부족 보충 방법(1991년)

(단위: 회답 회사 수)

	일선관리 감독자 (조장 이상의 숙련 노동자)	사무(남)	기술(남)	중고령 생산 노동자	청년 생산 노동자
잉여 부분에서 기동적 인사이동	⑦	⑥	⑥	3	2
신규 졸업자의 채용 촉진	1	⑦	⑦	2	⑥
종래보다 고학력자의 투입	2	1	2	0	0
종래보다 저학력자의 채용·육성	0	0	0	0	0
중도 채용	2	1	2	1	0
인재 파견 회사 활용	1	0	0	1	1
정년 연장 등 고령자 활용	2	0	2	2	0
여자 사원의 활용	0	3	1	1	2
파트·아르바이트 활용	0	2	1	0	2
외국인 노동력 활용	0	0	1	0	1
외주화	1	2	1	3	4
현행 요원의 능력 향상·교육 훈련	⑨	⑧	⑨	3	3
기계화	2	4	5	⑥	⑧
작업의 합리화	5	3	3	④	⑦

출처: 한국노사문제임의중재협의회(1991)에 의거해 작성.
주: ○인은 회답 수가 많은 것. 회답은 복수 회답.

시 통계 분석과 크게 차이 나지 않는다.

그래서 일선 관리 감독자, 남성 사무직, 남성 기술직, 중고령 생산 노동자, 청년 생산 노동자에 대해 각각 부족 인원의 보충 방법을 표시한 것이 표 2-2이다. 이에 의하면 일선 관리 감독자나 남성 사무직, 남성 기술직과 생산 노동자 사이에서 부족 인원의 보충 방법에는 현저한 차이가 있다. 앞에 위치한 삼자의 경우 '현행 요원의 능력 향상·교육 훈련'이 가장 많고, 배치 전환을 뜻하는 '잉여 부분에서의 기동(機動)적인 인사이동'도 많다. 또한 남성 사무직과 남성 기술직에 서는 '신규 졸업자의 채용 촉진'이 두 번째로 많다. 이는 일선 관리 감 독자나 남성 사무직, 남성 기술직에 대해서는 기업 내에서 교육 훈련 을 실시해 양성하며 배치 전환을 통해 필요한 노동력을 기업 내 노동 시장에서 확보하려는 기업의 의도를 드러내고 있다. 이에 비해 관리 감독자가 아닌 일반 생산 노동자의 부족에 대해서는 청년 생산 노동 자의 '신규 졸업자의 채용 촉진'을 제외하면 연령층과 관계없이 '기 계화'와 '작업의 합리화'로 대응하는 기업이 압도적으로 많다. 이에 사외공(社外工)이나 사내 하청 등의 '외주화'가 더해져 생산 노동자 에 대해서는 노동력이 부족할 때 필요한 노동력을 기업 내에서 양성 하고 확보해 가는 자세가 약하다는 것을 알 수 있다.

다음으로 그 다수가 반·미숙련 노동자인 청년 노동자를 기업에 정 착시키는 방안을 직종별로 본 것이 표 2-3이다. 여기에서도 화이트 칼라인 사무직과 생산 노동자에 대한 기업의 노동자 정착책은 전혀 다르다. 청년 남성 사무직 노동자에 대해 1위와 2위로 꼽힌 것이 '철 저한 복리 후생'과 '충실한 교육 훈련'이다. 입사 1년 미만의 미숙련 사무직 노동자에 대해서도 가장 많은 기업이 '충실한 교육 훈련'이라 고 답하고 있다. 즉, 화이트칼라 노동자에 대해서는 복리 후생을 철저 히 함으로써 처우를 개선하는 것과 동시에 교육 훈련을 충실히 시켜 기업에 필요한 노동자를 양성하는 것으로 청년 노동자를 기업에 정 착시키려고 했다. 이와 대조적으로 청년 생산 노동자에 대한 정착책 으로 '충실한 교육 훈련'이라고 답한 기업은 그 수가 적고, '철저한 복 리 후생'과 '주택 확보', '고임금 보장'이라는 복리 후생이나 노동 조

표2-3 · 제조업 대기업의 청년 노동자 정착책(1991년)

(단위: 회답 회사 수)

	남성 사무직 근속 1년 미만	남성 사무직 근속 2~5년	청년 생산 노동자
고임금 보장	4	3	6
종업원의 개인 관리에 철저	⑧	7	⑧
관리자의 개인 관리 능력 향상	6	6	4
철저한 실력주의	6	7	1
능력에 상응하는 보너스 보장	0	0	1
충실한 교육 훈련	⑨	⑧	3
유학 기회 부여	0	3	0
노동시간 단축·휴일 증대	2	1	4
회사 이미지 개선	6	3	5
철저한 복리 후생	⑧	⑨	⑩
주택 확보	2	3	⑧
장래 독자적 개업 지원	0	0	1

출처: 표2-2와 같음.
주: ○인은 회답 수가 많은 것. 회답은 복수 회답.

건의 개선이 1위, 2위, 3위를 점하고 있다.[10] 생산 노동력 부족 상황 아래 대기업은 더욱 좋은 노동 조건을 제공, 유지해 청년 생산 노동자의 이직을 막으려고 한 것이다. 여기에서 기능 형성을 통해 생산 노동자를 기업에 정착시키려는 지향성은 약했다.

요컨대, 1980년대 중반 이후 노동력 부족에 대한 대응으로 제조업 대기업에서는 남성 사무직이나 기술직의 화이트칼라, 지도 노동자나 숙련 노동자와 같은 숙련도가 비교적 높은 생산 노동자에 대해서는 노동 조건의 개선에 더해 배치 전환이나 교육 훈련을 실시했다. 이

10 '종업원의 개인 관리에 철저'라고 답한 기업도 많지만 이 항목은 종업원 동기의 유지·향상이라고 여겨지는데, 내용이 구체적이지 않고 애매하기 때문에 검토 대상에서 제외했다.

로 인해 노동자의 기업 내 양성과 기업 정착화를 기도하고 필요한 노동력을 기업 내에서 조달하고자 했다. 이것이 효과를 발휘해 숙련 노동자의 부족은 대기업에서는 거의 현재화되지 않았다. 이와는 대조적으로 대기업은 반·미숙련 생산 노동자의 노동력 부족에 대해서는 우선 기계화나 작업의 합리화, 한발 더 나아가 사외공이나 사내 하청 등의 작업의 외주화로 대응하려고 했다. 그러나 이 방법들로도 반·미숙련 생산 노동자의 부족은 충원되지 않아, 노동 조건을 개선해 노동자의 이직을 막는 것으로 기업 정착을 유도하거나 신규 졸업자의 채용을 촉진했다. 다만 여기에서는 청년 반·미숙련 생산 노동자를 교육 훈련해 기능을 형성하고 기업 내에서 양성하고자 하는 적극적 의도는 볼 수가 없다. 그렇다고 해도 대기업이 채용한 생산 노동자의 기업 정착책이 효과적이었기 때문에 '삼저호황' 이후에도 대기업에서는 숙련 노동자를 제외하면 중소기업과는 달리 노동력 부족이 격화되지 않았다고 여겨진다.

그럼에도 불구하고 대기업에서도 미숙련 생산 노동자 부족은 계속 높은 수준으로 유지되며 해소되지 않았다. 이는 지금까지 살펴본 것처럼 숙련 노동자를 제외하면 생산 노동자의 기능 형성이나 기업 내 양성은 대기업에서도 중요시되지 않았기에 이들 노동자를 노동력의 유동성이 격심한 외부 시장에서 조달할 수밖에 없었기 때문이다. 또한 대기업에서 기도된 숙련 노동자의 기업 내 양성은 숙련도가 한 단계 낮은 생산 노동자를 등용해 훈련하기 때문에 이것이 순서대로 진행되면 최종적으로는 하위 노동자인 미숙련 노동자의 수요가 가장 많이 증가된다. 이러한 숙련 노동력의 수요는 신규 채용이든 중도 채용이든 노동력이 절박한 외부 노동시장에서 채워야만 하며 결과적으로 미숙련 노동자의 부족이 더욱 심각하게 드러나게 된다. 이렇게 한국의 대기업에서는 미숙련 노동자를 중심으로 하는 생산 노동자의 본격적인 기업 내 양성이 시작된 것이다.[11] 그러나 숙련 노동자의 기업 내 양성이나 반·미숙련 노동자의 기업 정착을 높이는 노동력 조달 메커니즘은 노동비용 지불능력이 뛰어난 몇몇 대기업만이 만들어 유지할 수 있었고, 중소기업에서는 기능 정도에 관계없이 노동력 확보가 점점 어려워졌다.[12] 이상과 같이 노동력 부족에 따른 노동력 수요의 급격한 확대와 그에 대응한 대기업과 중소기업 사이의 노동력 조달 방법과 노동력 정착화 능력 차이가 한국의 노동시장 구조를 어떻게 변화시켰는지를 다음에서 살펴보고자 한다.

[11] 오노 아키라(小野旭)에 의하면, 일반적으로 단기 호황 국면에서 생산 확대에 동반하는 숙련 노동자 부족에 대한 기업의 응급 대응으로 ① 타기업에서 숙련 노동자 끌어오기 ② 숙련도가 한 단계 낮은 노동자의 승격 등용을 생각할 수 있지만 특히 노동력 부족이 절박한 경우 ①은 노동비용이 상승하기 때문에 ②가 선호된다. ②와 같은 숙련도가 한 단계 낮은 노동자의 등용이 순차적으로 이뤄졌을 때, 최종적으로 노동력 부족은 미숙련 노동자의 단계에서 가장 첨예하게 나타나며, 결과적으로 숙련 노동력 부족이 미숙련 노동자인 신규 노동력의 수요 증가를 유발한다. 이때 노동자에게 훈련을 실시할 필요가 생기며 노동력 부족이 노동력의 기업 내 양성의 발단이 될 수 있다. 따라서 당연히 노동력의 기업 내 양성은 노동자의 기업 정착을 촉진한다. 이상 오노의 분석은 한국의 노동시장 구조를 고찰하는 데 시사하는 바가 많다(오노 아키라, 1973: 127~128).

[12] 황수경은 상품 출하액의 산업 집중률과 기업 규모를 교차시켜서 독(과)점 부문과 비독(과)점 부문을 구분해서 독점-비독점 부분 사이의 숙련 형성 메커니즘을 한국노동연구원 『제조업 고용 조사』의 분석을 통해 고찰하고 있다. 황수경의 독(과)점 기업은 대기업의 일부이며 비독(과)점 기업의 대부분은 중소기업과 겹친다. 황수경에 의하면 ① 한국 기업의 대량 생산·일관 생산 방식으로 규정된 한국 생산 기술의 특성에 대응해서 독점 부문, 비독점 부문을 불문하고 전체로써 한국의 생산 노동자의 숙련 형성은 낮은 수준에 머물러 있다. ② 그러나 동시에 독점 부문에서는 숙련 직급 및 기술자 직급와 같은 '상층부 노동자'에게 우선적으로 기업 내 교육 훈련을 실시한다는 사실을 밝혔다(황수경, 1993: 30~33, 72~73). 황수경의 이 발견 또한 제2절의 논증이 타당하다는 것을 뒷받침한다.

3. 기업에의 노동력 정착성 격차와 노동력 이동

폐쇄적인 기업 내 노동시장이 성립된 기업의 경우, 노동자는 기업에 대한 정착성을 매우 높게 보여 줄 것이다. 본 절에서는 이직률 및 근속 연수별 노동자 구성의 변화, 노동력 이동의 검토를 통해 1980년대의 어떤 시점에 대기업과 중소기업 사이에 생산 노동자의 정착성 격차가 생겼는지, 그리고 중소기업과 대기업의 노동시장 사이에 어떤 관계가 있는지를 고찰한다.

우선, 노동자의 기업에 대한 정착성 지표 중 하나로 이직률을 검토한다. 1980~90년대 제조업 남성 생산 노동자의 기업 규모별 월간 이직률의 추이를 표시한 표 2-4에 의하면 종업원 500명 이상의 대기업 남성 생산 노동자는 84년까지 거의 3.6퍼센트 이상, 단순히 계산하면

표2-4 · 제조업 남성 생산 노동자 규모별 월간 이직률의 추이(1980~90년)

(단위: %)

	전 규모	종업원 수				
		10~29명	30~99명	100~299명	300~499명	500명 이상
1980	5.8	7.4	7.8	6.6	5.6	4.2
1981	5.6	6.7	7.9	6.7	5.5	3.8
1982	5.1	6.4	6.8	6.9	4.9	3.3
1983	5.3	5.9	7.1	6.6	5.6	3.6
1984	5.9	7.9	7.7	7.4	5.4	3.6
1985	4.7	6.6	6.9	5.5	4.3	2.7
1986	4.3	6.3	6.3	4.9	4.1	2.5
1987	4.6	7.8	6.3	5.2	3.9	2.7
1988	5.0	8.0	8.1	6.6	3.6	2.1
1989	4.1	7.0	7.0	5.0	2.9	1.7
1990	4.1	7.4	7.1	5.1	3.2	1.8

자료: 한국 노동부, 『매월 노동 통계 조사 보고서』 각 연도 12월호에 의거해 작성.

연간 43.2퍼센트(=3.6퍼센트×12개월)로 높은 이직률을 보인다. 그러나 이 수치는 85년에 월간 2.7퍼센트로 급락했고 노동자대투쟁 다음 해인 88년에는 2.1퍼센트까지 크게 저하되었다. 89년 이후는 1.7~1.8퍼센트로 80년대 전반 이직률의 절반 이하 수준이다. 이에 비해 종업원 300명 미만의 중소기업의 이직률은 80년대를 관통해 전체적으로 높은 수준에 머물며 거의 하락하지 않았다. 종업원 100~299명 규모의 중기업의 월간 이직률은 80년 6.6퍼센트에서 90년 5.1퍼센트로 약간 내려갔을 뿐 연간 평균 이직률은 60퍼센트 이상(=5.1퍼센트×12개월)으로 여전히 매우 높다. 종업원 100명 미만인 소기업에서는 경기 변동에 따른 다소의 상하 움직임은 있어도 80년대를 관통해 월간 7~8퍼센트로 더욱 높은 이직률을 보이고 있다. 대기업만이 85년과 노동자대투쟁 직후인 88년이라는 두 단계를 거쳐 이직률이 저하된 결과, 대기업과 중소기업 간 이직률의 격차가 크게 확대되었다. 이 양자의 이직률 차이의 확대에서도 제1절에서 본 기업의 노동자 정착책이 80년대 전반부터 이미 도입되었고 유효했음이 추측된다.

다음으로 제조업 남성 생산 노동자의 1980, 84, 89년의 기업 규모별·근속 연수별 노동자 구성을 표시한 그림 2-2에서 대기업과 중소기업 생산 노동자의 근속 연수 계층별 구성비의 변화를 자세히 살펴보자. 노동자의 기업 정착성이 증가하면 근속 연수가 긴 노동자의 구성비가 커질 것이다. 우선, 1980년에는 종업원 수 10~29명인 소기업, 100~299명인 중기업, 400명 이상인 대기업 모든 규모에서 근속 3년 미만의 단기근속층에 80~65퍼센트나 되는 대다수의 노동자가 집중되어 있다. 근속 연수가 길어짐에 따라 노동자의 비율이 내려가며 어

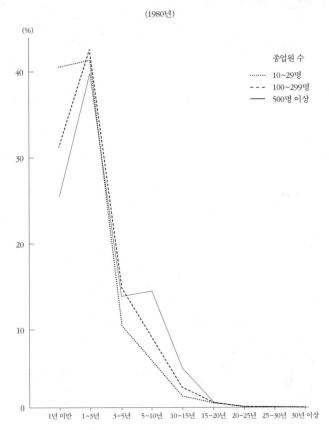

그림 2-2 · 제조업 남성 생산 노동자의 기업 규모별·근속 연수별 노동자 구성 변화
(1980년, 1984년, 1989년)

(1980년)

(%)

종업원 수
.... 10~29명
- - - 100~299명
—— 500명 이상

40

30

20

10

0

1년 미만 1~3년 3~5년 5~10년 10~15년 15~20년 20~25년 25~30년 30년 이상

느 규모든 급격히 오른쪽으로 내려가는 곡선을 그리고 있다.

　그러나 1980년대 중반 이후, 노동자의 기업 규모별·근속 연수별 분포에 현저한 변화가 나타난다. 1984년의 그림에서는 중소기업은 다소 비율을 감소시키면서도 근속 3년 미만의 단기 근무 노동자가 과반수를 차지하고, 80년과 마찬가지로 급격히 오른쪽으로 내려가

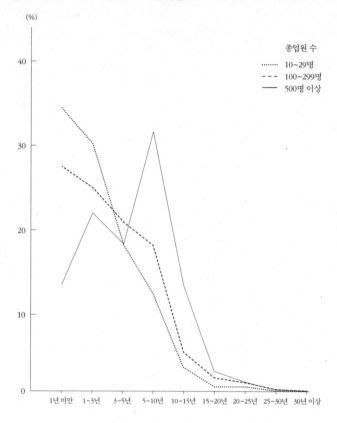

는 곡선을 그리고 있다. 그런데 종업원 500명 이상의 대기업에서는 근속 3년 미만의 노동자층이 80~84년 사이에 비율이 65.2퍼센트에서 36.1퍼센트로 거의 반으로 줄었다. 한편으로 근속 5년 이상 10년 미만 및 10년 이상 15년 미만의 계층에서는 각각 14.7퍼센트에서 32.4퍼센트로 5.3퍼센트에서 10.5퍼센트로 비율로 약 2배로 증대되

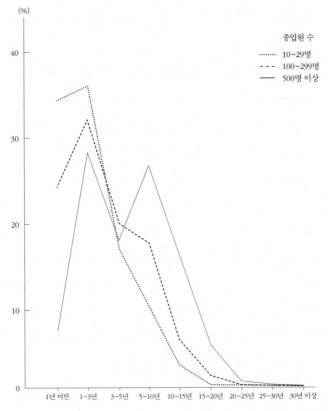

자료: 한국 노동부, 『직종별 임금 실태 조사 보고서』 원자료 각 연도판에서 작성.

었다. 그 결과 중소기업이 오른쪽으로 내려가는 곡선에 대해 대기업에서는 근속 1년 이상 3년 미만과 5년 이상 10년 미만으로 두 개의 정점을 나타내고 있다. 즉 대기업의 노동자 구성은 1980년 단기근속 노동자를 주력으로 하는 것에서 84년에는 단기근속 노동자와 어느 정도 근속을 쌓은 노동자(=근속 5년 이상 10년 미만과 10년 이상 15년 미만)

로 이분되어 있는 것이다. 여기에서 대기업과 중소기업과의 이직률 격차가 확대되기 시작하는 80년대 중반에 대기업에서는 근속을 쌓은 노동자층이 생기기 시작했음을 알 수 있다.

노동자대투쟁 후 1989년이 되면 이러한 경향은 더욱 강해진다. 즉, 중소기업에서는 노동자 구성의 단기근속층 집중형에 거의 변화가 없든지, 혹은 그 정도가 더욱 강해지고 있는 것이다. 이에 반해 대기업에서는 근속 3년 미만 및 3년 이상 5년 미만인 단기근속자는 각각 34.8퍼센트(84년 35.1퍼센트), 17.6퍼센트(동 18.4퍼센트)로 구성비는 84년과 거의 변화가 없다. 그러나 한편으로 근속 5년 이상 10년 미만은 84년 32.4퍼센트에서 26.4퍼센트로 구성비가 6포인트나 하락했으며, 이와 정반대로 근속 10년 이상 15년 미만은 10.5퍼센트에서 15.3퍼센트로, 근속 15년 이상 20년 미만은 2.1퍼센트에서 4.9퍼센트로 각각 확대되고 있다. 이렇게 대기업에서는 근속 10년 이상의, 이른바 '중견 노동자'가 증대되었다는 것을 알 수 있다. 요컨대, 80년대 중반 이후 중소기업에서 노동자의 근속 연수가 거의 신장되지 않은 것에 비해 대기업에서는 단기근속 노동자가 여전히 다수 존재하는 한편, 어느 정도 근속을 쌓은 노동자층이 형성, 증대되었다. 이러한 대기업의 중견 노동자층 형성과 증대가 80년대 중반 이후 대기업 생산 노동자의 평균 이직률의 급속한 저하로 나타나며 대기업과 중소기업 노동자 사이에 기업 정착성 격차를 확대시켰다고 생각할 수 있다.

대기업과 중소기업 사이의 노동자의 기업 정착성 격차는 1991년 한국노동연구원 『제조업 고용 조사』에서도 확인할 수 있다. 남녀별이 아니라 남녀 합계지만 제조업 생산 노동자의 기업 규모별 이직률, 근

표 2-5 · 제조업 생산 노동자 기업 규모별 이직률, 근속 연수,
근속 비율 및 중도 채용률(남녀계, 1991년)

(단위: %)

	전 규모	종업원 규모			
		99명 이하	100~299명	300~499명	500명 이상
이직률(%/월)					
생산 노동자	4.3	5.9	4.8	2.6	3.0
미숙련 노동자	5.2	7.5	5.8	2.7	3.3
숙련 노동자	2.1	1.2	3.6	2.0	1.6
근속 연수(년)(A)	5.9	3.9	5.3	5.6	7.2
경력 연수(년)(B)	8.3	7.9	7.7	8.1	9.0
근속 비율(%)(A/B)	71.1	49.4	68.8	68.3	80.0
중도 채용률(%)	56.3	73.1	57.1	56.6	48.7
표본 사업체 수(개)	185	53	57	22	53
표본 노동자 수(명)	1,338	216	344	267	511

출처: 어수봉(1992: 90)에 의거해 작성.

속 연수, 근속 비율 및 중도 채용률을 나타낸 표2-5를 보자.

먼저, 이직률을 보면 생산 노동자의 이직률은 종업원 300명 미만 중소기업의 4.8~5.9퍼센트에 비해 종업원 300명 이상의 대기업이 2.6~3.0퍼센트로 대·중소 기업 간의 차이는 한눈에 보인다. 그러나 주목해야 할 것은 숙련도별 노동자의 이직률의 기업 규모별 차이다. 숙련 노동자는 이직률의 규모별 격차는 거의 없으며, 오히려 100명 미만 중소기업은 1.2퍼센트로 이직률이 가장 낮다. 이에 비해 미숙련 노동자는 종업원 규모 300명 미만의 중소기업의 이직률은 5.8~7.5퍼 센트로 비율이 높은데, 300명 이상 대기업에서는 2.7~3.3퍼센트로 낮아 둘 사이에는 큰 차이가 있다.

다음으로, 평균 근속 연수를 보면 종업원 100명 미만의 소기업이 3.9년, 100~300명 미만의 중기업이 5.3년인 것에 비해 500명 이상의 대기업은 7.2년으로, 기업 규모가 커질수록 길어진다. 이뿐만이 아니라 더욱 중요한 것은 경력 연수에 점하는 근속 연수의 비율을 구한 근속 비율에서도 소기업 49.4퍼센트, 중기업의 68.8퍼센트에 비해 종업원 500명 이상의 대기업은 80.0퍼센트로 현저히 높아졌다는 것이다. 이렇게 이직률과 근속 연수 및 근속 비율의 기업 규모별 격차에서 대기업일수록 미숙련 노동자가 신규 채용된 뒤 이직하는 일 없이 한 기업에 오래 정착하는 경향이 강하다는 것을 알 수 있다.

중도 채용 비율의 기업 규모별 차이는 이를 뒷받침해 준다. 즉, 1991년 생산 노동자의 중도 채용 비율을 기업 규모별로 보면, 종업원 100명 미만인 소기업의 73.1퍼센트를 최고로 기업 규모가 커질수록 낮아지고 있으며 종업원 500명 이상의 대기업에서는 48.7퍼센트다. 대기업에서 중도 채용 비율이 낮은 것은 이른바 '하에누키'(生え抜き)[13] 노동자, 즉 신규 채용된 뒤 계속 한 기업에 정착해 있는 노동자의 비율이 중소기업보다 대기업에서 현격히 높은 것을 보여 주는 것이다. 그러나 동시에 대기업의 중도 채용 비율인 48.7퍼센트라는 숫자도 결코 낮은 숫자가 아니다. 이는 대기업 생산 노동자 수의 50퍼센트에 가까운 노동자가 '하에누키'가 아니라 외부 경력자란 것을 가리키고 있다. 요컨대, 80년대 중반부터 대기업 생산 노동자 시장에서는

---

13 [옮긴이] 첫 번째 직장에서 직업훈련을 받으며 정년 퇴직할 때까지 같은 회사에서 장기간 근무하는 사람.

한 기업에서 근속을 쌓는 무이직 노동자가 나타나고, 그것이 중견 노동자의 증대로 이어져 내부 노동시장의 형성이 시작되었다고 생각할 수 있다. 그러나 한편으로『제조업 고용 조사』가 실시된 91년에 이르러도 노동력의 유동성이 높은, 대기업과 중소기업에 걸친 광범위한 횡단적 노동시장이 존재하기 때문에 중소기업만이 아니라 대기업에서도 여전히 중도 채용 비율이 높은 비율에 머물러 있다. 이는 제1절에서 본 것처럼 생산 노동자가 부족함에도 일부 숙련 노동자를 제외하고 기업 내에서 노동자를 양성하려고 하는 지향성은 약하고, 외부 노동시장에서 미숙련 노동력을 중심으로 필요한 노동력을 조달하려고 하는 한국 대기업의 자세와도 일치한다.

이와 같이 중소기업의 생산 노동자 노동시장은 1980년대를 통해 단기근속 노동자가 과반수를 차지하는 유동성 높은 노동시장 구조를 특징으로 하고 있다고 할 수 있다. 이는 70년대부터 80년대 초의, 노동 이동이 격심하며 광대한 단일 노동시장으로서의 도시 하층과 공통성·연속성을 가진다. 이와는 달리 대기업의 생산 노동자 노동시장은 80년대 전반까지는 중소기업과 마찬가지로 근속 연수가 짧은 노동자가 대세를 차지하는 노동시장이었다. 그러나 80년대 중반 이후에 대기업에서는 노동력 부족을 직접적인 계기로[14] '노동력 양성·조

---

[14] 본서에서는 대기업의 노동력 양성·조달의 내부화가 생산 방식이나 생산 기술의 변화라는 내재적 계기가 아니라 노동력 부족이라는 외재적 계기에 의해 시작된 것을 강조하고자 한다. 이 주장을 뒷받침하는 것으로 황수경(1993)은 배무기·박재윤『한국의 공업 노동 연구』와 한국노동연구원『제조업 고용 조사』의 비교·분석을 통해 1976년부터 91년까지 15년 동안 대량 생산·일관 생산이라는 규격화·표준화된 제품을 연속 생산하는 한국 기업의 생산 방식에 거의 변화가 보이지 않는 것을 실증하고 있다(황수경, 1993: 30~33).

표 2-6 · 현대중공업 생산 노동자 직급별 인원수 및 구성비 추이(1983~91)

(단위: 명, %)

| | 직접 고용 | | | | | | | 하청 노동자 | 생산 노동자 총계 |
	기장	기원	직장	5급	6급	7급	소계		
1983	0 (0.0)	58 (0.3)	287 (1.4)	1,168 (5.8)	5,312 (26.4)	7,860 (39.1)	14,685 (73.0)	5,423 (27.0)	20,108 (100.0)
1984	0 (0.0)	70 (0.3)	312 (1.3)	1,316 (5.6)	6,379 (27.0)	9,037 (38.2)	17,114 (72.4)	6,522 (27.6)	23,636 (100.0)
1985	0 (0.0)	74 (0.3)	340 (1.5)	1,395 (6.3)	7,012 (31.4)	7,926 (35.5)	16,747 (75.1)	5,563 (24.9)	22,310 (100.0)
1986	0 (0.0)	74 (0.4)	330 (1.8)	1,418 (7.8)	7,329 (40.1)	5,054 (27.7)	14,205 (77.8)	4,053 (22.2)	18,258 (100.0)
1987	0 (0.0)	73 (0.4)	326 (1.9)	1,419 (8.5)	8,487 (50.6)	5,258 (31.4)	15,563 (92.8)	1,204 (7.2)	16,767 (100.0)
1988	1 (0.01)	95 (0.6)	403 (2.5)	2,608 (16.4)	8,763 (55.0)	2,997 (18.8)	14,867 (93.4)	1,052 (6.6)	15,919 (100.0)
1989	3 (0.02)	127 (0.8)	511 (3.1)	4,610 (28.2)	8,946 (54.8)	2,129 (13.0)	16,326 (100.0)	0 (0.0)	16,326 (100.0)
1990	6 (0.04)	187 (1.2)	611 (3.8)	5,753 (35.9)	8,454 (52.7)	1,019 (6.4)	16,030 (100.0)	0 (0.0)	16,030 (100.0)
1991	20 (0.13)	233 (1.5)	763 (4.8)	7,159 (45.0)	7,090 (44.6)	641 (4.0)	15,906 (100.0)	0 (0.0)	15,906 (100.0)

출처: 현대중공업 사내 자료(1992)에서 작성.
주 : ( ) 안은 구성비.

달의 기업 내부화→근속 연수의 장기화'라는 흐름이, 달리 말하면 내부 노동시장의 형성이 시작되어 일정한 근속을 쌓은 중견 노동자층이 형성, 증가해 가고 있었다. 그 결과 대기업 생산 노동자의 노동시장이 기업 내에서 양성된 정착성 높은 중견 노동자층과 기존의 유동적인 노동자층이라는 이질적인 노동자층에 의해 구성되게 됨에 따라, 노동시장의 구조 자체가 변화하기 시작한 것이다.

이러한 대기업의 기업 내 노동시장 구조의 변화를 대표적 재벌 그

표 2-7 · 현대중공업 생산 노동자 연도별 퇴사 인원수 및 구성비 추이(1985~91)

(단위: 명, %)

	1985	1986	1987	1988	1989	1990	1991
기장	0 (0.0)	0 (0.1)	0 (0.2)	0 (0.3)	0 (0.4)	0 (0.5)	0 (0.6)
기원	5 (0.2)	7 (0.2)	4 (0.1)	1 (0.1)	1 (0.2)	0 (0.0)	5 (1.2)
직장	21 (0.6)	31 (0.7)	28 (1.0)	7 (0.9)	11 (2.3)	13 (2.7)	16 (3.7)
5급	70 (2.2)	136 (3.2)	121 (4.4)	53 (7.1)	55 (11.5)	95 (20.0)	128 (30.0)
6급	649 (20.0)	1,079 (25.0)	893 (32.3)	293 (39.0)	239 (49.8)	214 (45.1)	233 (54.6)
7급	2,494 (77.0)	3,061 (71.0)	1,717 (62.1)	397 (52.9)	174 (36.3)	153 (32.2)	45 (10.5)
계	3,239 (100.0)	4,314 (100.0)	2,763 (100.0)	751 (100.0)	480 (100.0)	475 (100.0)	427 (100.0)

자료: 표 2-6와 같음.
주: ( ) 안은 구성비.

룹 산하 조선회사 현대중공업의 예를 통해 구체적으로 살펴보고자 한다. 현대중공업에서는 1980년대 생산 노동자의 평균 근속 연수가 순조롭게 상승해, 81년에 3.1년이었던 것이 84년 4.0년, 88년 7.3년, 91년에는 10.4년으로 10년 동안 7년이나 신장했다.[15] 이 근속 연수의 성장이 주로 어떠한 노동자층에 의한 것인가를 본 것이 표 2-6과 표 2-7이다.

현대중공업에서는 생산 노동자의 직급을 기장(技長), 기원(技元),

---

15 현대중공업 사내 자료(1992)에 의거한 것이다. 이 이후의 숫자 또는 사례는 특별한 언급이 없는 한 현대중공업 사내 자료에 의거한 것이다.

직장(職長), 5급, 6급, 7급으로 나누며, 그 외 사외공과 임시공 등의 사내 하청 노동자가 있다. 각각 직급의 평균 근속 연수는 1991년 현재 기장 18.1년, 기원 16.4년, 직장 14.9년, 5급 12.0년, 6급 7.8년, 7급 4.4년이다. 또한 직책과의 관계에 대해서는 기장 및 기원은 전임 팀장 혹은 팀장을, 직장의 38.4퍼센트가 팀장, 35.9퍼센트가 반장을, 5급의 14.5퍼센트가 반장, 40.3퍼센트가 조장을 각각 담당하고 있다.[16] 6급 이하는 대부분 평조원(平組員)이다. 직급과 평균 근속 연수 및 직책과의 관계에서 보면 5급 이상이 전술한 근속 10년 이상의 중견 노동자에 해당한다고 말할 수 있을 것이다.[17]

표 2-6에 의하면, 하청 노동자[18]도 포함하는 전체 생산 노동자 수는 1984년에 약 2만 4000명으로 정점을 찍은 뒤, 88년까지 계속 감소하지만 88년 이후는 안정적으로 1만 6000명 내외를 유지하고 있다. 88년까지의 감소는 하청 노동자와 최하위 직급 7급 노동자의 감소 때문이다. 또한, 89년 이후, 하청 노동자가 0명이 된 것은 노동자

16 현대중공업에서는 1991년 당시 책임자급 노동자는 조장→반장 순으로 승진하는데, 반장→조장 순으로 승진하는 일본과는 정반대이다. 따라서 작업 조직도 가장 작은 단위가 조이고 몇 개의 조가 모여 반이 된다.

17 현대중공업은 1988년 이후 급여 지급 형태로, 그때까지의 생산 노동자의 일률 시간급에서 직장 이상에게는 월급으로, 5급 이하에게는 시간급으로 지급하게 되었고, 5급과 직장을 경계로 확연한 구별이 생기게 되었다. 그러나 5급이 되어 처음으로 노동자의 평균 근속 연수가 10년을 넘는 것, 또한 5급의 과반수가 관리자급인 것에 비해 6급의 대부분은 평조원인 것을 근거로 해 본서에서는 5급 이상을 중견 노동자로 인식한다.

18 현대중공업에서는 도급 계약을 맺은 하청 기업을 사내 하청 기업과 외주 기업으로 나눠 운영했고, 1988년 이전은 사내 하청 기업이 대부분을 차지하고 있었다. 사내 하청 기업은 실질적으로 현대중공업의 자회사로 운영되었으며 임금도 사실상 현대중공업에서 지급되었다. 현대중공업이 노동자를 직접 고용하지 않고 사내 하청 기업을 이용한 것은 노동력의 수량적 유연성을 유지하면서 노무 비용을 절약하는 것이 목적이었다. 그런 점에서 현대중공업의 사내 하청 기업은 현대중공업이 노동자를 차별적으로 고용·관리하는 제도였다고 정이환은 서술하고 있다(정이환, 1992: 110). 이 사내 하청 기업의 기원은 제1장에서 본 것처럼 74년 '위임관리제'의 도입까지 올라간다.

대투쟁으로 강력한 발언권을 획득한 생산 노동자 중심의 노동조합의 요구로 하청 노동자를 모두 직접 고용의 본공 노동자로 재고용했기 때문이다. 어찌됐든 87년 노동자대투쟁까지는 6급, 7급의 하위 직급 노동자 및 하청 노동자가 전체 생산 노동자의 90퍼센트 이상을 차지하고 있었다. 그러나 이러한 노동자들은 노동 이동도 격심하고 표 2-7로 정규직 노동자의 퇴사 인원수 및 구성비의 추이를 보면, 6, 7급 노동자는 88년까지는 퇴사 인원수의 90퍼센트 이상을 차지하고 있으며, 특히 87년까지는 수천 명 단위의 대량 퇴사라고 해도 좋을 정도이다. 그중에서도 86년부터 87년 사이에 7급의 인원수는 5054명에서 5258명으로 약간 늘어난 것에 비해 86년 퇴사 인원수는 3061명으로 최고를 기록하고 있다. 이는 대량 퇴사와 동시에 대량 채용도 이뤄지고 있었다는 것을 의미한다. 이렇게 하위 노동자는 대량 퇴사와 대량 채용의 반복으로 그 유동성이 높은 것이 눈길을 끈다. 노동자대투쟁을 경계로 생산 노동자 전체의 기업 정착성이 높아졌으며, 퇴사 인원수 자체는 격감하지만 퇴사 비율의 대부분은 변함없이 하위 노동자가 차지하고 있다.

이렇게 하위 노동자가 유동성이 높은 것과는 달리 5급 이상의 중견 노동자 수는 1984년에서 87년까지 거의 변하지 않는다는 점에서 노동자대투쟁 이전부터 6급 이하와 비교해서 기업에 정착하는 경향이 강하다는 것을 엿볼 수 있다. 더욱이 노동자대투쟁을 거쳐 88년 이후 5급 이상의 노동자 인원수와 비율은 현저히 증대하고 있다. 특히 5급은 87년 1419명으로 8.5퍼센트에서 88년에 2608명, 16.4퍼센트로 인원수와 비율이 증대한 뒤, 급격히 확대되고 91년에는 7159명, 45.0퍼센트로 현대중공업 생산 노동자의 중핵이 되고 있다. 이러한 추세는 한국 대기업 생산 노동자의 노동시장에서 80년대 초부터는 중견 노동자의 형성을, 노동자대투쟁 이후에는 중견 노동자의 확대를 여실히 보여 주고 있다. 이렇듯 한국을 대표하는 재벌 기업인 현대중공업의 사례에서도 80년대 이후 대기업 생산 노동자 노동시장에서 중견 노동자의 형성·확대의 진행과 동시에 하위 노동자의 유동성은 변함없이 높은 상태임이 규명되었다. 다만 표 2-6과 표 2-7에도 보이듯, 89년 이후는 6, 7급 하위 직급 노동자층에서도 격심한 이직 경향은 진정되고 상위 직급에 승급하는 사람도 증가하고 있다. 이는 대기업에서 내부 노동시장화가 하위 노동자에게도 파급되기 시작했음을 의미한다.

　지금까지 살펴본 기업에서 노동자의 정착 양상을 보면, 노동자대투쟁 뒤, 대기업과 중소기업의 생산 노동자 노동시장은 분단된 부분과 횡단적 상호 교류관계가 있는 유동적인 부분이 병존하고 있었다고 추정된다. 반대로 양자의 노동시장이 완전히 분단되어 있다면 양 노동시장 사이의 노동 이동은 거의 없을 것이다. 예를 들어, 대기업과 중소기업 간 이중 노동시장 구조의 전형인 고도성장기의 일본의 경우, 우월한 노동 조건 아래에서 기업 폐쇄적인 기업 내 노동시장을 형성하는 대기업으로부터 열악한 노동 조건과 노동력 유동성이 높은 중소기업으로 하향이동하는 경우는 적기는 하지만 존재했다. 그러나 중소기업에서 대기업으로 가는 상향 이동은 거의 없었다(오다카 고노스케[尾高煌之助], 1984: 71). 그럼 한국의 대기업과 중소기업의 남성 생산 노동자 노동시장은 어떤 관계였을까? 이를 1976년과 91년 기업

표 2-8 · 현직 기업 규모별 · 전직 기업 규모별 남성 생산 노동자의 노동 이동 추이

(1976년)   (단위: 명, %)

전직 \ 현직		종업원 수				전체
		5~49명	50~199명	200~499명	500명 이상	
종업원 수	5~49명	26 (20.0)	46 (35.4)	23 (17.7)	35 (26.9)	130 (100.0)
	50~199명	10 (11.3)	28 (31.8)	18 (20.5)	32 (36.3)	88 (100.0)
	200~499명	3 (4.0)	19 (25.3)	17 (22.7)	36 (48.0)	75 (100.0)
	500명 이상	7 (8.0)	21 (24.1)	16 (18.4)	43 (49.4)	87 (100.0)
전체		46	114	74	146	380

출처: 배무기·박재윤(1978: 170).
주: 표본 수는 676명.

(1991년)   (단위: 명, %)

전직 \ 현직		종업원 수				전체
		5~49명	50~199명	200~499명	500명 이상	
종업원 수	5~49명	44 (31.2)	38 (27.0)	20 (14.2)	39 (27.7)	141 (100.0)
	50~199명	20 (23.3)	24 (27.9)	16 (18.6)	26 (30.2)	86 (100.0)
	200~449명	12 (27.9)	12 (27.9)	3 (7.0)	16 (37.2)	43 (100.0)
	500명 이상	10 (10.9)	17 (18.5)	13 (14.1)	52 (56.5)	92 (100.0)
소계		86	91	52	133	362

출처: 한국노동연구원(1991) 원자료에서 작성.
주: 표본 수는 736명.

간 노동 이동 비교를 통해 고찰해 보고자 한다.

표 2-8은 1976년에 배무기, 박재윤이 실시한 표본조사『한국의 공업 노동 연구』와 91년 한국노동연구원『제조업 고용 조사』에 나타난

남성 생산 노동자 중 전직자의 현직 기업 규모별·전직 기업 규모별 인원수를 표시한 것이다. 76년부터 91년까지 15년 동안 노동 이동률 (표본 수에 점하는 전직자의 비율)은 56.2퍼센트에서 49.2퍼센트로 7.0포인트 하락했지만, 91년에도 약 50퍼센트의 노동자가 전직한다는 것은 여전히 한국의 생산 노동자 노동시장의 유동성이 높다는 것을 보여 준다. 또한 두 해 모두 규모가 작은 기업에서 보다 큰 기업으로 가는 상향 이동률(76년 50.0퍼센트, 91년 42.8퍼센트[19])은 규모가 큰 기업에서 작은 기업으로 가는 하향 이동률(76년 20.0퍼센트, 91년 23.2퍼센트[20])에 비해 압도적으로 높으며 고도성장기의 일본과는 노동 이동의 흐름이 정반대다. 특히 종업원 500명 이상인 대기업으로 타 규모에서 상향 이동하는 비율은 100명 미만(76년은 50명 미만)인 소기업을 제외하면 전직자 비율의 제1위를 차지하고 있다. 또한 소기업에서 대기업으로 가는 이동도 76년, 91년의 전출자 중 각각 26.9퍼센트, 27.7퍼센트로 두 번째로 높다. 한편, 종업원 500명 이상 대기업에서 중소기업으로 하향 이동하는 비율은 적은 데 비해 종업원 500명 이상 대기업 전출자 중 같은 규모의 대기업으로 이동하는 것은 76년은 49.4퍼센트, 91년은 56.5퍼센트로 약 반수 혹은 과반수에까지 이른다. 즉 이 15년간 한국의 기업 간 노동 이동은 일관되게 대기업으로 집중적으로 전출하고 있다고 특징지을 수 있다. 이것은 대기업과 중소기업 간

---

19 상향 이동률의 산출 방법으로, 규모가 작은 기업에서 더 큰 기업으로 이동한 인원수를 전직자 수로 나눈 것이다.
20 하향 이동률의 산출 방법으로, 규모가 큰 기업에서 더 작은 기업으로 이동한 인원수를 전직자 수로 나눈 것이다.

의 노동시장이 완전히 분단되어 있지 않고 중소기업에서 상대적으로 노동 조건이 양호한 대기업을 지향하는 이동이 빈번하다는 것을 알려 주고 있다. 지금까지 검토해 온 것처럼 대기업 생산 노동자의 노동시장은 노동자대투쟁을 전후로 형성된 기업에서 이직하지 않고 뿌리를 내린 중견 노동자층과 유동성 높은 미숙련 노동자를 중심으로 하는 단기근속 하위 노동자층으로 나뉘어 있었다. 중소기업에서 대기업으로 이동한 노동자의 대다수는 대기업 노동자 중에서도 기업 정착률이 낮고 유동성이 높은 하위 노동자였다고 생각된다.

그러나 동시에 유의할 것은 1976~91년, 15년 동안 상향 이동률이 7.2포인트 감소하고 하향 이동률이 3.2포인트 증가했다는 점이다. 근소하긴 하지만 변화가 보이는 지점이다. 이 경향은 1년 뒤인 1992년에 한국노동연구원이 실시한 『제조업 숙련 형성 조사』에서는 더욱더 강해진다. 즉, 상향 이동률 37.4퍼센트, 하향 이동률이 29.3퍼센트로, 단 한 해 사이에 상향 이동률이 5.4포인트 감소하고 하향 이동률은 6.1포인트 증가하는 커다란 변화를 보인다(박기성, 1993: 162). 이는 노동 조건이 상대적으로 좋은 대기업과 상대적으로 열악한 중소기업 사이의 노동 이동이 중소기업에서 대기업으로 급속하게 '상승'하기 어려워졌으며, 대기업에서 중소기업으로 이동하는 '하강'으로 전환해 가는 과정에 있음을 시사한다. 그래도 90년대 초에도 여전히 미숙련 노동자를 중심으로 많은 수의 노동자가 대기업과 중소기업 사이를 서로 빈번히 이동하고 있었음에는 변함이 없다.

이상과 같이 한국 노동자의 기업 정착성 및 노동 이동의 분석으로 1980년대 중반 즈음부터 대기업에서 숙련 노동자를 중심으로 기업 정착화가 진전되어 온 것이 확인되었다. 그러나 그것은 대부분 대기업의 중·장기근속 노동자에 한정되어 있으며, 대기업에서 기업 폐쇄적인 내부 노동시장이 전면적으로 형성되었다고는 말할 수 없다. 노동시장의 내부화로 향해가는 과도기적 단계라고 생각할 수 있을 것이다. 내부 노동시장화가 진전되는 한편으로 대기업의 단기 근속·미숙련 노동자와 중소기업의 노동자는 대기업과 중소기업 사이를 빈번하게 이동하면서 횡단적 노동시장을 형성했다고 생각된다. 노동력의 유동성이 격심한 이 노동시장은 70년대에 형성된 도시 하층과 연속적이며 공통점이 있다는 점 또한 강조해 두고 싶다. 그러나 87년 노동자대투쟁을 거쳐 불완전하지만, 대기업과 중소기업의 분단 노동시장 체제인 87년 체제가 성립되었음을 보게 된 것이다.

4. 임금 격차와 임금 체계

앞 절까지 한국 경제의 급속한 생산 확대와 함께 급격한 노동력 부족 및 그에 대응하기 위한 대기업의 생산 노동자의 기업 내 양성을 배경으로 1980년대 중반 이후 한국 남성 생산 노동자의 노동시장에서 일어난 구조 변화를 검증했다. 즉, 80년대 초까지 대기업과 중소기업을 횡단하는 유동성 높은 단일 노동시장에서 80년대 중반 태동기를 경유하여 87년 노동자대투쟁을 결정적 계기로 대기업과 중소기업 간 분단 노동시장 체제로서 87년 체제의 원형이 형성되었던 것이다. 이는 대기업에서 한편으로 내부 노동시장을 형성하고, 다른 한편으로

70년대 이래 달라지지 않은, 중소기업을 비롯한 유동성 높은 외부 노동시장에서 노동력 조달 시스템을 지속하는 것이라고 요약할 수 있다. 이제 본 절에서는 이러한 노동시장의 구조 변화가 언제, 어떤 양상으로 대기업과 중소기업 사이의 노동 조건의 격차가 되어 나타나게 되었는가를 임금과 노동 시간의 분석을 통해 고찰한다.

먼저 기업 규모별 임금 격차에 대해서 검토하고자 한다. 한국 노동자의 임금은 기본급과 각종 수당으로 이뤄진 소정 내 임금과 시간 외 근무에 대한 소정 외 임금,[21] 그리고 일시금인 상여로 이루어져 있다. 그림 2-3은 제조업 남성 생산 노동자의 기업 규모별 시간당 소정 내 임금 및 시간당 총임금의 추이를 종업원 10~29명인 소기업의 임금을 100.0으로 했을 때의 지수를 표시한 것이다.

소정 내 임금을 보면, 1980년에서 87년 노동자대투쟁까지 기업 규모별 임금 격차는 거의 없다. 종업원 100~299명인 중기업에서는 오히려 100.0을 밑돌고 있고, 500명 이상의 대기업에서도 대체로 110.0 이내이며 8년 동안의 평균이 106.2로 임금의 주요 부분인 소정 내 임금에서 대기업과 중소기업 사이에 차이는 거의 없었음을 보여 주고 있다. 그런데, 노동자대투쟁 다음 해인 88년부터 대기업과 중소기업 사이에 현저한 임금 격차가 나타난다. 종업원 100~299명 규모의 중기업에서는 89년에 104.4가 된 이후 계속해서 100.0 미만인 것에 비해, 500명 이상인 대기업에서는 88년에 130.4로 단번에 30퍼센트

---

21 제1장에서도 서술했지만 한국에서는 근로기준법 제56조에 의해 시간 외, 휴일, 야간 근무에 대해 통상 임금의 50퍼센트 이상을 가산해 지급해야만 한다고 규정되어 있다. 여기에서 시간 외 노동의 할증 임금은 50퍼센트 할증이 일반적이다.

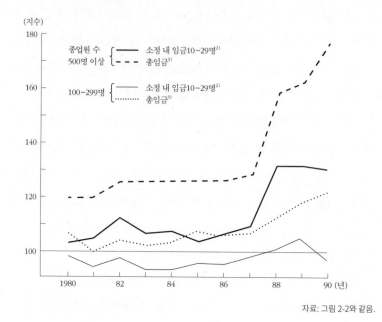

그림 2-3 · 제조업 남성 생산 노동자의 기업 규모별 시간당 임금 지수[1]의 추이(1980~90년)

(지수)

종업원 수 ⎱ ── 소정 내 임금10~29명[2]
500명 이상 ⎰ ---- 총임금[3]

100~299명 ── 소정 내 임금10~29명[2]
········ 총임금[3]

1980 82 84 86 88 90 (년)

자료: 그림 2-2와 같음.

주 : 1) 종업원 10~29명 규모의 임금률을 100.0로 했을 때의 지수.
2) 소정 내 임금=소정 내 임금÷소정 내 노동시간
3) 총임금=(소정 내 임금+소정 외 임금+상여/12)÷총노동시간

나 임금 격차가 발생했으며 이후 90년까지 이 격차는 정착된다. 이는 87년 노동자대투쟁의 결과 대기업에서는 소정 내 임금이 40.5퍼센트나 인상된 것에 비해 소기업에서는 인상률이 불과 16.2퍼센트, 중기업에서도 19.3퍼센트에 머문 것에 기원한다.

더구나 소정 외 임금 및 상여를 합한 총임금을 보면 1988년 이후 대기업과 중소기업 사이의 격차는 소정 내 임금보다 더욱 확대되고 있다. 1980~87년 사이 총임금 지수는 중기업에 105 전후, 대기업에

서도 겨우 125 전후에 지나지 않았다. 그런데 88년에는 중기업에서 110.8로 소기업과의 임금 격차가 10.8퍼센트에 머물러 있는 것에 비해 대기업에서는 157.5에까지 이른다. 이 차이는 그 후에도 계속 확대되어 90년에는 중기업의 121.4에 비해 177.8로 소기업 임금의 약 1.8배에 이르며 대기업 임금 상승이 돌출되어 있는 것을 알 수 있다.

또한 노동 조건의 중요한 지표 중 하나인 노동 시간을 제조업 남성 생산 노동자의 기업 규모별 월간 노동시간의 추이를 표시한 그림 2-4로 살펴보도록 하자. 그림 2-4에 의하면 소정 내 노동시간에서는 1980~87년 사이에는 기업 규모 간 차이는 거의 없다. 그러나 1988년 이후는 대기업에서만 87년 196.7시간에서 90년 180.9시간으로 약 16시간이나 단축되어, 동기간에 소기업의 200.3시간에서 196.8시간, 중기업 199.6 시간에서 189.9시간으로 단축된 것과 비교하면 단축 폭이 눈에 띄게 커졌다.

이와는 반대로 소정 외 노동시간은 오히려 기업 규모가 커질수록 길어진다. 대기업에서는 1980~87년 사이에 계속 소기업의 2배 이상인 월 약 60시간이나 잔업을 했으며, 월간 총노동시간은 250시간에서 260시간 가까이에 다다르고 있다. 따라서 이 시기의 중소기업과 대기업의 총임금 격차는 주로 잔업 시간, 즉, 소정 외 임금 차이에 기원하는 점이 크다고 생각할 수 있다. 1988, 89에 대기업의 소정 외 노동시간은 약 10~14시간 정도 단축되지만 90년에는 다시 증가하고 있다. 대기업 생산 노동자의 잔업 시간은 임금 총액에 점하는 기본급

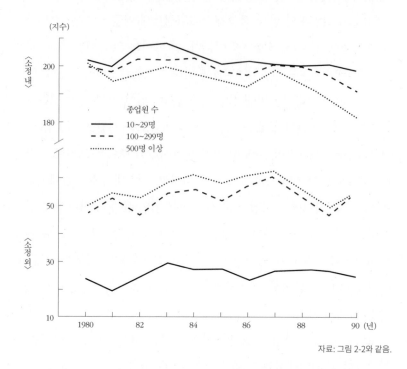

그림 2-4 · 제조업 남성 생산 노동자의 기업 규모별 월간 노동시간의 추이(1980~90년)

종업원 수
10~29명
100~299명
500명 이상

자료: 그림 2-2와 같음.

의 비율이 약 40퍼센트에 미치지 않는다는 사실[22]과 표리일체의 관계에 있다(한국노사문제임의중재협의회, 1991: 108). 즉 이렇게 기본급 비율이 낮은 것은 87년 노동자대투쟁 이후 아무리 임금 수준이 올라갔다고 해도 대기업 남성 생산 노동자가 변함없이 장시간 잔업을 해야만 했던 상황을 단적으로 보여 주고 있다.

---

22 한국노사문제임의중재협의회에 의하면 임금 총액에 점하는 기본급의 비율은 사무·기술·관리직이 65.3~75.7퍼센트로, 생산 노동자의 낮은 기본급 비율이 현저하다(한국노사문제임의중재협의회, 1991: 108).

이상을 근거로 임금과 노동시간에 나타난 대기업과 중소기업 간의 격차는 노동자의 기업 정착성 격차가 1980년대 중반에 나타난 것보다 늦게 87년 노동자대투쟁을 거쳐 처음으로 현저히 나타난 것을 알수 있었다. 대기업에서 임금이나 노동시간이라는 노동 조건의 개선은 일정한 근속을 쌓고 기업 내에서 양성된 중견 노동자의 주도로 투쟁한[23] 노동자대투쟁의 결과로 획득한 성과이기 때문이다.

다음으로 노동시장 구조의 변화와 대기업과 중소기업의 임금 체계에 대해서 비교해 보고자 한다. 표 2-9는『직종별 임금 실태 조사』원자료에 근거해 대기업과 중소기업의 생산 노동자 노동시장이 횡단적이었던 1980년과 노동자대투쟁 이후의 1990년 제조업 남성 생산 노동자의 근속 연수 계층별 총임금 지수를 대기업과 소기업을 나누어 표시한 것이다. 여기에서는 종업원 100명 미만의 소기업으로 중소기업을 대표한다. 소기업과 종업원 100~299명 이하의 중기업의 임금 곡선은 그 경향이 거의 같기 때문이다.

근속 1년 이상 3년 미만 노동자의 시간당 총임금을 100.0으로 한 표 2-9에 의하면, 소기업에서는 1980년, 90년 모두 근속 15년 미만까지는 근속 연수가 늘어감에 따라 임금 지수도 증가하고 있어 언뜻 보면 연공형 임금 체계와 같은 임금 상승을 보여 준다. 그러나 앞서 보

---

23 노동자대투쟁 약 2년 뒤인 1989년 8월에서 10월에 실시된 한국노동연구원의 『노동조합 실태 조사』에 의하면 노동조합 위원장의 평균 연령은 37세로 20대가 13.4퍼센트, 30대가 55.5퍼센트로 68.9퍼센트가 30대 이하이다. 또한 대기업 위원장의 경우 평균 근속 연수는 종업원 300명 이상 999명 이하 기업에서는 9.7년, 1000명 이상 기업에서는 10.5년, 그중에서도 5000명 이상의 기업에서는 16.0년이다. 이러한 노조위원장의 연령층과 근속 연수는 본서에서 근속 10~20년 미만으로 한 중견 노동자층과 거의 일치하고 있다(박덕제·박기성, 1990: 43~44).

표 2-9 · 제조업 남성 생산 노동자의 기업 규모별·근속 연수별 총임금(1980년, 1990년)

(단위: 명, %, 원/시간)

| 1980년 근속 연수 | 종업원 수 | | | |
| | 100명 미만 (소기업) | | 500명 이상 (대기업) | |
	인원수(%)	시간당 총임금(지수)	인원수(%)	시간당 총임금(지수)
1년 미만	621(41.9)	495.8(86.0)	796(20.2)	456.2(82.6)
1~3년	567(38.3)	576.3(100.0)	1,637(41.5)	552.6(100.0)
3~5년	174(11.8)	645.3(112.0)	620(15.6)	653.3(118.2)
5~10년	94(6.3)	715.2(124.1)	699(17.7)	790.5(143.1)
10~15년	20(1.4)	766.7(133.0)	161(4.1)	863.4(156.2)
15~10년	3(0.2)	744.0(129.1)	32(0.8)	1,067.3(193.1)
20~29년	2(0.1)	866.5(150.4)	3(0.1)	1,440.0(260.6)
1990년 근속 연수	인원수(%)	시간당 총임금(지수)	인원수(%)	시간당 총임금(지수)
1년 미만	1,539(38.3)	1,807.4(93.3)	142(2.6)	2,105.2(96.8)
1~3년	1,341(33.4)	1,937.9(100.0)	763(13.7)	2,175.9(100.0)
3~5년	625(15.6)	2,128.7(109.8)	1,272(23.0)	2,519.5(115.8)
5~10년	392(9.7)	2,211.2(114.1)	1,608(29.0)	2,820.6(129.6)
10~15년	107(2.7)	2,466.1(127.3)	1,176(21.3)	3,539.9(162.7)
15~20년	11(0.3)	2,391.9(123.4)	471(8.5)	4,015.5(184.5)
20~29년	1(0.0)	1,656.3(85.5)	106(1.9)	3,674.2(168.9)
30년 이상	1(0.0)	2,692.3(139.0)	1(0.0)	1,763.3(81.0)

자료: 그림 2-2와 같음.

았듯이 소기업에서는 근속 5년 미만의 단기근속 노동자가 90퍼센트를 차지하며 그 임금지수는 80년 근속 3년 이상 5년 미만으로 112.0, 90년에 109.8에 지나지 않는다. 따라서 소기업의 임금 체계는 연공형 임금이라기보다는 일에 따라 임금이 지급되는 '개수 임금'(個數賃金)에 가깝다. 이는 80년대를 통해 소기업 생산 노동자의 노동 이동이 격심해 근속 연수가 거의 늘어나지 않는 것과 표리일체의 관계이다.

한편, 종업원 500명 이상의 대기업은 1980년, 90년 모두 근속 연수가 늘어감에 따라 총임금 지수도 상승하는 완만한 연공형 임금 체계[24]라고 할 수 있다. 그러나 대기업에 80년과 90년의 연공임금 체계는 그 내용이 다르다. 80년을 보면 근속 1년 이상 3년 미만 노동자의 총임금 지수를 100.0으로 했을 때, 근속 1년 미만 노동자, 근속 3년 이상 5년 미만 노동자, 근속 5년 이상 10년 미만 노동자의 임금 지수는 각각 82.6, 118.2, 143.1로 근속 연수의 증가와 함께 상승하고 있다. 그러나 연공형 임금 체계라고 해도 80년에는 대기업에서도 중소기업과 마찬가지로 근속 10년 이상의 중·장기근속자는 5.0퍼센트밖에 없었고 근속 5년 미만 노동자가 전체의 80퍼센트에 가까운 77.4퍼센트를 점하고 있었다. 또한 연공임금제의 근간이라고도 할 수 있는 호봉제 및 정기 승급제가 존재하지 않는 기업이 재벌계열 대기업 중에서도 많았다.[25] 정이환에 의한 설문 조사 및 사례 연구를 바탕으로 작성한 표 2-10에 의하면 87년 노동자대투쟁 이전에는 260개 조사 기업 중에 정기 승급제가 시행되었던 기업은 38.5퍼센트로 종업원 100~299명인 중기업에서는 불과 21.0퍼센트, 500명 이상인 대기업에서도 60.4퍼센트에 지나지 않는다.[26] 게다가 가령 호봉제나 정기 승

24 고이케 가즈오(小池和男)는 1970년대 말 한국의 임금 체계는 일본보다 연공적이라고 지적하고 있다(고이케 가즈오, 1980: 91). 하지만 고이케는 블루칼라와 화이트칼라를 구별해 임금 분석을 실시하지 않았기 때문에 연공임금 커브가 보다 날카롭게 나타난 것이라고 여겨진다. 한국에서는 블루칼라와 화이트칼라의 임금 격차가 일본보다 훨씬 크며, 블루칼라의 연령별 노동 구성은 화이트칼라의 그것에 비해 현저하게 청년층에 기울어져 있기 때문에 화이트칼라와 블루칼라를 구별하지 않고 임금 곡선을 그릴 경우 일본보다 훨씬 날카로운 연공형 커브를 그리는 것은 당연하다. 따라서 생산 노동자에 관한 한 70년대 중반에 연공형 임금 체계가 확립해 있었다는 고이케의 주장에는 무리가 있다.
25 예를 들어 당시 한국의 재벌 1, 2위를 삼성과 함께 다뤘던 현대 산하의 대기업에는 87년 이전에는 임금표가 없고 호봉제도가 실시되지 않았다(정이환, 1992: 161).
26 대기업 노조가 많은 전국금속산업노동조합연맹이 1985년에 산하 106개 기업에 대해 실시한 실태 조사 결과에 의하면 정기 승급제도를 실시하고 있는 기업은 31.1퍼센트에 지나지 않았다(박덕제, 1985: 100~101).

표 2-10 · 기업 규모별 정기 승급제 실시 기업체 수

(단위: 기업체 수, %)

	합계	종업원 수		
		100~299명	300~499명	500명 이상
1987년 이전	100(38.5)	25(21.0)	17(37.0)	58(60.4)
1987년 이전	164(63.1)	59(49.6)	28(60.9)	77(80.2)
전조사기업체 수	260	119	46	96

출처 : 정이환(1992 : 170)에서 지은이가 가공해 작성.

급제가 시행되고 있었다고 해도 명시적인 승급 기준이 존재하지 않는 경우가 많아서 사용자의 자의적인 인사 고과에 의해 노동자 개개인의 승급에 커다란 차이가 생기기 때문에 정기 승급이 노동 통제의 유력한 수단이 되었다(정이환, 1992: 161~168). 따라서 1980년 대기업의 임금 체계는 외견상 연공형 임금이라 해도 임금 규칙은 불명확하고 연공과 함께 일정하게 승급을 하는 연공임금제와 다른 것이었다.

이에 비해 1990년이 되면 착실하게 대기업의 생산 노동자의 근속연수가 늘어나 노동자의 근속 연수별 분포도 중·장기 노동자층에까지 퍼지는데, 예를 들어 근속 15년 이상 20년 미만의 노동자는 8.5퍼센트로 10퍼센트 가까이 차지하게 되었다(표 2-9). 이와 함께 근속 15년 이상 20년 미만까지 임금 지수는 근속의 증가와 함께 상승하고 있다. 또한 87년 이후 정기 승급제를 새롭게 도입한 기업이 늘어나면서 표 2-10에 의하면 정기 승급제를 시행하는 기업이 조사 기업의 63.1퍼센트까지 증가했고, 종업원 100~299명의 중기업에서도 87년 이전보다 2배 이상인 49.6퍼센트, 종업원 500명 이상의 대기업에서는 80.2퍼센트까지 올라간다. 보다 중요한 것은 87년 노동자대투쟁 이후 강력한 노동운동의 전개 속에서 노사 교섭의 결과, 대기업에서는 호봉 승급 때의 인사 고과가 폐지되고 호봉제가 승급의 보편적인 규칙이 되어 모든 노동자에게 일률적으로 적용되게 된 것이다(정이환, 1992: 171). 즉 노동자대투쟁의 결과로 대기업에서 근속에 따른 승급의 일정한 규칙으로 연공임금제가 성립된 것이다.

이러한 대기업에서의 연공형 임금 체계의 확립을 재벌계열 중기기계기업 중 하나인 대우중공업 임금 체계의 검토를 통해 살펴보고자 한다. 대우중공업에서는 1970년대부터 이미 생산 노동자에 대해서도 호봉표가 존재했다. 78년에 임금 체계의 개편이 이뤄지면서 생산 노동자를 1직급에서 6직급까지 나누어 직급이 올라가면 올라갈수록 호봉 승급액을 높게 설정해 노동자는 승진시험을 통해 직급이 올라가도록 하고 있다. 그러나 승진시험 수험 자격은 연공만이 아니라 기준이 명확하지 않은 인사 고과를 바탕으로 주어졌다. 뿐만 아니라 사용자 측이 자의적으로 합격률이나 합격자까지 조작했다. 이때 직급이 위로 올라갈수록 합격률은 낮게 설정되었다. 게다가 같은 직급 내 승급에서도 특별 호봉제로 인사 사정이 이뤄지는 등, 이 임금 체계는 노동 통제의 수단으로써의 성격이 강했다(정이환, 1992: 165~167).

이에 반해 1988년 노사 교섭을 거쳐 새롭게 개정된 임금 체계(대우중공업 사내 자료, 1990)[27]는 생산 노동자를 기술1에서 기술3까지 세 개

---

27 한국노사문제임의중재협의회의 조사에 의하면 대우중공업의 임금표는 1987년 이후 대기업 임금표에 공통적으로 많이 보이는 특징을 갖추고 있다고 한다(한국노사문제임의중재협의회, 1991: 89~90).

의 직무군으로 나누고 있다. 새로운 임금 체계와 구 임금 체계의 가장 큰 차이는 승진시험과 특별 호봉제도가 폐지되고 노동자는 근속에 의해 자동적으로 연 2호봉씩 승급되었으며, 동시에 근속에 따라 하위 직급에서 상위 직급으로 자동적으로 승진할 수 있게 되었다. 또한 직급 간 호봉 승급액 격차도 매우 작아 여기에서 명확한 연공임금 체계가 성립되었다고 할 수 있을 것이다.

1987년 이후 대기업 임금 시스템에서 연공임금제의 확립과 더불어 중요한 것은 근속에 따른 임금 격차가 축소되었다는 점이다. 표 2-9에 의하면 500명 이상 대기업에서 임금 지수는 근속 5년 이상 10년 미만인 경우 80년에는 143.1이었던 것이 90년에는 129.6이 되었으며, 근속 15년 이상 20년 미만인 경우에도 80년 193.1인 것에 비해 90년에는 184.5가 되었다. 정이환은 이러한 대기업의 노동자 간 임금 격차 축소를 다음과 같이 설명하고 있다. 즉 87년 이후 민주노조운동으로 평등주의 이념이 확대되면서 노동조합은 그때까지의 저임금 구조를 시정하기 위해 임금 인상 요구 때 정률보다 정액 인상을 선호했다. 그 결과 청년 노동자와 저임금 노동자의 임금 인상률이 높아졌기 때문에 근속 연수에 따른 임금 격차가 축소되었다고 한다(정이환, 1992: 178). 실제로 90년에 정이환이 실시한 조사에서는 100퍼센트 정률 혹은 거의 대부분의 경우에 정률 임금 인상 방식을 택하는 대기업 38.6퍼센트에 비해 100퍼센트 정액, 혹은 거의 대부분의 경우에 정액 임금 인상 방식을 택한 기업이 전체의 47.9퍼센트를 차지하고 있다(정이환, 1992: 179). 또한 독점·비독점 부문별로 노동조합에 의한 상대적 임금 효과에 대해 고찰한 채창균은 노동조합이 조직된 기업에서는 87년 이후 노동조합이 평등한 임금 구조를 지향하는 임금 전략을 취했으며, 특히 독점 기업(≒대기업)일수록 이러한 경향이 강한 것을 실증했다(채창균, 1993: 101~106). 이렇게 기업별 노동조합운동으로 전개되었던 대기업 노동조합의 임금 전략으로 대기업의 남성 생산 노동자 사이에서는 호봉제라는 명시적인 임금 규칙 아래서 누구나 평등하게 정기 승급할 수 있는 연공임금제가 확립되었다. 이와 동시에 민주노조는 정률보다 정액 임금 상승을 채택하는 등 노동 이동이 격심한 하위 직급의 단기근속 노동자까지 포함된 노동자 사이의 평등화·동질화를 지향하고 그 단결력과 투쟁력을 더욱 강화하려고 했던 것이다.

이렇게 1987년의 노동자대투쟁이 주요한 계기가 되어 대기업과 중소기업 간의 임금 격차가 확대되었고, 임금 체계도 중소기업이 '개수 임금'인 것이 비해 대기업은 명확한 연공형 임금 체계가 성립되었다. 87년 이후 90년대 초까지 대기업 노동자 사이에서는 민주노동조합의 강력한 평등주의 전략 아래 기업 내부 노동자 사이 임금 격차의 축소와 노동자의 일체화를 지향하는 경향이 강해졌다. 이는 중소기업 노동시장과의 분단을 심화시켜 대기업의 내부 노동시장 형성이 더욱 진전되었다.

5. '분단 노동시장 체제'로서의 '87년 체제'의 성립

본 장에서는 기업 규모별 노동자의 기업의 정착성 격차와 임금 격차 및 임금 체계 검토를 통해 1980년대 초부터 90년대 초까지 남성 생산 노동자 노동시장 구조 변화의 궤적을 살펴보았다. 80년대 중반부터 중화학공업을 중심으로 하는 강력한 수출 드라이브 정책이 채택되고, 급속히 중화학공업 부문의 생산이 확대되며 1986~88년의 '삼저 호황'이 이에 박차를 가했다. 그러나 황수경(1993)이 실증한 것처럼 종래의 규격화되어 표준화된 제품을 연속 생산하는 대량 생산·일괄 생산 방식은 달라지지 않은 채 생산량만이 급격히 확대되었다. 이에 대응하기 위해 자동화나 기계화가 진행되지만 그에 따라가지 못했으며 생산 노동자의 노동력 부족이 현재화된다. 노동력 부족 대책으로 작업의 합리화, 혹은 외주화 등에 더해 대기업에서는 기업 내에서 노동자를 양성하고 조달하려는 움직임이 강했다. 그러나 대량 생산 방식 아래에서 주로 자동화 기계의 대량 도입에 의존한 생산력 확대는 대대적인 생산 노동자의 기업 내 기능 형성으로 이어지지 않았다. 이 때문에 기업 내 교육 훈련은 이른바 반장·조장 이상의 '상층 노동자'에 머물고 하위 직급 노동자까지 확대되지는 않았다. 이렇게 기업 내 기능 형성이 제대로 이뤄지지 않은 것이 98년 'IMF 경제위기' 이후 노동의 비정규직화가 급진전되는 중대한 요인 중 하나가 되는데, 이에 대해서는 제4장 이후에 논한다.

그렇다고 해도 이 범위와 내용에 한계와 제약을 내포하면서도 대기업에서 시작된 생산 노동자의 기업 내 양성은 한국 노동시장 구조에 큰 변화를 가져왔다. 즉 1980년대 초까지 한국의 도시 하층으로 이뤄진 생산 노동자의 노동시장은 중소기업과 대기업 사이를 노동자가 빈번히 오가는, 노동력의 유동성이 높은 횡단적인 단일 노동시장이라고 특징지을 수 있다. 그러나 80년대 중반에는 대기업의 노동자 정착책으로 노동자의 기업 내 양성이 시작되었기 때문에, 그에 따라 대기업 생산 노동자가 기업에 정착하게 된다. 그 결과 중소기업에서는 80년대를 관통해 단기근속 노동자가 대부분을 점한 것과는 대조적으로 대기업에서는 80년대 중반부터 근속 10년 이상인 중견 노동자층이 형성되어 증대하기 시작한다. 이에 더하여 대기업과 중소기업 간 노동시장의 분단을 결정적으로 심화시킨 것이 이들 대기업의 중견 노동자가 주도한 87년 노동자대투쟁이었다. 즉 노동자대투쟁을 통해 대기업의 생산 노동자는 임금의 대폭적인 상향 등 노동 조건의 개선을 획득했을 뿐 아니라 근속에 따라오는 평등하고 안정적인 승급 규칙으로써의 연공임금제를 성립시켰다. 이는 대기업 노동자의 기업 정착성을 더욱 높이며 내부 노동시장 구조를 확립시켰다. 한편 노동력의 유동성이 높은 중소기업의 노동자는 단결력과 전투력이 약하고 대기업과 같은 정도의 대폭적인 임금 인상을 실현할 수 없었을 뿐 아니라, 불안정한 '직무급제'적인 임금 시스템 아래에 놓여 있는 상태였다. 이렇게 노동자대투쟁을 계기로 한국의 노동시장은 대기업과 중소기업의 분단적 구조가 결정적으로 형성되었으며, 여기에서 분단 노동시장 체제인 87년 체제가 성립된 것이다. 한편으로 대기업에서 중견 노동자가 증대했음에도 불구하고 90년대 초반에도 예전과 다름없이 하위 직급이나 미숙련 노동자를 중심으로 하는 대다수의 단기근속 노동자는 빈번히 노동 이동을 되풀이하는, 대기업과 중소기업 사이의 횡단적 노동시장도 병존하는 것이 검증되었다.

이러한 한국의 노동시장 구조는 대기업에서 하위 직급 노동자까지 내부 노동시장에 포섭되려고 하는 추세 속에서 대기업과 중소기업 사이의 분단 노동시장 구조를 더욱 심화시켰다. 이러한 흐름을 만든 하나의 요인으로 1990년대 초, 평등주의 이념에 기초한 민주노조 주도의 강력한 노동운동의 전개를 들 수 있다. 그 다수가 민주노조에 의하여 이끌린 대기업 노동조합은 중소기업과의 격차 확대와는 반대로 정율보다 정액 임금 상승을 운동 방식으로 채택하는 등 기업 내에서는 노동자 간 평등주의와 격차 축소를 강하게 지향했다. 또한 명시적인 임금 규칙 아래, 누구도 평등하게 정기 승급할 수 있는 연공형 임금제 확립을 목표로 삼았으며, 그것에 성공했다. 민주노조는 평등주의 정책을 채택함으로써 노동 이동이 격심한 하위 직급인 단기근속 노동자까지 내부 노동시장으로 포섭해 노동자의 동질화의 촉진을 통해 노동조합의 단결력이나 투쟁력을 더욱 강하게 다지려고 했다.

이처럼 만성적인 노동력 부족 상황과 강력한 노동운동을 배경으로 적어도 대기업에서는 1970년대부터 80년대 초와 같은 저임금 노동력의 활용은 점점 불가능하게 되었다. 그것을 대신할 노동력으로 등장한 것이 사외공·임시공인 '주변 노동자'층이다. 예를 들어 현대중공업에서는 88년에 사내 하청 기업의 하청 노동자를 본공 노동자로 채용한 뒤 노동자의 신규 채용을 전혀 하지 않았다. 그러나 하청 기업의 하청 노동자를 대신하는 노동자로 이미 91년에는 외주 기업 39기업의 종업원 1881명이 생산 부문에서 일하고 있었다(정이환, 1992:

117). 이들 노동자는 종래의 사내 하청 기업의 하청 노동자와는 달리 직접 고용의 본공 노동자로 재고용되는 일도 없이 노동 조건이나 생산과정에 있어서도 직접 고용의 본공 노동자의 주변적 지위에 머물렀다. 이러한 외주 기업의 '주변 노동자'층은 당시는 노동조합원 사이의 평등주의와 그에 기반한 동질성을 유지하려는 노동조합의 압력으로 소규모에 머물렀지만 90년대에 들어와 기업 주도로 전개된 '신경영전략' 속에서 '비정규직 노동자'로서 증대해 갔다. 신경영 전략 속에서 외주 기업 및 비정규직 노동자의 활용은 98년 IMF 경제위기 이후 사회 문제로 첨예하게 대두되는 노동력의 비정규직화의 효시가 되었다고 여겨진다.

이상, 87년 체제가 형성되기까지 1980년대 한국의 남성 생산 노동자 노동시장의 급격한 구조 변화에 대해 고찰해 왔다. 87년 체제란 내부 노동시장을 형성하는 대기업의 정규직 노동자로 구성된 '중핵 노동자'와 유동적인 외부 노동시장을 형성하는 중소기업 노동자 및 비정규직 노동자 등의 '주변 노동자'와 분단 노동시장 체제를 가리킨다. 98년 IMF 경제위기로 새로운 전환점을 맞이하기까지 87년 체제는 전투적이고 강력한 대기업의 기업별 노동조합운동과 경영 주도에 의한 신경영전략의 충돌과 상호작용 속에서 심화되어 갔다. 그것은 분단 노동시장 체제의 변화인 것과 동시에 대기업 내부 노동시장 자체의 구조 변화 또한 가져왔다. 이제 제3장에서는 기업 주도에 의한 신경영전략의 전개 속에서 대기업 남성 정규직 노동자가 내부 노동시장 체제에 어떻게 포섭되어 갔는지, 그리고 새로운 주변 노동자가 어떻게 만들어졌는지를 부각시켜 보고자 한다.

제3장 · '신경영전략'의 전개와 '87년 체제'의 변화
—대기업에서의 내부 노동시장 구조의 심화와 '주변 노동자'의 증대

1. 문제 제기

1987년 6·29 민주화선언 이후 한국사회의 민주화과정의 사회 변동
이나 그 구조를 한국에서는 일반적으로 '87년 체제'[1]라고 부른다. 한
국 노동사회 첫 번째 획기적 전환기도 87년 6·29 민주화선언 직후에
일어난 '노동자대투쟁'이었다. 제2장에서는 노동자대투쟁을 계기로
노사정의 노동 체제가 그때까지의 권위주의적 체제에서 자율적 노사

---

1 '87년 체제'에 대한 명확한 정의 및 시기 구분에 관해서는 논의가 크게 나뉘어진다. 논점은 1997년
말~98년 경제위기 이후를 '87년 체제'에 포함시킬 것인가 아닌가 하는 것이다. '87년 체제'를 대치
해 '97년 체제'를 주창하는 논자는 전자를 '민주화의 시간', 후자를 '글로벌화의 시간'이라고 규정하
고 후자의 우위성을 주장한다(김호기, 2009: 123~129). 이에 비해 '97년 체제'를 '87년 체제'의 하위
개념으로 두고 경제위기 이전을 '87년 체제' 전기, 그 이후를 '87년 체제' 후기로 보는 논자도 있다
(김종엽, 2009: 18). 본서에서는 98년 경제위기 이후 심화된 한국 노동사회 문제가 87년 '노동자대투
쟁'에서 98년 'IMF 경제위기'까지의 약 10년 동안에 준비·양성되었다고 보고 양 기간의 연속성과
공통성을 강조한다. 그 때문에 후자의 입장에 가깝다. 그러나 본 장의 목적은 노동자대투쟁에서 경
제위기까지 노동사회의 '87년 체제'의 실태와 의미를 밝히는 것에 있다.

관계를 기본으로 하는 87년 체제로 전환되는 과정을 '분단 노동시장 체제'의 성립을 축으로 부각시켰다. 즉 노동자대투쟁으로 그 주체 세력이었던 대기업 남성 생산 노동자는 노동 삼권에 머물지 않고 임금의 대폭 인상을 비롯한 고용·노동 조건의 개선을 달성했다. 이렇게 대기업 남성 생산 노동자는 기업에 대한 정착과 장기근속 경향을 한층 강화하며 내부 노동시장을 확립시킨 것이다. 이에 반해 중소기업의 노동자는 70년대와 다르지 않아서 노동력의 유동성이 높은 외부 노동시장 속에서 노동조합을 조직하는 것도 어려웠고, 대기업과 같은 양호한 노동 조건을 획득하지 못했을 뿐 아니라 항상 불안정한 취로 상태에 있었다. 이렇게 노동자대투쟁을 계기로 대기업과 중소기업의 노동시장 간에 확연한 격차 및 분단 구조가 발생했으며, 그 결과 분단 노동시장 체제로 87년 체제가 성립된 것이다.

중요한 것은 분단 노동시장 체제가 대기업과 중소기업의 노동시장이 단순히 병렬적으로 존재하는 분단 노동시장 구조를 의미하지는 않는다는 것이다. 즉 기업 폐쇄적인 내부 노동시장을 기반으로 사회적 영향력을 강화한 대기업의 기업별 노동조합운동과, 정부의 노동정책 및 기업의 노동관리정책과의 갈등·대립과 그것들의 상호작용이 노사정 노동체제의 성격을 일의적(一義的)으로 규정하는 체제가 분단 노동시장체제다.

그러나 동시에 분단 노동시장 체제의 또 한 측인 중소기업 노동자의 존재 또한 87년 체제의 구조 변화에 부차적으로 영향을 미친다는 것을 명기해 두고 싶다. 본서에서는 대기업 남성 정규직 노동자를 전형으로서, 내부 노동시장에 포섭되어 안정적인 고용관계와 상대적으로 양호한 고용·노동 조건을 향수하고 노사정의 노동 체제에 직접 영향을 주는 기업별 노동조합의 주체인 노동자를 '중핵 노동자'라 부른다. 이에 비해 노동 이동이 빈번한 외부 노동시장을 형성하는 중소기업 노동자를 비정규 노동자와 함께 '주변 노동자'(周邊勞動者)라고 하겠다. 이들 대부분은 상대적으로 열악한 고용·노동 조건 아래에 놓여 있고 노동조합의 조직화가 어려워 노동조합의 보호로부터 배제되어 있다.[2] 특히 1990년대에는 주변 노동자 중 하나의 유형으로 비정규 고용의 증대가 현저해진다. 이러한 중소기업 노동자나 비정규직 노동자라는 주변 노동자는 도시영세 자영업자, 실업자, 비노동력 인구와 순환·교류관계에 있으며, 70년대 도시 하층과 연속성 및 공통점을 갖는다. 이 주변 노동자의 규모가 87년 체제의 성격을 규정하는 중핵 노동자를 능가하게 된다면 중핵 노동자의 존재 의의는 점점 희박해져, 대기업 노동조합은 약체화되며 나아가서는 그 노동 체제에 대한 영향력이 약해지게 될 것이다.

이처럼 87년 체제하의 노동 체제에 직접적인 영향력을 행사할 수 있었던 것이 대기업 기업별 노동조합이었기 때문에 87년 체제에 대한 연구 관심은 지금까지 대기업 노동운동이나 노사관계에 집중되어 왔다. 더욱이 주변 노동자의 실태를 알 수 있는 자료가 매우 적기 때문에 연구 대상을 중핵 노동자인 대기업 남성 생산 노동자에 한정

---

2 1989년 12월 31일 현재로 300명 이상 대기업에서의 노동조합 조직률은 55.4퍼센트인 것에 비해 100~299명의 중기업에서 36.5퍼센트, 10~49명의 소기업에서는 1.5퍼센트에 지나지 않는다. 여기에서도 노동자대투쟁 이후의 노동운동의 주체 세력이 대기업의 기업별 노동조합이며, 중소기업, 특히 영세기업 노동자는 노동조합에서 배제된 존재였다는 것을 알 수 있다(한국노동연구원, 1990: 49).

할 수밖에 없었다는 사정도 있다. 본 장에서도 노동자대투쟁 직후인 1990년 초반부터 한국 노동사회의 두 번째 획기적 사건인 1998년 'IMF 경제위기'에 걸쳐 대기업 남성 생산 노동자의 내부 노동시장이 어떠한 구조 변화를 거쳤는지에 초점을 맞추며 87년 체제에 대해 검토하고자 한다. 이때 중요한 점은 대기업 내부 노동시장의 구조 변화가 주변 노동자나 그들에 의해 구성된 외부 노동시장과 어떠한 관련이 있었는지도 함께 살펴보아야 한다는 것이다.

그런데 1990년대 대기업의 내부 노동시장 구조 및 노사관계에 커다란 영향을 미친 것은 재벌계 기업을 비롯한 대기업을 중심으로 활발히 전개된 기업 주도의 '신경영전략'이다. 따라서 여기에서는 대기업의 '신경영전략'의 다음 두 가지 주요한 측면에 대한 분석을 축으로 하여, 중핵 노동자와 주변 노동자로 이루어진 분단 노동시장 체제로써의 87년 체제가 어떻게 변화했는가에 대해 고찰해 보고 싶다.

먼저 신경영전략의 주요한 요소 중 하나로 기업이 노동비용의 급격한 상승을 억제하기 위해 도입한 인원 절감적 자동화 설비 투자를 들 수 있다. 이는 자동화 기계 도입에 의한 인원 절감에 더해 기계화에 동반되는 작업의 규격화·표준화·단순화와 그로 인한 탈숙련화를 내용으로 하는 노동 배제적 자동화라고 그 의미를 규정할 수 있다. 여기에서는 노동 배제적인 자동화가 노동과정이나 노동자의 기능 형성에 어떠한 영향을 미쳤는지, 또한 노동자 구성을 어떻게 바꾸었는지를 검토한다. 일반적으로 탈숙련화가 진행되면 기능이나 숙련의 기업 내 형성의 필요성이 저하되기 때문에 정규직 노동자를 비정규직 노동자로 바꾸는 것이 용이해진다. 이렇게 자동화가 진행되는 중에 새로운 주변 노동자로서 비정규직 노동자의 수요가 생겨나는 과정을 그려 내고자 한다.

다음으로, 신경영전략의 가장 큰 목적은 노동자대투쟁으로 대기업 생산 현장의 통제력이 노동조합으로 넘어간 것에 강한 위기감을 느낀 기업이 새로운 헤게모니를 구축하기 위해 실시한 전략적 실천에 있었다. 1990년대 초반까지 조합원의 높은 동질성과 평등주의 이념을 기반으로 강한 조직력과 단결력을 유지해 온 민주노조운동에 대해 경영 측은 노동자를 개별적으로 기업 조직, 혹은 내부 노동시장에 포섭함으로써 노동자를 차별화·이질화하여 노동조합의 힘을 약화시키려고 했다. 다시 말하면 경영 측은 신경영전략의 도입으로 집단적 노사관계 일변도였던 노동 관리 정책을 개별적 노무 관리로 전환하기 위해 고용관계의 개별화를 지향했던 것이다. 본 장에서는 신경영전략으로 노동자가 어떻게 개별적으로 내부 노동시장에 포섭되었고, 그 결과 대립적인 노사관계가 협조적 노사관계로 바뀌었는지 살펴보고자 한다.

대기업에서 전개된 신경영전략의 구체적 분석에 앞서, 제2절과 제3절에서 노동자대투쟁 이후 IMF 경제위기까지의 노동력 수급 상황과 취업 구조의 변화, 대기업과 중소기업 생산 노동자의 노동시장 구조 변화를 거시적 통계 분석을 통해 파악한다. 이로 인해 거의 항상 노동력 부족 상황이었던 IMF 경제위기 이전인 1990년대에 중핵 노동자와 주변 노동자 수와 구성이 서로 어떤 관계성을 가지고 움직였는지, 분단적인 대기업과 중소기업의 노동시장 구조가 어떻게 변했는지를 밝힐 것이다. 이렇게 파악된 취업 구조와 노동시장 구조의 변화를 제4절에서 신경영전략의 고찰을 통해 그 의미를 파악하는 것이 본 장의 목적이다. 마지막으로 제5절에서 논의를 정리한다.

2. 노동자대투쟁에서 IMF 경제위기까지 고용 상황과 취업 구조 변화

먼저 거시적 통계로 노동자대투쟁에서 IMF 경제위기까지의 고용 상황 및 취업 구조의 변화에 대해 살펴보기로 한다.

표 3-1에 의하면 1988년에서 IMF 경제위기 전년인 97년까지, 연평균 7.3퍼센트라는 고도 경제 성장 아래서 노동력 인구는 1730만 5000명에서 2160만 4000명으로, 10년 동안 430만 명이나 늘어 연평균 2.5퍼센트 증가했다. 특히 여성 경제활동참가율의 신장이 눈에 띄는데, 남성 경제활동참가율이 88년 72.9퍼센트에서 97년 75.6퍼센트로 2.7포인트 증가에 머무른 것에 비해, 여성은 동 기간 45.0퍼센트에서 49.5퍼센트로 4.5포인트나 증대했다. 이와 함께 여성 취업자 수도 88년 677만 1000명에서 97년 863만 9000명으로, 186만 8000명 증가했으며, 연평균 증가율은 2.7퍼센트로 남성의 2.3퍼센트를 상회하고 있다. 87년 체제하에서 여성들이 노동시장으로 급속히 진입했다는 것을 알 수 있다.

또한 실업률은 1988~97년, 10년 동안 2퍼센트대로 낮았으며 아시아 외환위기가 파급된 97년조차 2.6퍼센트에 지나지 않는다. 97년에 여성 실업자 및 실업률이 전년 13만 4000명, 1.6퍼센트에서 20만 4000명, 2.3퍼센트로 남성보다 급속한 속도로 늘었다(남성: 96년 29만

표 3-1 · 1988~98년 성별 고용 현황의 변화

(단위: 천 명, %)

	1988	1992	1996	1997	평균 증가율 (1988~97)	1998
경제 성장률(전년비)	11.3	5.1	7.1	5.5	7.3	-5.8
(전체)						
15세 이상의 인구	29,602	31,898	34,182	34,736	1.8	35,243
경제활동인구	17,305	19,426	21,188	21,604	2.5	21,390
(경제활동참가율)(%)	58.5	60.9	62.0	62.2		66.7
취업자	16,870	18,961	20,764	21,048	2.5	19,926
실업자	435	465	425	556	2.8	1,463
(실업률)(%)	2.5	2.4	2.0	2.6		6.8
비노동력인구	12,298	12,472	12,994	13,132	0.7	13,853
(남자)						
15세 이상의 인구	14,294	15,397	16,590	16,870	1.9	17,132
경제활동인구	10,414	11,627	12,620	12,761	2.3	12,883
(경제활동참가율)(%)	72.9	75.5	76.1	75.6		75.2
취업자	10,099	11,322	12,330	12,409	2.3	11,896
실업자	315	305	290	352	1.2	986
(실업률)(%)	3.0	2.6	2.3	2.8		7.7
비노동력인구	3,880	3,700	3,969	4,109	0.6	4,249
(여자)						
15세 이상의 인구	15,308	16,501	17,593	17,866	1.7	18,111
경제활동인구	6,891	7,799	8,568	8,843	2.8	8,507
(경제활동참가율)(%)	45.0	47.3	48.7	49.5		47.0
취업자	6,771	7,639	8,434	8,639	2.7	8,030
실업자	120	160	134	204	6.1	477
(실업률)(%)	1.7	2.1	1.6	2.3		5.6
비노동력인구	8,418	8,702	9,025	9,023	0.8	9,604

자료: 한국 통계청, 『경제활동인구 조사』 각 연도판, 한국은행 『국민계정』 각 연도판에서 작성.

명, 2.3퍼센트. 97년 35만 2000명, 2.8퍼센트)는 것은 동년 12월 통화위기 때 남성 노동자보다 여성 노동자에게 해고나 권고사직 등에 의한 고용 조정이 가장 먼저 이뤄진 결과라고 여겨진다.

그런데 1998년 IMF 경제위기로 인해 그 이전 연평균 7.3퍼센트라는 고도 성장은 -5.8퍼센트로 마이너스 성장에 역전되고 실업률도 2퍼센트대에서 단번에 6.8퍼센트까지 급격히 상승했다. 그러나 남녀 실업 양상에는 큰 차이가 보인다. 남성 실업률의 상승은 97년 2.8퍼센트에서 98년 7.7퍼센트로 동기간 여성의 2.3퍼센트에서 5.6퍼센트로 오른 것에 비해 훨씬 급하고 높지만, 여성은 실업자보다 비노동력 인구가 58만 1000명으로 전년에 비해 6.4퍼센트(남성: 14만 명, 3.4퍼센트)나 증가하고 있다. 이것은 여성의 경우 구직활동조차 포기한 '구직 의욕 상실자'의 급증, 달리 말하면 노동시장 자체에서 퇴출된 사람이 늘었다는 것을 의미한다. 여기에서 노동자대투쟁 이후, 노동시장에 들어간 여성 노동력의 많은 수가 경기 변동에 따라 노동시장에서 퇴출·참여를 반복하는 '연변 노동력'(緣邊勞動力)[3]의 성격이 강했던 것을 알 수 있다. 이러한 연변 노동력 또한 주변 노동자와 겹친다. 이에 반해 분단 노동시장 체제로서의 87년 체제에서 내부 노동시장을 형성한 중핵 노동자인 대기업 남성 정규직 노동자는 바로 지속적·규칙적인 항상 노동력으로 이 대극점에 있었다. 이러한 고용·취업에 있어서 젠더 구조에 대해서는 제5장에서 자세히 논하고 싶다. 그렇다고 해도 IMF 경제위기가 87년 체제에 대해 어떻게 파괴적으로 작용했는가는 다음에 보듯이 경제위기로 인해 항상 노동력인 대기업 남성

---

3 노무라 마사미는 우메무라 마타지(梅村又次, 1971)를 원용하면서 일본의 저실업을 완전 고용과 구별하고 저생산성·저임금을 특징으로 하는 '전부 고용'의 시각에서 논하고 있다. 노무라는 노동력을 연속적·규칙적 노동력인 항상 노동력(恒常勞動力)과 노동력과 비노동력의 경계 영역에 있는 연변 노동력으로 나누고, 주부가 대다수를 차지하는 연변 노동력이 호불황기에 따라 부동적인 노동력을 공급함으로써 '전부 고용'이 성립된다고 했다(노무라 마사미, 1998: 55). 지은이는 한국에서도 비정규직 노동자, 여성 노동자의 다수가 이 연변 노동력에 해당된다고 생각하는데, 이에 대해서는 제5장에 상세히 논한다.

정규직 노동자조차 실업 내지 해고의 대상이 된 것으로도 확인할 수 있다.

다음으로 노동자대투쟁 이후 약 10년 동안 생산 노동력의 수급 상황을 보자. 제2장에서 논한 것처럼 1986~88년 원화 약세, 저금리, 저유가의 '삼저 호황' 전후의 심각한 생산 노동력 부족이 대기업 생산 노동자의 기업 정착성을 높이고 그것이 대기업 노동조합의 조직화와 단결력의 강화로 이어져 노동자대투쟁의 전제 조건을 준비했다. 따라서 87년 체제하의 노동시장 구조를 고찰하기 위해서는 노동력의 수급 상황을 파악할 필요가 있다. 먼저 표 3-2에서 전 노동자의 구인 배율을 보면 1987년에서 96년 사이 10년 중 7년간은 2배를 넘고 있으며 나머지 3년간도 1.7배 이상으로 구직 수에 비해 구인 수가 압도적으로 많다. 이를 보면 노동력 부족이 절박한 상황이었다는 것을 알 수 있다. 그러나 98년에 경제위기에 빠지자 구직 수가 전년도의 8배 이상으로 팽창하고 구인 배율은 0.21로 격심한 구직난에 빠진다.

그럼 생산 노동자의 노동력 부족 상황[4]은 어떨까? 표 3-3에서 기업 규모별 생산 노동자의 부족 상황을 보면 1980년대 후반 이후 96년까지 종업원 500명 이상 대기업의 노동력 부족률은 평균 2~3퍼센트 전후로 항상 낮은 비율이었다는 것을 알 수 있다. 이에 비해 종업원 300명 미만의 중소기업에서는 90년대 전반에 최고조로 10~15퍼센트나 높은 노동력 부족률을 기록하는 등 80년대 후반의 삼저 호황기

---

4 1986~96년의 전문·기술직이나 사무관리직의 노동력 부족률은 기업 규모와 관계없이 항상 1퍼센트 전후로 부족 상황이 아님을 알 수 있다(한국 노동부, 『노동력 수요 동향 조사』 각 연도).

표3-2 · 구인·구직 수 및 구인 배율의 추이

(단위: 명, %)

	구인자 수	구직자 수	구인 배율
1987	270,693	98,488	2.75
1988	243,798	73,038	3.34
1989	187,022	68,165	2.74
1990	177,162	63,612	2.79
1991	170,435	69,869	2.44
1992	153,211	79,769	1.92
1993	125,714	72,975	1.72
1994	145,975	65,172	2.24
1995	130,360	51,559	2.53
1996	153,764	86,858	1.78
1997	175,429	174,257	1.01
1998	297,712	1,416,782	0.21

자료: 한국 노동부,『구인·구직 및 취업 동향』각 연도호에서 작성.

표3-3 · 생산 노동자의 기업 규모별 노동력 부족의 추이(1986~98년)

(단위: %)

	전 규모	I규모 (10~29명)	II규모 (30~99명)	III규모 (100~299명)	IV규모 (300~499명)	V규모 (500명 이상)
1986	3.20	3.21	3.69	4.16	2.40	2.35
1987	4.79	6.18	5.94	5.84	3.48	3.22
1988	5.24	10.22	7.79	5.36	3.57	2.63
1989	4.92	9.71	7.46	4.99	3.87	2.12
1990	6.85	15.24	8.93	7.07	5.16	2.26
1991	9.07	15.32	12.58	10.25	7.86	3.29
1992	6.76	7.87	7.44	10.40	5.72	3.21
1993	6.04	7.89	8.07	7.90	3.70	2.56
1994	5.64	10.03	7.56	5.95	2.55	1.67
1995	5.80	9.64	6.62	6.82	2.87	1.63
1996	4.80	8.13	5.65	4.73	3.13	2.03
1997	3.88	5.63	5.07	4.48	2.22	1.23
1998	1.04	1.69	1.29	1.27	0.52	0.12

자료: 한국 노동부,『노동력 수요 동향 조사』각 연도판에서 작성.

주: (1) 10명 이상 사업체의 상용 노동자가 조사 대상이며 각 연도 3월 말을 기준으로 했다.
　　(2) 부족률=조사 기업의 부족 노동자 수/조사 기업의 현재 노동자 수×100

보다 노동력 부족 상황은 악화되어 있다. 제2장에서 논한 것처럼 노동력 부족의 현재화에 동반되는, 인원 절감을 위한 자동화 설비 투자나 노동 조건 개선 등의 노동자 정착책을 강구할 수 있었던 대기업과는 달리 노동자대투쟁 이후 중소기업에서는 노동력 부족이 심각해졌음을 알 수 있다. 그러나 이러한 생산 노동력 부족 상황도 98년이 되면 일변한다. 생산 노동자의 노동력 부족률은 전 규모 합계로 1.04퍼센트가 되며 중소기업의 노동력 부족률도 1퍼센트대로 내려가면서 노동력 부족은 사라진다.

이상으로 1980년대 후반에서 IMF 경제위기에 이르기까지 노동력 수급 상황은 고성장과 생산 확대로 인한 생산 노동자의 만성적 부족으로 요약할 수 있는데, 그것은 중소기업에서 현저히 나타나며 90년대 전반에 정점에 달한다. 이러한 생산 노동력 부족은 필연적으로 급격한 임금 상승을 가져왔다. 88년부터 97년 사이에 명목 임금은 비농업 전 산업에서 연평균 14.3퍼센트, 제조업에서 동 15.1퍼센트나 상승하며 실질 임금도 비농업 전 산업에서 연평균 7.6퍼센트, 제조업에서 동 8.4퍼센트나 상승했다(한국노동연구원 『99 KLI 노동 통계』: 37).

이러한 노동비용의 상승은 즉시 기업 경영을 압박하고 기업은 이에 대응하기 위해 하나의 방책으로 비정규직 노동자를 고용하는 것으로 임금 상승 압력을 회피하고 노동력의 수량적 유연성을 높이려고 했다. 비정규직 노동자의 대부분은 불안정 고용과 저임금을 특징으로 하기 때문에 비정규직 노동자의 고용 확대는 경기 변동에 맞춰 기업의 고용 조절을 용이하게 하고 기업의 노동비용을 축소시키는 데 효과를 발휘하기 때문이다.

표 3-4 · 종사상 지위별 취업자 수 및 구성비 추이(1988~98년)

(단위: 천 명, %)

	1988	1992	1996	1997	연평균 증가율 1988~97	1998	전년비 증가율
(전체)	16,869(100.0)	18,962(100.0)	20,764(100.0)	21,047(100.0)	2.5	19,994(100.0)	-5.0
상용 노동자	5,348(31.7)	6,581(34.7)	7,377(35.5)	7,133(33.9)	3.3	6,457(32.3)	-9.5
임시직 노동자	2,766(16.4)	3,214(17.0)	3,869(18.6)	4,204(20.0)	4.8	3,998(20.0)	-4.9
일용직 노동자	1,496(8.9)	1,772(9.3)	1,797(8.7)	1,890(9.0)	2.6	1,735(8.7)	-8.2
자영업주	5,093(30.2)	5,410(28.5)	5,798(27.9)	5,950(28.3)	1.7	5,776(28.9)	-2.9
무급 가족 종사자	2,167(12.8)	1,983(10.5)	1,923(9.3)	1,869(8.9)	-1.6	2,028(10.1)	8.5
(남자)	10,099(100.0)	11,322(100.0)	12,330(100.0)	12,409(100.0)	2.3	11,910(100.0)	-4.0
상용 노동자	3,978(39.4)	4,774(42.2)	5,333(43.2)	5,169(41.7)	3.0	4,856(40.8)	-6.1
임시직 노동자	1,369(13.6)	1,462(12.9)	1,694(13.7)	1,850(14.9)	3.4	1,755(14.7)	-5.1
일용직 노동자	795(7.9)	936(8.3)	986(8.0)	1,019(8.2)	2.8	887(7.4)	-13.0
자영업주	3,638(36.0)	3,911(34.5)	4,121(33.4)	4,187(33.7)	1.6	4,203(35.3)	0.4
무급 가족 종사자	318(3.2)	239(2.1)	196(1.6)	183(1.5)	-6.0	209(1.8)	14.2
(여자)	6,771(100.0)	7,639(100.0)	8,434(100.0)	8,639(100.0)	2.7	8,084(100.0)	-6.4
상용 노동자	1,370(20.2)	1,807(23.7)	2,045(24.2)	1,964(22.7)	4.1	1,601(19.8)	-18.5
임시직 노동자	1,397(20.6)	1,753(22.9)	2,174(25.8)	2,355(27.3)	6.0	2,244(27.8)	-4.7
일용직 노동자	700(10.3)	836(10.9)	811(9.6)	871(10.1)	2.4	848(10.5)	-2.6
자영업주	1,455(21.5)	1,499(19.6)	1,676(19.9)	1,763(20.4)	2.2	1,573(19.5)	-10.8
무급 가족 종사자	1,849(27.3)	1,744(22.8)	1,727(20.5)	1,686(19.5)	-1.0	1,819(22.5)	7.9

자료: 한국 통계청, 『경제활동인구 조사』 각 연도에서 작성.

실제로 비정규직 노동자 문제가 '사회 문제'화 하는 것은 IMF 경제위기 이후지만 제2장에서도 말했듯이 1990년대 초반 무렵부터 생산과정의 일부를 사내 하청 기업에 외주하는 대기업이 늘기 시작했다. 공간(公刊)된 통계로는 90년대 비정규직 노동자의 정확한 규모와 실태를 파악하는 것은 불가능하지만, 종사상 지위별 임금 노동자 중에서 대략적으로 상용 노동자를 정규직 노동자로 보고, 임시직 노동자 및 일용직 노동자를 비정규직 노동자로 보아 그 추세를 따라가 보고자 한다. 표 3-4는 1988~98년의 종사상 지위별 취업자 수 및 구성비 추이를 보여 주고 있다. 이에 의하면 88년부터 97년 상용 노동자 수 및 구성비는 각각 534만 8000명, 31.7퍼센트에서 713만 3000명, 33.9퍼센트로 늘어났다. 그러나 동시기, 임시직 노동자는 276만 6000명, 16.4퍼센트에서 420만 4000명, 20.0퍼센트로 상용 노동자보다 더욱 늘어나며 급속히 확대되었다. 그러므로 상용 노동자의 연평균 증가율 3.3퍼센트를 임시직 노동자의 4.8퍼센트가 크게 웃돌고 있다는 점은 주목할 만하다. 그뿐만 아니라 다른 종사상 지위의 취업자와 비교해도, 임시직 노동자의 신장률이 가장 높아 노동자대투쟁 이후 비정규직 노동자가 급속히 확대되었다는 것을 알 수 있다. 그때까지 87년 체제에 대해 고찰할 때 많은 연구자들은 중핵 노동자인 대기업 남성 정규직 노동자의 증대나 그들이 주도한 대기업의 기업별 노동조합운동과 그 성과에 초점을 맞춰왔다. 그러나 이 시기 취업 구조변화의 실태에서는 중핵 노동자보다 주변 노동자라고 할만한 임시직 노동자를 비롯한 비정규직 노동자 확대가 훨씬 빠르다는 것을 간과해서는 안 된다.

특히 표 3-4에서 취업 구조의 변화를 남녀별로 봐도 남녀 모두가 그 경향을 보여 준다. 남성 상용 노동자(≒정규직 노동자)는 1988년 397만 8000명, 39.4퍼센트에서 96년 533만 3000명, 43.2퍼센트로 인원수와 구성비가 정점에 달하고 남성 취업자 중에서는 가장 큰 비율을 점해 주요한 부분을 이루고 있다. 1988~97년 연평균 증가율도 3.0퍼센트로 남성 종사상 지위별 카테고리 중에서는 두 번째로 높았다. 후술하겠지만 이 중에 대기업 남성 정규직 노동자도 포함되어 내부 노동시장에 포섭된 중핵 노동자로서, 함께 이 규모를 확대해 갔다고 생각할 수 있다. 그러나 전술한 것처럼 남성에서도 상용 노동자의 증대를 상회하는 기세로 확대된 것은 주변 노동자인 비정규직 노동자였음을 놓쳐서는 안된다. 그것을 가장 단적으로 보여 주는 것이 임시직 노동자의 증대이다. 남성 임시직 노동자는 88년 136만 9000명, 13.6퍼센트에서 97년 185만 명, 14.9퍼센트까지 지속적으로 인원수와 구성비를 늘리며 연평균 증가율 3.4퍼센트로 남성 종사상 지위별 취업자 카테고리 중에서도 가장 빠르게 증대했다.

그러나 여성의 취업 구조 변화는 남성보다 두드러진다. 한마디로 여성의 임금 노동자화라고 표현할 수 있다. 그럼 어떻게 임금 노동자가 증가했을까? 여성 상용 노동자는 1988년 137만 명, 20.2퍼센트로부터 96년 204만 5000명, 24.2퍼센트로 증대했고, 88~97년의 연평균 증가율도 4.1퍼센트로 남성의 증가율을 상회한다. 그러나 그보다 증대하여 크게 확대되고 있는 것이 임시직 노동자이다. 여성 임시직 노동자는 88년 139만 7000명, 20.6퍼센트로부터 96년에는 217만 4000명, 25.8퍼센트로 확대되었으며 나아가 97년에는 여성 상용 노동자의 22.7퍼센트와 비교해 27.3퍼센트로 그 규모에서 상용 노동자를 능가하고 있을 뿐만 아니라 여성 취업자 중에서 점하는 비율도 가장 크다. 덧붙여 88년부터 97년까지 여성 임시직 노동자의 연평균 증가율 6.0퍼센트는 남녀 종사상 지위별 취업자 카테고리 중에서 가장 높다. 여기서 여성의 임금 노동자화는 상용 노동자보다 임시직 노동자 등의 비정규직 노동자가 급격히 증가했던 주변 노동자화가 우세했다고 할 수 있다.

이렇게 87년 체제하에서는 중핵 노동자인 남성 정규직 노동자도 늘었지만, 그보다 더 한층 여성을 비롯한 주변 노동자로서 비정규직 노동자가 증대하고 있음을 강조해 두고 싶다.

그러나 1998년 IMF 경제위기로 증가 추세였던 취업자는 남녀 모두 감소로 바뀌었다. 주목해야 할 것은 남성보다 여성 취업자의 감소가 더 컸는데, 특히 여성 상용 노동자가 전년비 -18.5퍼센트로 남다르게 크게 감소한 것에 비해 남성 상용 노동자, 달리 말하면 남성 정규직 노동자의 감소율은 전년에 비해 -6.1퍼센트로 머물러 있다. 이 남성 상용 노동자의 감소율 자체가 작다고는 할 수 없지만 여성의 1/3 이하이며, 여성과 비교하면 중핵 노동자인 남성 정규직 노동자의 고용이 상대적으로 유지되고 있었다는 것을 알 수 있다. 이에 비해 노동자대투쟁 이후 급속히 임금 노동자화했던 여성 노동자는 상용 노동자라 하더라도 비노동력 인구-실업자-임금 노동자 사이를 빈번히 오가는 연변 노동력적인 성격을 갖고 있었다고 추측된다.

흥미로운 점은 여성 상용 노동자를 필두로 임금 노동자의 절대 수가 주는 가운데 남성 자영업주와 남녀 무급 가족 종사자의 자영업자층의 절대 수 및 구성비가 증대되었다는 것이다. 특히 1997년까지의 고성장·저실업 상황 아래에서 유일하게 절대 수와 구성비가 함께 하락했던 무급 가족 종사자가 98년에는 여성을 중핵으로 8.5퍼센트로 눈에 띄는 신장을 보여 주고 있으며, 결과적으로 자영업주를 포함한 자영업자층은 전 취업자의 39.0퍼센트에까지 이르렀다. 이를 보면 자영업자층도 비정규직 노동자나 실업자, 혹은 비노동력 인구도 포함된 연변 노동력, 달리 말하면 주변 노동자의 경기 변동에 따라 움직이는 순환·교류관계 중 하나의 고리를 구성하고 있다고 생각할 수 있다. 그러나 아쉽게도 1980년대부터 90년대에 걸쳐 이러한 주변 노동자의 실태를 부각시킬 수 있는 자료는 부족한 데다, 많은 수가 연변 노동력이나 주변 노동자로 노동시장에 진입한 여성 취업자에 관한 자료는 거의 없다. 따라서 IMF 경제위기가 생겨나고 비로소 주변 노동자에 대한 실태 분석이 가능해진다. 다음 절에서는 87년 체제의 형성과 변화의 원동력이 되었던 제조업 남성 생산 노동자의 노동시장 구조의 변화에 초점을 맞추며 검토하고 싶다.

3. 노동자대투쟁에서 IMF 경제위기까지 제조업 남성 생산 노동자의 노동시장 구조의 변화

본 절에서는 지금까지 보아 온 노동자대투쟁 이후 IMF 경제위기까지의 고용 상황과 취업 구조의 변화에 맞춰 제조업 남성 생산 노동자의 노동시장 구조가 어떻게 변했는지를 한국 노동부『임금 구조 기본 통계 조사』[5]의 분석을 통해 검토하고자 한다. 앞 장에서 밝힌 것처럼 1980년대 중반부터 대기업에서 내부 노동시장의 형성이 시작되었고, 87년 노동자대투쟁을 거쳐 대기업과 중소기업 노동자 사이에 임금 수준이나 임금 체계, 고용 안정성 등 고용·노동 조건의 차이가 결정적으로 벌어졌다. 여기에 이르러 양 노동시장 사이의 횡단성이나 연속성이 약해지고 분단이 깊어졌다고 말할 수 있다. 이에 본 절에서는 노동자대투쟁 이후 얼마 지나지 않은 1990년부터 IMF 경제위기 직전인 97년까지의 기업 규모별 임금 및 기업 정착성 격차의 추이를 분석하고, 87년 체제 아래에서 대기업과 중소기업의 노동시장 구조의 변화를 더듬어 보고자 한다.

먼저 노동 조건의 격차를 가장 잘 보여 주는 임금 격차를 살펴보자. 1990년부터 97년까지 남성 생산 노동자[6]의 규모별 임금 격차의 추이를 I규모인 종업원 10~29명인 소기업의 시간당 소정 내 임금 및 시간당 총임금[7]을 100.0으로 하고, 다른 규모 기업의 임금을 지수화한 것이 표 3-5이다. 여기에서 주의를 요하는 것은 『임금 구조 기본 통계 조사』에서는 직종별 임금을 추계하고 있기 때문에 표 3-5에서는 제조업도 포함해 전체 산업의 남성 생산 노동자의 규모별 임금을 표

5 『임금 구조 기본 통계 조사』는 『직종별 임금 실태 조사』가 계속된 것으로 종업원 10명 이상 기업의 남녀 상용 노동자의 임금 실태를 조사하고 있다. 그러나 제2장에서도 서술했듯이 많은 수의 여성 노동자가 종업원 10명 미만의 기업에 취업한 데다, 더구나 임시직이나 일용직 노동자이기 때문에 『직종별 임금 실태 조사』와 마찬가지로 여성 노동자의 임금 실태나 기업 정착성을 파악하기는 어렵다.
6 여기에서 생산 노동자는 직종 대분류의 7. 기능원 및 관련 기능근로자, 8. 장치, 기계 조작원 및 조립원, 9. 단순노무근로자로 한다.
7 시간당 소정 내 임금이란 기본급에 소정 외 수당을 제외한 수당을 더한 것을 소정 내 노동시간으로 나눈 것을 가리키며 시간당 총임금은 소정 내 임금+소정 외 임금+상여/12를 총노동시간으로 나눈 것을 가리킨다.

(원, %)

표3-5 · 남성 생산 노동자의 기업규모별 시간당 임금 추이

	1990				1994				1997			
	시간당 소정내 임금	연평균 상승률[1]	시간당 총임금	연평균 상승률	시간당 소정내 임금	연평균 상승률	시간당 총임금	연평균 상승률	시간당 소정내 임금	연평균 상승률	시간당 총임금	연평균 상승률
전 규모	2,122.8 (108.9)	21.7	2,628.7 (123.3)	24.3	3,544.7 (97.6)	16.7	4,429.4 (110.3)	17.1	4,902.2 (95.4)	12.8	5,969.3 (111.7)	11.6
I규모 (10~29명)	1,949.0 (100.0)	19.3	2,131.3 (100.0)	20.1	3,630.5 (100.0)	21.6	4,017.5 (100.0)	22.1	5,136.3 (100.0)	10.4	5,342.5 (100.0)	11.0
II규모 (30~99명)	1,947.5 (99.9)	20.8	2,235.5 (104.9)	22.2	3,443.3 (94.8)	19.2	3,925.4 (97.7)	18.9	4,655.3 (90.6)	8.8	5,066.9 (94.8)	9.7
III규모 (100~299명)	2,066.4 (106.0)	18.6	2,516.3 (118.1)	21.3	3,405.0 (93.8)	16.2	4,338.6 (108.0)	18.1	4,491.0 (87.4)	8.0	5,526.6 (103.4)	9.1
IV규모 (300~499명)	2,245.9 (115.2)	23.1	2,877.7 (135.0)	25.5	3,537.5 (97.4)	14.4	4,677.6 (116.4)	15.6	4,883.0 (95.1)	9.5	6,417.9 (120.1)	12.4
V규모 (500명 이상)	2,388.4 (122.5)	26.0	3,221.2 (151.1)	29.8	3,738.3 (103.0)	14.1	5,409.8 (134.7)	17.0	5,416.4 (105.2)	11.2	8,022.3 (150.2)	16.1

자료: 한국노동부, 『임금구조 기본 통계조사 보고서』 각 연도판에서 작성.
주: 1) 1990년 연평균 상승률은 1986~90년 평균 상승률이다.

시하고 있다는 점이다. 그러므로 『직종별 임금 실태 조사』의 원자료를 분석해 산출한 제조업 남성 생산 노동자의 규모별 임금 격차를 표시한 제2장의 표 2-3 및 표 2-9보다 임금의 기업 규모별 격차는 약간 완만해진다. 그러나 생산 노동자는 제조업에 집중되어 있기 때문에 임금 격차의 추세를 보는 데 큰 지장은 없을 것이다.

후술하겠지만 1990년대에 들어가면 정부와 대기업에 의한 노동조합에 대한 노동관리 정책의 반격이 주효하며 대기업의 임금 인상이 철저히 억제되었다. 그 한편으로 중소기업의 노동력 부족이 심각해졌기 때문에(표3-3) 중소기업의 임금 상승을 억제할 수는 없었다. 예를 들어 1990~94년 총임금의 연평균 상승률은 I~III규모의 중소기업에서 18.1~22.1퍼센트인 것에 비해 IV, V규모의 대기업에서는 각각 15.6퍼센트, 17.0퍼센트의 상승에 머물러 있다. 따라서 총임금 격차도 V규모와 I규모 사이에서 1990년 51.1퍼센트에서 94년에는 34.7퍼센트로 축소되었다. 또한 V규모와 III규모 사이의 격차도 90년의 28.0퍼센트(V규모 3221.2원/III규모 2516.3원×100=128.0)에서 94년의 24.7퍼센트(V규모 5409.8원/III규모 4338.6원×100=124.7원)로 근소하게 축소되었으며 대기업과 중소기업의 임금 격차가 줄었다.

그런데 1997년에는 다시 대기업과 중소기업의 임금 격차가 확대된다. 97년의 임금 격차 확대는 노동자대투쟁 때와는 상황이 전혀 다른데, 경기 악화에 동반되는 생산 노동자 전체에서 임금 상승률이 크게 떨어지고 있던 중의 확대란 점에서 그렇다. 특히 III규모 이하의 중소기업에서 하락 폭이 컸기 때문에 종업원 규모 500명 이상의 대기업과 중소기업 사이의 임금 격차가 다시 확대되었으며 I규모와 V규모 사이의 총임금 차이가 50.2퍼센트로 커졌다. 그뿐 아니라 III규모의 중기업과 V규모의 총임금 차이가 45.2퍼센트(V규모 8022.3원/III규모 5526.6원×100=145.2)와 노동자대투쟁 후 얼마 지나지 않은 90년의 28.0퍼센트보다 훨씬 확대되었으며 대기업과 중소기업의 격차가 그 어느 때보다 커진 것을 알 수 있다.[8] 그 위에 주목해야 할 점은 V규모 대기업의 소정 외 노동시간이 90년 48.6시간이었던 것이 94년에는 53.7시간, 97년에는 52.8시간(부표 3-1)으로 90년대 들어와 약 4~5시간이나 증가했다는 점이다. 소정 내 임금에서 대·중소기업 간 격차가 축소되었던 것과 함께 감안하면 대기업과 중소기업 간 총임금 격차 확대는 초과 근무 수당 등의 소정 외 임금으로 인해 생긴 부분이 크다는[9] 것을 알 수 있다. 즉, 대기업 생산 노동자의 임금 상승은 잔업 시간의 연장 등 노동 조건의 악화나 노동 강도의 강화와 함께 실현된 것이다. 이러한 노동 강도의 강화야말로 나중에 보겠지만 대기업의 신경영전략의 결과에 다름 아니다. 덧붙여 임금 제도에서도 중소기업 생산 노동자의 많은 수가 시간제 임금이었지만 90년대 후반 이후 대기업에서는 생산 노동자의 월급제 전환이 진행되는데(홍정수, 1996: 63) 여기서도 중소기업과 대기업 사이에 눈에 띄는 차이가 나타났다.

그럼 이런 기업 규모별 임금 격차의 변화와 함께 제조업 남성 생

---

8 실제로 V규모와 IV규모 사이의 총임금 격차도 90년 11.9퍼센트, 94년 15.6퍼센트, 97년 25.0퍼센트로 확대되고 있었으며 엄밀히 말하면 종업원 500명 이상 대기업과 500명 미만 기업과의 임금 격차가 그 어느 때보다 커졌다.

9 한국에서는 근로기준법 제56조에 의해 시간 외, 휴일, 야간 근무에 대해 통상 임금의 50퍼센트 이상을 가산해서 지급해야 한다고 규정되어 있으며 시간 외 노동의 할증 임금에 대해서 50퍼센트 증가가 일반화되어 있음은 제1장에서 서술했다.

산 노동자의 기업 규모별·근속 연수별 노동자 구성은 어떻게 변했을까. I규모를 소기업, III규모를 중기업, V규모를 대기업으로 해서 1990~97년 제조업 남성 생산 노동자의 기업 규모별·근속 연수별 노동자 구성비의 추이를 표시한 그림 3-1을 상세히 보도록 하자.[10]

　제2장에서 본 것처럼 노동자대투쟁을 계기로 대기업에서는 남성 생산 노동자의 기업 정착과 장기근속화가 진행되며 내부 노동시장이 형성된 것에 비해 중소기업에서는 단기근속자가 노동자 구성의 주요 부분을 차지하며 노동력의 유동성이 높은 외부 노동시장을 구성하고 있었다. 1990년엔 이러한 대기업과 중소기업 사이 노동자 구성의 상이한 경향이 한층 강해졌다. 중소기업에서는 근속 3년 미만인 단기근속 노동자의 비중이 압도적이어서, 우하향 곡선을 그리는 노동자 구성은 80년대와 다르지 않다. 오히려 I규모인 소기업에서는 근속 3년 미만의 노동자가 86년의 63.2퍼센트(부표 3-2)에서 90년에는 75.9퍼센트로 큰 폭으로 확대되어서 노동자가 기업에 정착하지 않고 빈번히 노동 이동을 반복하는 모습이 그려진다. 한편 대기업의 기업별 노동조합운동에 주도된 노동자대투쟁의 결과 대기업에서는 임금을 비롯해 노동 조건을 대폭적으로 개선해 나가면서 대기업과 중소기업 사이의 격차가 크게 확대되었다. 대기업에서는 이러한 중소기업에 대한 노동 조건의 우위를 배경으로 급속히 내부 노동시장의 형성이 진행되었다. V규모의 대기업에서 근속 10년 이상인 중견 노동자가

---

10 한국 노동부 『임금 구조 기본 통계 조사』 원자료에 의거하여 1982, 86, 90, 94, 97년 제조업 남성 생산 노동자의 I~V규모의 규모별·근속 연수별 인원수 및 구성비의 상세를 이 장의 말에 부표 3-2로 나타내고 있다.

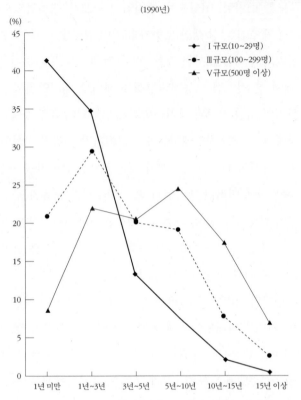

그림 3-1 · 제조업 남성 생산 노동자의 기업 규모별 근속 연수 계층별 노동자 구성비 추이
(1990년, 1994년, 1997년)

(1990년)

(%)

자료: 한국 노동부 『임금 구조 기본 통계 조사』 각 연도판에서 작성.

86년에 13.6퍼센트(부표 3-2)에서 90년에는 24.2퍼센트로 그 구성비
가 더욱 높아졌으며 근속 5년 이상 10년 미만 층의 24.7퍼센트와 나
란히 노동자 구성의 주요 부분을 차지하기에 이른 것은 그것을 여실
히 보여 준다.

그러나 1990년대에 들어서자마자 노동조합에 대한 정부와 기업의

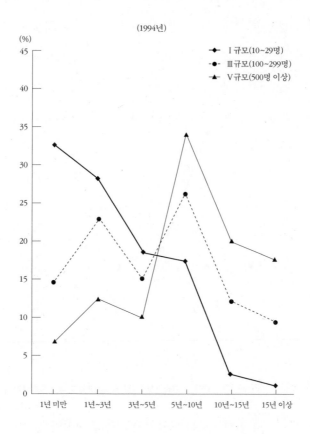

(1994년)

(%)

◆ I 규모(10~29명)
● III 규모(100~299명)
▲ V 규모(500명 이상)

반격이 시작되어, 대기업에서는 임금 상승이 억제되었다. 그에 비해 중소기업에서는 공전의 노동력 부족으로 임금이 상승해 대기업과의 임금 격차가 줄었다. 이 영향으로 94년에는 III규모 중기업의 노동자 구성에 눈에 띄는 변화가 나타났다. 근속 3년 미만인 단기근속 노동자의 비율은 37.7퍼센트로 예전과 다름없이 노동자 구성의 중심을 이

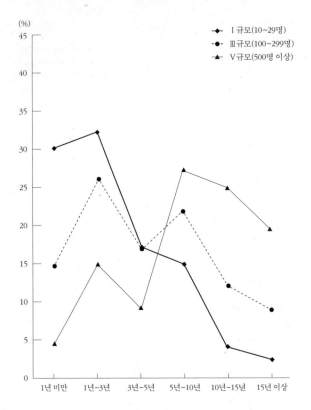

(1997년)

(%)

I 규모(10~29명)
Ⅲ규모(100~299명)
V규모(500명 이상)

| | 1년 미만 | 1년~3년 | 3년~5년 | 5년~10년 | 10년~15년 | 15년 이상 |

루고 있는데, 그 한편으로는 노동자의 기업 정착성이 높아지고 근속이 늘어나고 있다. 즉 근속 5년 이상 10년 미만의 노동자 비율이 90년 19.1퍼센트에서 증대해 94년에는 26.0퍼센트로 정점에 달할 뿐만 아니라 근속 10년 이상의 중견 노동자가 90년의 10.5퍼센트에서 94년에는 단번에 21.5퍼센트로 2배로 증가하고 있다.

한편, V규모인 대기업에서는 대폭적인 임금 상승이 저지되었음에도 불구하고 노동자의 기업 정착화와 장기근속화의 경향이 더욱 강해졌다. 즉 1994년에는 근속 3년 미만 노동자 비율이 18.8퍼센트로 드디어 20퍼센트 아래로 내려감과 동시에 근속 10년 이상인 중견 노동자가 37.4퍼센트로 90년보다 13.2포인트나 비율을 높였고 대기업 노동자 구성의 중핵 부분을 차지하기에 이른다. 이는 제4절에서 상술하겠지만, 90년대 초반 이후 경영 합리화와 노동자의 경영 참가라는 슬로건 아래, 대기업에서 기업 주도로 전개된 신경영전략에 의해 노동자가 기업에 개별적으로 포섭[11]되어 갔기 때문이라고 여겨진다. 민주노조를 기반으로 강고한 단결력과 조직력을 거점으로 강력히 전개된 대기업의 기업별 노동조합운동에 대항해 경영 측은 신경영전략의 도입으로 집단적 노사관계를 개별적 노무 관리로 전환하고 고용관계의 개별화를 진행하며 노동조합을 약체화하려고 했다. 이렇게 대기업에서 노동자를 개별적으로 포섭하는 것, 달리 말하면 기업 주도에 의한 내부 노동시장화가 급속히 진행되면서 학교를 졸업한 직후에 채용되어서 계속 같은 기업에서 장기근속하는 중견 노동자가 늘어났기 때문에 대기업의 노동력 부족을 크게 완화시켰다고 추측된다.

IMF 경제위기 전년인 1997년에는 I, III규모인 중소기업이 우하향 그래프를 그리고 있는 것에 비해 V규모인 대기업만이 우상향 그래프를 그리고 있는 것에서도 한눈에 알 수 있듯이 대기업과 중소기업의

---

11 여기에서 기업으로 '포섭'된다는 것은 노동자가 기업과 이해를 일체화하고 경영 참가 등을 통해 협조적인 노사관계를 노동자 스스로가 나서서 만들어 가는 것을 뜻한다. 이 과정에서 잘 보여지는 것이지만 노동자는 기업 조직에 편입되어 기업 폐쇄적인 내부 노동시장을 강고히 형성해 간다. 그러나 1990년대 전반부터 기업으로 '포섭'되어 간다고 해도 90년대를 통해 한국 대기업의 노사관계에서 일본과 같은 협조적 노사관계를 생각하면 큰 오류다. 그때까지의 대립적인 노사관계의 영향을 받아 대기업의 노동조합이 기업으로 '포섭'되지 않겠다는 저항과 운동은 IMF 경제위기 때까지 강력하게 전개되었다.

노동자 구성의 대조성은 더욱 현저해져 있다. 실제로 I, II규모인 소기업의 노동자 구성에서는 근속 3년 미만인 단기근속 노동자층에 약 60퍼센트가 집중되어 있는데(그림 3-1 및 부표 3-2), 이는 노동력의 유동성이 높다는 것을 말해 주고 있다. III규모의 중기업에서도 단기근속 노동자층의 비율이 40.4퍼센트로 94년보다 높아졌고, 이와 반대로 근속 5년 이상 10년 미만이 21.8퍼센트로 4.2포인트나 떨어졌는데, 근속 10년 이상의 중견 노동자의 비율은 21.0퍼센트로 거의 변화가 없다. 이처럼 III규모의 노동자의 기업 정착, 장기근속 경향은 정체 혹은 오히려 후퇴되어 가고 있다. 이에 비해 V규모의 대기업에서는 근속 10년 이상의 중견 노동자가 더욱 증대되어 44.5퍼센트로 반수 가깝게 점하게 되었는데, 이는 신경영전략의 진행으로 대기업에서 내부 노동시장 구조가 심화되고 있다는 것을 시사한다.

　노동자대투쟁 이후 대기업에서 내부 노동시장의 형성과 심화가 급속히 진행됨과 동시에 노동력의 유동성이 높은 외부 노동시장과 많이 겹치는 중소기업 노동시장과의 분단은 심화되었다. 이는 제조업 생산 노동자의 규모별 월간 이직률의 추이를 표시한 표 3-6에서도 확인할 수 있다.[12] 1987년에서 90년대 후반에 이르기까지 전체적으로 이직률은 저하하고 있지만 I규모와 II규모인 소기업에서는 90년대 후반이 되어도 5퍼센트 가까운 이직률로 단순하게 연간으로 계산하면 60퍼센트 전후가 이직한 셈이다. III규모인 중기업에서도 90년

---

12 제조업 생산 노동자의 규모별 이직률 추이는 매년 한국 노동부 『매월 노동 통계 조사 보고서』 12월 호에 게재되지만 1993년부터 동 보고서는 남녀별 규모별 이직률을 공표하지 않는다. 따라서 표 3-6에서는 남성 생산 노동자의 규모별 이직률이 아니라 남녀 합계의 그것이 표시되어 있다.

표3-6 · 제조업 생산 노동자의 기업 규모별 월간 이직률 추이

(단위: %)

	I규모 (10~29명)	II규모 (30~99명)	III규모 (100~299명)	IV규모 (300~499명)	V규모 (500명 이상)
1987	7.4	6.2	5.5	4.5	3.8
1988	7.7	7.9	6.6	4.4	3.0
1989	6.6	6.8	5.1	3.6	2.6
1990	6.9	6.5	5.1	3.8	2.7
1991	6.2	6.1	4.8	3.6	3.0
1992	6.0	5.7	4.7	4.1	3.1
1993	5.4	5.4	4.6	3.3	2.7
1994	4.8	4.9	3.9	2.9	2.1
1995	4.4	4.6	3.6	3.0	2.0
1996	4.9	4.6	3.3	2.9	1.8
1997	4.5	4.1	3.3	2.6	1.8
1998	4.1	3.8	3.1	2.4	1.8

자료: 한국 노동부, 『매월 노동 통계 조사 보고서』 각 연도 12월 호에서 작성.

대 중반에 4퍼센트 가까운 이직률을 보여 주고 있으며, 이러한 숫자는 87년 3.8퍼센트에서 90년대 후반까지 단번에 1.8퍼센트까지 이직률이 저하한 V규모의 대기업과 비교하면 현격히 높다. 이렇게 중소기업의 노동력의 높은 유동성에 비해 대기업의 낮은 이직률, 즉 높은 기업 정착성이 눈에 띈다.

이상으로 87년 체제에서 대기업 남성 정규직 노동자가 중핵 노동자로서 기업 폐쇄적인 내부 노동시장을 형성하고 심화시키는 한편 많은 중소기업 노동자는 여성 노동자나 비정규직 노동자와 함께 주변 노동자로서 유동성 높은 외부 노동시장을 구성한 것이 검증되었다. 더욱이 87년 체제 속에서 대기업과 중소기업 생산 노동자의 고용·노동 조건에서 격차가 벌어지며 양 노동시장의 분단은 한층 깊어져 갔다. 그러나 안타깝게도 주변 노동자의 실태나 중핵 노동자와의

관계성을 밝힐 만한 거시 통계는 존재하지 않을 뿐만 아니라 실태 조사도 거의 없다. 더욱이 분단 노동시장 체제로서의 87년 체제는 대기업의 내부 노동시장 구조의 변화에 따라 그 성격이 규정된다. 다음 절에서는 대기업 남성 생산 노동자가 신경영전략의 전개와 함께 어떻게 기업에 포섭되고, 그 결과 내부 노동시장 구조가 어떻게 변화하며 동시에 외부 노동시장에 어떠한 영향을 끼쳤는지를 살펴보려 한다.

4. 대기업에서의 '신경영전략'의 전개와 내부 노동시장 구조의 심화

평등주의적인 노동운동의 전개와 국가의 노동 통제 정책의 변화

개별기업에서 행해진 신경영전략의 분석에 들어가기 전에 그것을 지원한 국가의 새로운 노동 관리 정책의 전개에 대해 서술하고자 한다.

마른 들판에 번지는 불처럼 한국 전토에 퍼진 노동자대투쟁으로 한국 정부는 그때까지 실시했던 철저한 노동운동 억압 정책을 변경할 수밖에 없었다. 즉 1987년 8월에는 노사분규에 대한 정부의 불개입 방침을 발표했을 뿐 아니라 경영자 단체인 한국경영자총협회(이하 경총)에 대해 노동법을 준수하고 정당한 노동조합활동을 인정하며 생산성에 걸맞은 임금을 지불하도록 권고했다. 그 위에 경영 측의 부당 노동 행위에 대해 그때까지 취했던 방관자적 태도를 바꿔 적극적으로 단속하는 자세를 보였다(장홍근, 1999: 98).

대기업 남성 생산 노동자를 주체로 하는 기업별 노동조합이 군사 독재 정권으로 하여금 권위주의적인 노동 통제를 포기하도록 할 만

큼 강력한 노동운동을 전개할 수 있었던 것을 당시 민주화운동의 고양과 고성장·저실업이라는, 노동운동에 유리한 조건만으로는 설명할 수 없다. 전술했듯이 노동조합원의 높은 동질성이나 노조의 평등주의적 이념으로 그들이 강력한 조직력과 단결력을 발휘할 수 있었기 때문이었다(정이환, 1992: 244). 1987년 이후 90년대에 들어가기까지 대기업에서 노동자의 장기근속화가 급속히 진행되었다고는 하지만 90년에도 근속 10년 이상 중견 노동자는 전체의 1/4에도 미치지 못했고 근속이 짧은 미숙련·반숙련 노동자가 대부분이었다(부표 3-2). 제2장에서 본 것처럼 근속 10년 이상인 중견 노동자의 리더가 조합을 이끌었지만, 이러한 생산 노동자가 주체가 되어 노동조합이 조직되었고 조합 내 대의원이나 간부는 모두 현장감독자도 아닌 평노동자 출신이었다. 이러한 노동조합원의 높은 동질성으로 임금 등 노동 조건 개선을 요구할 때도 조합원의 낮은 임금 수준을 전체적으로 최저 수준을 끌어올리는 것에 주안점을 두었다. 그래서 정률 인상보다 정액 인상이 지향되었고, 노동운동은 평등주의적이며 집단주의적인 성격이 강해졌다(정이환, 1992: 244~245). 이 때문에 노동자 간의 수평적인 단결력이 강화되었으며 개별 기업에서는 노동조합이 현장 통제력을 쥐게 되는 현상까지 나타났다. 특히 현장감독자인 직장·반장의 권위가 실추됐기 때문에 경영 측의 노동자 관리력은 약해졌다. 그 결과 현장감독자를 대신해 노동조합의 대의원이 직장 문제의 검토와 해결, 생산 노동자의 고충 처리를 하기까지 이른다(강석재, 1995: 12). 이는 정부나 경영 측에게 강한 위기의식을 갖게 했고 그에 따라 노동 정책을 다시 전환하게 되었다.

이렇게 노동조합의 힘이 현장에서 강해지면서 직장 등 현장감독자를 통했던 경영 측의 컨트롤이 관철되지 않게 되자 경영자와 정부는 새로운 노무 관리와 노동 정책에 의해 형세의 역전을 꾀하려고 했다. 여기에서는 먼저 국가의 노동 정책의 변화에 대해 검토해 보고 싶다.

노동자대투쟁으로 양보를 할 수밖에 없어지고, 노사분규 불개입 방침을 취하고 있던 정부는 1989년에는 일찍이 그것을 철회하고 서울지하철이나 현대중공업 쟁의로 대표되는 대규모 노사분규에 대해서는 물리적인 공권력을 투입해 분쇄했다(정이환, 1999: 99). 그러나 이미 민주적인 노동 관계가 정착되었기에 '개발연대'의 권위주의적인 노동 통제 체제로 회귀하는 것은 곤란했으며, 정부는 노골적인 폭력이 아닌 노동 관리 장치를 새롭게 고안해야만 했다. 여기에서 첫 문민정권으로 93년에 등장한 김영삼 정권은 여론에 호소하는 이데올로기적 공세와 고용 유연성을 높이는 법 제도의 정비라는 두 가지 방법으로 노동 관리를 하고자 했다.

전자에 대해서 보면, 1989~91년의 불황으로 타격을 입은 한국 경제의 국제적 경쟁력 강화는 국가의 지상 과제이며, 그를 위해 고비용·저효율을 체현하는 임금 상승과 낮은 노동 생산성을 청산해야만 한다는, 정부와 경영자의 연대에 의한 대규모 캠페인이 그것이다. 요컨대 국가 경제가 어려울 때 노동조합이 강경하게 임금 인상을 요구하는 것은 경제 이기주의라고 여론에 강하게 호소한 것이다. 지금까지 봐 온 것처럼 87년 체제 아래 노동조합운동의 주체 세력은 노동 조건 등 모든 점에서 혜택받은 대기업 노동자로 조직된 대기업의 기업별 노동조합이다. 그들은 분단 노동시장 체제의 또 하나의 측면인 중소기업 노동자나 취업자의 40퍼센트 가까이 차지하는 도시 영세 자영업자층과 같은 주변 노동자나 도시 하층과는 괴리된 존재가 되어 있었다. 따라서 노동운동에 불리한 사회적 분위기가 조성되자 노동조합은 국민적 지지를 얻지 못하고 계속 수세에 몰렸다. 그리고 결국 내셔널 센터인 한국노동조합총연맹(이하 한국노총)은 93년 4월 1일에 경영자 단체인 경총과 93년도 임금 인상률을 4.9~8.7퍼센트 이내로 억제한다는 사회적 합의를 맺었던 것이다. 이것은 경영 측 주도의 노사 협조주의에 길을 열어 준 첫걸음이 되었다.

노동력 이용의 수량적 유연성을 최대한 높이려고 하는 경영 측의 신경영전략을 뒷받침하기 위한 법 제도의 정비는 1990년대 초반부터 착실하게 준비되고 있었다. 즉 급박한 경영상의 필요가 생겼을 경우 정리해고를 해도 괜찮다는 정리해고제 및 변형 근로 시간제의 도입, 노동자 파견제의 규제 완화 등은 93년 노동법 개정 준비 작업 속에서 포함되어 있었으며, 96년 노동법 개정으로 이어진다(일본노동연구기구, 2001: 15~16; 이정, 2002: 42~45). 결국 정리해고제의 도입과 노동자 파견제 규제 완화는 98년 IMF 경제위기를 직접적 계기로 실현되는데, 이러한 노동시장의 규제 완화는 사실 정부 노동 정책의 가장 중요한 과제로 이미 90년대 초반부터 법 제도를 개정하려는 기도로 준비되고 있었음을 확인해 두고 싶다.

노동 배제적 자동화 투자로서의 '신경영전략'

1990년대로 들어오면 대기업에서는 강력한 노동운동의 전개로 임금을 비롯한 노무 비용의 급상승에 더해 생산 현장의 통제권조차 노동조합에 넘어가는 사태에 이르자 경영 측은 기업 주도의 협조적 노사 관계를 만들 필요에 몰렸다. 동시에 글로벌화의 급격한 진전 속에서 글로벌 규모의 메가 컴피티션을 이겨 내는 경쟁력을 갖추기 위해서 경영의 합리화를 조속히 진행시켜야만 했다. 이들 과제에 부응하는 처방전으로 90년대 초반부터 대기업을 중심으로 '신경영전략'이라고 불리는 경영혁신운동이 대대적으로 전개되었다.[13]

여기에서는 주로 1996년 당시 한국 제3위의 자동차 메이커인 대우 자동차의 신경영전략을 예로 삼아, 신경영전략의 도입으로 생산과정 과 작업 조직, 노무 관리가 어떻게 바뀌었는지, 그것이 노사관계와 내 부 노동시장 구조에 어떠한 영향을 끼쳤는지에 대해 살펴보고자 한 다. 대우자동차에서는 대우 재벌 그룹 산하에서 같은 계열 기업의 대 우조선(94년에 대우중공업과 합병)과 함께 노동자대투쟁이 격하게 일어 났고, 대우자동자 노동조합은 당시 투쟁력이 가장 강한 곳 중 하나로 알려져 있다. 또한 대우자동차는 87년 이후 경상 손익이 흑자에서 적 자로 전락하고 그 결과 부채의 누적, 금융 비용의 급증으로 91년 하반 기부터 심각한 경영 위기에 직면했다. 이러한 상황을 타개하기 위해 대우자동차는 92년부터 NAC(New Automotive-industry Concept) 도 전운동이라는 경영혁신운동을 적극적으로 전개했다. NAC 도전운동 의 도입과 함께 대우자동차는 생산 실적이 계속 상승했다. 92년에는 승용차, 버스, 트럭을 합해 17만 9000대를 생산했는데, 95년은 45만

---

13 이러한 '신경영전략'이라고 불리는 경영혁신운동은 1994년 시점에서 300대 기업 중 85.1퍼센트가 추진 중이며 30대 재벌 모두에서 진행 중이었다고 한다(최태련 1994 : 7).

4000대로 4년 만에 2.5배 이상으로 증가했다(대우자동차 노동조합·한국
노동이론정책연구소, 1996: 95). 대우자동차 신경영전략의 전개와 영향
에 관해서는 대우자동차 노동조합과 한국노동이론정책연구소가 실
시한 면밀한 조사[14]가 있기 때문에 그 조사 결과의 분석을 통해 당시
한국의 전형적인 신경영전략의 전개와 특징을 부각시키고자 한다.

상기의 대우자동차의 조사를 보완하기 위해 같은 재벌계열인 대우
중공업 조선 해양 부문의 인사 노무 관리 담당자에 의한 사례 연구(홍
정수, 1996; 김철관, 1996)와 대우중공업의 전신인 대우조선 및 다른 재
벌계열 조선기업인 현대중공업의 신경영전략에 대해 노동조합이 실
시한 조사 결과(강석재, 1995; 강신준, 1995)를 필요에 따라 원용하기로
한다. 자동차, 조선의 재벌계열 대기업의 노동조합은 노동자대투쟁
의 중축이었던 민주노조를 모체로 결성됐던 제2내셔널 센터 전국민
주노동조합총연맹(이하 민주노총)의 거점이었다. 그러므로 이들 산업
의 재벌계열 대기업에 초점을 맞추면 신경영전략이 87년 체제하의
노사관계, 특히 노동운동을 어떻게 변화시켰는지에 대해 자세히 알
수 있게 된다.

한국에서 신경영전략의 기둥 중 하나는 자동화 투자에 의한 경영
합리화였다. 그 특징은 노동 배제적인 인원 절감을 위한 투자라고 할
수 있다. 한국의 생산 체제를 기능·기술 절약적인 '조립형 공업화'라

---

14 본 조사는 설문 조사와 면접 조사로 이루어지고, 1996년 5월 29일부터 6월 1일에 걸쳐 실시되었다.
설문 조사는 전조합원의 20퍼센트에 해당하는 1712명에게 실시되어 회수율은 52.8퍼센트, 904명
이었다. 또한 면접조사는 대우자동차의 사원 명부에서 무작위로 추출한 생산 노동자 50명과 10명의
조합 대의원, 5명의 직장에 대해 실시되었다(대우자동차 노동조합·한국노동이론정책연구소, 1996).

는 틀로 분석한 핫토리 다미오도 역시 1980년대 후반 이후 한국의 급
속한 자동화를 인원 절감을 위한 투자라고 특징짓고 있다. 즉 80년대
후반 이후의 '민주화'로 임금이 급속히 상승했기 때문에 한국 제조업
대기업은 방대한 자동화투자를 통해 노동자를 자동화 기계로 바꾸고
고도한 제품을 생산할 수 있는 힘을 급속히 갖춘 것이다(핫토리 다미오,
2005: 88).

1991년 이후의 대우자동차의 실비투자액 증감률을 보면(표 3-7)
1992, 93년엔 전년비 20퍼센트대로 증가하지만 94년, 95년은 각각
124.3퍼센트, 95.6퍼센트로 매년 약 2배씩 증가하고 있다. 대우자동
차는 자동화 계획에 동반되는 인원 삭감 내역도 제시하고 있다(표
3-8). 이에 의하면 차체 공장인 차체1부는 자동화율을 59.2퍼센트에
서 95.5퍼센트로, 차체2부는 15.9퍼센트에서 75.9퍼센트로 대폭으로
상승되었으며 차체3부는 96년 하반기에 폐쇄하기로 되어 있었다. 이
에 따라 97년 말까지는 차체 공장(716명)과 조립 공장(413명)에서만
1,129명이나 감원할 계획이라 대우자동차의 자동화는 바로 노동력
대체적 자동화라고 할 수 있다.

그러나 이 자동화로 노동자의 노동 강도가 개선된 것은 아니었고,
오히려 더 강해진 것을 알 수 있다. 자동화에 동반되는 작업의 세분
화·표준화로 인해 단순 반복적인 작업을 얼마나 택트 타임을 단축시
킬 수 있을까를 목표로 한 작업 표준서를 끊임없이 수정·개선한 결
과, 표 3-9가 보여 주고 있는 대로, 노동자의 작업량은 늘어났고 노
동 강도는 강화되었다. 즉 자동화 진행과 함께 노동자의 75.6퍼센트
가 노동 강도가 높아졌고 90.4퍼센트가 작업량이 늘었다고 대답했으

표3-7 · 대우자동차 설비 투자 실태

(단위: 억 원, %)

	1991	1992	1993	1994	1995
설비 투자액	1,668	2,111	2,550	5,720	11,190
전년비 증가율	-	26.6%	20.8%	124.3%	95.6%

출처: 기아경제연구소, 『1996 한국 자동차 산업』(대우자동차
노동조합·한국노동이론정책연구소[1996: 84]에서 재인용).

표 3-8 · 대우자동차 자동화율과 인원 감소 예상치

(단위: %, 명)

		자동화율		97년 말 인원 감소 내역
		현재	계획	
프레스 공장		51.3%		
차체 공장	차체1	59.2%	95.5%	195명
	차체2	15.9%	75.9%	226명
	차체3			295명
조립 공장	조립1			343명
	조립2			70명
엔진 구동 공장	가공	80.0%		
	조립			
	섀시 조립			

출처: 대우자동차 부평생산총괄(1996), 『'96~'97년 기능직 인원 운용 계획』
(대우자동차 노동조합·한국노동이론정책연구소[1996: 85]에서 재인용).
주: 1996년 상반기 현재.

표 3-9 · 대우자동차 자동화와 노동 조건

(단위:%)

	노동 강도	작업 인원	작업량	여유 시간	지루하고 단조로운 작업	작업 속도
매우 감소했다	1.2	13.4	1.0	26.4	1.3	0.9
감소했다	9.4	43.8	1.5	47.0	10.3	2.7
변화 없음	13.8	29.6	7.1	17.8	31.2	8.3
증가했다	48.5	10.9	43.7	7.1	35.3	46.5
매우 증가했다	27.1	2.3	46.7	1.8	18.2	39.3

출처: 대우자동차 노동조합·한국노동이론정책연구소(1996: 87).
주: 본설문 조사의 전체 회답자 904명 중 이 항목에 대답한 자는 402명(44.5%).

며 73.4퍼센트가 작업의 여유 시간이 줄었고 85.8퍼센트가 작업 속도
가 증가했다고 대답한 것이다. 더구나 자동화 기계의 도입으로 노동
자의 작업과정은 더욱 단순화되어 정형적이고 규격화되었기 때문에
(대우자동차 노동조합·한국노동이론정책연구소, 1996: 87), 전문성이나 기
능·숙련 형성이 필요 없어져 탈숙련화가 진행되었다. 이는 표 3-9에
서도 노동자의 53.5퍼센트가 작업이 단조롭고 지루해졌다고 대답한
것에서도 엿볼 수 있다. 이처럼 자동화로 필요 인원이 대폭적으로 감
소된 것뿐만이 아니라 노동자의 기능 형성이 동반되지 않았고 탈숙
련화가 진행되었다는 점에 있어서도 노동 배제적 자동화라고 표현하
는 것이 적당하다.

　예를 들어 대우자동차의 NAC 도전운동에서는 노동자의 '다능공
화'(多能工化)가 하나의 목표로 설정되어 있다. 그 방법으로 직무 순
환(job rotation)을 실시해 직접 공정과 품질 관리나 설비 보전 등과 같
은 간접 공정 양쪽 모두의 작업을 할 수 있는 숙련 노동자를 양성하려
고 했다. 그러나 직무의 단순화나 표준화가 진행되는 중에서 대우자
동차의 다능공화는 단순 반복적인 몇 개의 공정을 처리할 수 있는 저
기능 다능공화의 범위에 머물러 '숙련 형성'과는 달리 오히려 역방향
으로 진행되었다(조돈문 외, 1999: 40~41). 실제로 대우자동차에서는 간
접 공정 작업을 수행할 수 있는 기능을 형성하는 데 필요한 체계적인
교육 훈련은 이뤄지지 않았고, 품질관리 공정을 포함한 직무 순환을
시도했을 때 오히려 불량률이 높아졌다고 한다(대우자동차 노동조합·한
국노동이론정책연구소, 1996: 61~61). 이상과 같이 탈숙련화의 진전은 정
규직 노동자를 비정규직 노동자로 대체할 가능성을 높였다.

즉, 자동화 투자에 동반되는 신경영전략의 주안은 필요 인원 삭감과 함께 임기응변으로 시장의 수요에 대응할 수 있도록 노동력을 유연하게 이용함으로써 경영을 합리화하려는 의도도 있었다는 것이다. 발본적으로 인원 삭감을 실행하기 위해서는 정리해고제의 법제화가 필요했지만 노동조합운동이 사회적 영향력을 강력히 행사하고 있던 1990년대 당시에는 도저히 불가능했다. 그래서 시장의 수요 변화에 맞춰 고용 수준을 조절하며 수량적 유연성을 추구할 수 있는 방법으로 이용된 것이 비정규직 노동자의 고용이다. 한국에서 비정규직 고용의 증대가 첨예한 사회 문제화 된 것은 1998년 IMF 경제위기 이후지만 이미 87년 노동자대투쟁 직후부터 비정규직 고용의 이용이 시작되고 있었음을 간과해서는 안된다. 대기업에서 생산 노동자 임금 수준의 급상승과 '경직된' 내부 노동시장의 심화에 대응하기 위해 신경영전략의 일환으로 사내 하청 기업의 노동자를 활용하는 노동력의 외주는 보편화되어 가고 있었다.

구체적으로 대우자동차의 예를 보자. 앞서 봤듯이 대우자동차의 생산규모는 1992년부터 95년 4년 동안 2.5배 이상으로 급격히 증대했다. 그러나 대우자동차의 종업원 수의 추이를 표시한 표 3-10에 의하면 정규직 생산 노동자 수는 92년 9943명에서 95년 1만 878명으로, 9.4퍼센트 증가에 불과하다. 이에 비해 외주 기업의 용역 노동자로 고용된 비정규직 노동자수는 전체 생산 노동자 수에 차지하는 비율 자체는 아직 낮다고 해도, 같은 기간 512명(4.8퍼센트)에서 1162명(9.5퍼센트)으로 2배 이상이나 증대했다. 이처럼 대우자동차에서는 생산 규모의 확대에 따른 필요인원의 증가에 대응하기 위해 비정규직 노동

(단위: 명)

	1992	1993	1994	1995
임원	40	46	54	103
사무직	5,844	3,588	4,052	4,786
생산직(상용)	9,943	10,472	10,447	10,878
비정규직	512	612	755	1,162
기타	247	59	82	161
합계	16,586	14,777	15,390	17,090

출처: 대우자동차 부평생산총괄(1996)
『96~97년 기능직 인원 운용 계획』및 한국기업평가(1996)
『기업어음 종합평가 의견-대우자동차』(대우자동차 노동조합,
한국노동이론정책연구소[1996: 95~96]에서 재인용 및 작성).

자를 고용하고 그 규모를 급속해 확대시켜 나갔다. 한편 비정규직 노동자는 경기가 악화되었을 때 고용의 조절변이 될 수 있다. 업계 1위인 현대자동차에서는 IMF 경제위기에 앞선 96년에는 비정규직 노동자가 4000여 명 있었으나 아시아 외환위기가 도래한 97년 말에는 3486명으로 약 500여 명이 삭감되었다. 뿐만 아니라 IMF 경제위기가 본격화된 98년 3월에는 1764명으로 반감되었다(전국금속산업노동조합연맹 내부자료). 이러한 사실들을 통해 현대자동차에서는 정규직 노동자의 정리해고를 포함한 고용 조절보다 먼저 비정규직 노동자가 고용 조절의 대상이 되었다는 것을 알 수 있다.

노동자의 내부 노동시장으로의 개별적 포섭과 '신경영전략'

지금까지 신경영전략의 기둥 중 하나인 방대한 자동화 설비 투자에 동반되는 기업 경영의 노동력 고용 및 이용 방법의 변화에 주목해 왔다. 그러나 당시 대기업, 특히 재벌계열 중화학공업기업이 직면해 있

던 초미의 문제는 생산 현장의 현장 통제력이 경영 측에서 전투적이고 강력한 노동조합으로 옮겨 간 것이었다. 구체적으로는 직장 문제 해결이나 고충 처리를 현장의 직장, 반장과 같은 현장 감독자가 아니라 노동조합의 대의원직장협의회가 담당하게 되었다(조돈문 외, 1999: 15~16, 구몬 히로시[公文溥], 1998: 119~120).[15] 경영 측은 이러한 사태에 대해 강하게 위기감을 갖게 되었으며, 생산 현장에서 노동조합에 빼앗긴 헤게모니를 다시 회복하고자 단결력과 조직력을 자랑하는 노동조합을 약체화시키고 경영 측에 의한 노동자 관리를 강화하고자 했다. 그를 위해 경영 측이 내세운 신경영전략은 1980년대까지의 노동조합 대 경영이라는 집단적 노사관계 일변도의 구조에서 벗어나 노동자 개개인을 개별적으로 기업에 포섭하는, 개별적 노무 관리제도의 정비와 체계화였다.

그 방법으로 작업 조직을 작업장 단위로 분할해 세밀한 작업 관리를 실시하는 것과 능력주의적 인사 관리의 도입을 들 수 있다. 전자는 작업 조직을 잘게 분할하면서 동시에 직장 혹은 반장·조장 등 현장 감독자의 권한을 강화함으로써 현장 감독자가 노동자에게 개별적으로 밀착해서 관리하는 체제이다. 이에 더해 노동자대투쟁을 거쳐 현장에서 주도권이 노동조합 측으로 넘어가 현장 감독자 배척 분위기가 높아지는 가운데, 경영측은 직장에게 인사 고과권을 부여하거나

---

15 이러한 노사관계의 변화에 대한 대기업, 특히 재벌계열·중화학공업기업 경영 측의 위기감은 1991년에 한국노사문제임의중재협의회가 실시한 재벌계열 기업을 포함한 13개 대기업에 대한 인사 노무 관리제도 개선 권고를 위한 조사 결과에서도 엿볼 수 있다. 즉 조사 대상 13개 기업 중에서 재벌계열·중화학공업인 4개 기업이 '노사관계의 안정'을, 인사 노무 관리상 가장 중요한 과제로 들고 있는 것이다(탁희준 1992 : 53).

직급 체계를 정비해 현장 감독자의 수를 늘리면서 그들의 권한이나 관리능력을 강화했다.

대우자동차의 작업 조직은 라인별로 편성되어 있고, 라인은 7~8개의 작업장을 포괄하면서 하나의 직장에 작업조가 1~2개 있고 작업조는 5~10명 정도의 작업자로 편성되어 있다. 각 작업장을 한 명의 직장이 관리하지만 대우자동차는 이전엔 생산 노동자 20명 이상으로 편성되어 있던 작업장을 10~12명으로 개편하면서 각 조에 한 명밖에 뽑지 않았던 조장을 2명으로 늘리며 현장 노동자에 대한 밀도 높은 관리를 가능케 했다(대우자동차 노동조합·한국노동이론정책연구소, 1996: 102~103). 그 결과 1989~90년에 직장, 조장은 총 300여 명이었는데, 95년에는 각각 839명, 1350명으로 크게 증가했고(대우자동차 노동조합·한국노동이론정책연구소, 1996: 127), 생산 노동자의 승진 기회를 넓혀 노동자 간 경쟁을 유발했다. 이렇게 전체 생산 노동자 8000명 중 1/4 이상이 직장, 조장이 되었으며 87년 노동자대투쟁 당시는 거의 평노동자로 이뤄져 있던 노동조합 안에서도 경영 측의 뜻을 따르는 현장 감독자인 직·조장 층이 하나의 세력을 구성하게 되었다. 그 중 많은 수가 1990년대 이후 증대한 근속 10년 이상의 중견 노동자였다. 80년대 후반에는 높은 동질성을 기반으로 가장 전투적인 노동조합 중 하나로 강한 단결력을 자랑했던 대우자동차 노동조합도 신경영전략에 의해 분단되어 개별적으로 기업에 포섭당하게 된 것이다.

그러나 신경영전략은 현장 감독자의 증가나 작업 조직의 작업장 단위의 단순한 분할만으로 그 효력이 발휘된 것은 아니다. 경영 측이 현장 통제력을 다시 장악하는 데 가장 효과적이었던 것은 작업장 단위의 소집단활동인 '반(班) 생산 회의'의 실시이다. 대우자동차에서는 그것을 '한마음 생산 회의'라고 칭하고 작업장마다 직장을 중심으로 매주 월요일에 시업 시각부터 30분~1시간 동안 실시하며 현장 개선활동의 활성화를 꾀했다. '한마음 생산 회의'의 주요 내용 중 하나는 개선을 제안하는 활동이지만 인사 고과와 연결시키면서 이 제안활동에 일반 노동자가 적극적으로 참가하도록 유도해 현장에 대한 현장 감독자의 관리력을 강화했다(대우자동차 노동조합·한국노동이론정책연구소, 1996: 67). 예를 들어 직장이 개인별로 생산 노동자의 기능을 평가하고 그 평가 결과가 작업장에 게시되게 되었다. 이러한 기능 평가는 노동자 간 경쟁을 불러일으키는데도 불구하고 현장 노동자에게는 오히려 긍정적으로 받아들여졌다고 한다(구몬 히로시, 1998: 116~117). '한마음 생산 회의'로 경영 측은 생산과정에 대한 관리능력의 회복과 동시에 노동자의 개별적인 관리를 통해 노동조합에 대한 일정의 영향력을 행사할 수 있게 되었다.

'반 생산 회의' 혹은 '한마음 생산 회의'를 통해 노동자의 개별적 관리가 가능해진 구조는 대우자동차와 같은 재벌계열 조선기업인 대우조선의 '반 생산 회의'에도 보인다. 대우조선의 '반 생산 회의'는 1990년 9월에 시작되었다. 이는 작업 조직 단위의 분임반(分任班)마다 현장 감독자인 반장을 중심으로 조직되어 종업원의 '경영 참가적인 소집단활동'으로 생산 과정 관리와 개인별·반별 실적 평가에 중점을 두었다. 이렇게 개인 간, 반 간에 경쟁 원리가 주입되어 경쟁이 활발해지면서 개인별, 작업 단위별 인사 노무 관리가 용이해졌다. 따라서 '반 생산 회의'의 도입은 현장 감독자의 능력 향상만이 아니라 80년대 말까지 '만성 노사분규 기업', '노동운동의 메카'라고 불리며 노사 대립이 격한 기업으로 알려진 대우조선의 노사관계가 안정되는 계기가 되었다고 경영 측은 자화자찬하고 있다(김철관, 1996: 110~111).[16]

이렇게 신경영전략은 능력주의적 인사 관리에 의해서도 노동자를 개별적으로 기업 조직으로 포섭했다. '반 생산 회의'나 '한마음 생산 회의'를 통해 직장이나 반장의 현장 권한을 강화할 수 있었으며, 이들 현장 감독자가 노동자를 개별적으로 관리하는 것을 가능하게 하는 데는 그들에게 인사 고과권을 부여한 것이 크게 작용했다. 인사 고과가 승급과 연결되면 노동자에게 개별적 인센티브를 주어 기업에 대한 개별적 포섭 구조를 보다 강화하는 것이 가능하다. 1987~89년엔 노동조합의 평등주의적 이념에 의해 모든 조합원에 일률 정액 정기 승급 등을 주는 집단적 교섭에 의거하는 임금 결정 구조를 가진 대기업이 거의 대부분이었다. 그러나 신경영전략이 시작되고 나서는 노동조합의 영향력의 정도나 이념에 따라 현장 감독자의 인사고과가 승급과 연결되는 기업과 그렇지 않은 기업으로 갈라졌다.

대우자동차에서는 1996년 시점엔 인사 고과는 임금에 직접 결부되지 않았고, 승진과 승격에만 영향을 주었다(구몬 히로시, 1998: 115~116). 조선업계 1위인 현대중공업의 1998년 단체 협약서에서도 '전 조합원의 인사 고과는 승진 시에만 적용되며 임금 인상이나 상여

---

16 한국 1위 조선기업인 현대중공업에서도 '두레활동'이라 칭하는 같은 형태의 소집단활동을 1994년부터 도입하고 있다(강석재, 1995: 12~21). '두레'는 조선 시대부터 있었던 농촌 공동체 단위의 전통적인 농민에 의한 농번기 협동 조직이다.

금 지급 시에는 다른 고과에 따라 실시하지만 그 항목은 노사 합의하에서 결정된다'(현대중공업 1998년 단체협약 제19조 제5항)고 되어 있다. 이에 의하면 회사는 노동자의 임금 결정 때 인사 고과를 독자적으로 실시할 수 없다고 되어 있다. 이 조항은 87년 노동자대투쟁의 결과로 만들어졌으며 98년에도 효력이 있었고, 노동자가 기업 조직에 완전히 '포섭'되는 것을 막고 있었다.

한편, 노동자대투쟁을 계기로 평등한 연공임금 체계를 구축했던 대우조선에서는 1995년에 직능급이 도입된 이후 인사 고과가 정기 승급에 연결되게 되었다. 즉 인사 고과의 결과로 정기 승급 시 기본급이 감호봉(減號俸) 혹은 가호봉(加號俸)이 되었는데, 그 격차는 최대 4호봉이었다(강신준, 1995: 34). 이처럼 대우조선에서는 임금을 결정하는 데 집단적 노사 교섭만이 아니라 경영의 인사 고과에 의한 개별적 인센티브 체계도 병존하게 되었다. 인사 고과가 임금 결정에 영향을 끼치면서 결국 노동자의 단결력은 약해지고 노동자가 개별적으로 기업에 포섭되는 것을 촉구했다. 달리 말하면 경영 측 주도의 내부 노동 시장 구조의 심화로 이어진 것이다.

인사 고과가 승급에 결부되는가 아닌가의 차이는 있어도 기업에 의한 개별적 능력주의적 노무 관리 전략은 노동자 사이의 경쟁을 불러일으켰고, 결과적으로 노동 강도의 강화로 이어졌다. 대우자동차의 시간당 생산대수의 추이로 노동 밀도의 변화를 보면 1990년에 32대/1시간이었던 것이 94년에는 60대/1시간이 되었다. 4년 동안 약 2배가 된 것이다. 게다가 동 기간 인원이 23퍼센트 감소했기 때문에 사실상 노동자 1인당 작업량의 증가는 2배 이상이었으리라고 추정된다(대우자동차 노동조합·한국노동이론정책연구소, 1996: 99).

이처럼 개별화됨으로써 노동자 간의 단결력이 약화된 결과 노동
강도 강화의 가능성에 항상 노출되게 된 대기업 노동자들을 정신적
으로 기업에 연결시켜 기업과의 일체감을 형성해 갔는데, 이것이 신
경영전략 중에서 기업 문화 전략이다. 의례, 의식이나 표어적인 것으
로 시작되어 기업 내 구성원 사이에 공통적인 가치관, 태도, 감정, 행
동 양식 등을 심어 놓음으로써 노동자가 스스로 기업 체제 내로 편입
되는 장치의 역할을 수행했다.

대우자동차의 경우, 1990년에 GM과의 제휴관계를 해소했을 때
종업원 사이에 위기의식을 부채질하고, 95년에 경영 상태가 흑자로
돌아서자 이번엔 '세계 10대 자동차 회사'의 비전을 제시하고 '세계
경영' '세계화'를 기업 문화의 중심에 두려고 했다. 이에 더해 기업의
목적으로 '국가 발전' '지역 발전' 등 사회적 의미를 부여하는 한편으
로 기업을 중심으로 한 '가족주의'를 강조하고 종업원만이 아니라 그
가족, 지역을 함께 끌어들인 공동체의식의 함양에 힘을 기울였다(대
우자동차 노동조합·한국노동이론정책연구소, 1996: 234~236). 이러한 기업
문화 창출운동은 업계 1위인 현대자동차에서도 활발히 전개되어 경
영 측도 포함해 '회사 발전을 통한 개인의 발전'이라는 공감대를 노
동자에 대한 교육 훈련을 통해 양성하려고 했다.[17]

이상과 같이 1990년대 초반부터 대기업을 중심으로 도입된 신경

---

[17] 현대자동차의 기업 문화 창출의 슬로건은 '한마음, 한가족'으로 기업 가족주의라고도 할만한 공동
체의식을 양성하려고 하는 의도가 잘 표현되고 있다(박덕제, 2000: 23~24).

표 3-11 · 노사분규 발생 건수, 노사분규 참가자 수, 근로 손실 일수 추이

(단위: 건, 천 명, 천 일)

	발생 건수	참가자 수	손실 일수
1980	206	49	61
1985	265	29	64
1986	276	47	72
1987	3,749	1,261	6,947
1988	1,873	293	5,401
1989	1,616	409	6,351
1990	322	134	4,487
1991	234	175	3,271
1992	235	105	1,528
1993	144	109	1,308
1994	121	104	1,484
1995	88	50	393
1996	85	79	893
1997	78	44	445
1998	129	146	1,452

출처: 한국노동연구원, 『99 KLI 노동 통계』, 199쪽에서 작성.

영전략은 87년 노동자대투쟁 이후 생산 노동자의 높은 동질성과 노동조합의 평등주의 이념을 기반으로 하는 강력한 조직력을 자랑했던 한국의 노동조합운동을 약체화시키는 데 큰 역할을 했다. 이는 노사분규 발생 건수, 노사분규 참가자 수, 근로 손실 일수의 추이를 본 표 3-11에서도 알 수 있다. 노동자대투쟁의 87년부터 80년대 말까지는 노사분규 발생 건수, 노사분규 참가자 수, 근로 손실 일수는 모두 높은 수준에서 추이했다. 그러나 90년대로 들어가면 신경영전략의 전개와 함께 이러한 것들이 급속히 감소한다. 특히 노동자대투쟁 이후 한국 노동운동의 주체 세력이 되었던 제조업·대기업의 노사분규 발

생 건수의 감소가 두드러진다.[18] 이렇게 신경영전략의 도입으로 대기업은 노동자를 개별적으로 기업 조직에 포섭함으로써 강력한 노동운동을 억제하고 노사관계에 있어서 다시 주도권을 장악하는 발판을 구축하는 데 성공한 것이다.

5. '87년 체제' 아래에서 '분단 노동시장 체제'의 변화

본 장에서는 노동자대투쟁에서 IMF 경제위기까지 87년 체제의 변화의 실태와 의미를 대기업 남성 정규직 생산 노동자로 대표되는 중핵 노동자에 의한 내부 노동시장과 주변 노동자의 외부 노동시장이라는 분단 노동시장 체제의 분석을 중심축으로 검토해 왔다. 지금까지 87년 체제의 노동시장 분석 연구에서 중핵 노동자에 의한 내부 노동시장에 많은 관심이 집중되어 있었지만, 실제로는 심각한 노동력 부족 상황 속에서 주변 노동자인 비정규직 노동자가 중핵 노동자 이상으로 급속히 증대했던 것이다. 특히 이는 여성에게 현저히 나타났으며 1990년대에 급속히 진행된 여성의 임금 노동자화에서 주축이 된 것은 비정규직 노동자화였다. 게다가 주변 노동자로 구성된 외부 노동시장은 중소기업 노동자나 비정규직 노동자만이 아니라 도시 영세 자영업자나 실업자, 비노동력 인구도 포함된 방대한 연변 노동력(緣

---

18 종업원 500명 이상의 제조업·대기업의 노사분규 발생 건수는 1991년 64건, 92년 52건, 93년 57건, 94년 37건으로 급속히 감소한다(한국 노동부, 『노동백서』 1995년판: 30).

邊勞動力), 이른바 '개발연대'에 형성된 도시 하층과 겹쳤으며 경기 변동에 따라 이들 사이를 순환하는 구조가 존재했다.

그러나 그 한편으로 1990년대를 통해 대기업 남성 생산 노동자만으로 기업 정착화 및 장기근속화가 진행되어 97년에는 종업원 500명 이상 대기업에서 근속 10년 이상 중견 노동자가 50퍼센트 가까이 점하게 된다. 이는 내부 노동시장 구조가 심화되었다는 것을 뜻한다. 그 위에 대기업과 중소기업 간의 임금 격차의 확대로 여실히 나타난 것처럼 중핵 노동자로 이뤄진 내부 노동시장의 심화와 동시에, 이들 노동시장과 유동성 높은 노동력의 주변 노동자로 이뤄진 외부 노동시장 간 격차가 벌어지며 양자의 분단이 더욱 심해졌다.

본 장에서는 이러한 대기업의 내부 노동시장 구조와 분단 노동시장 구조의 심화가 갖는 의미를, 1990년대에 들어가면서 대부분의 대기업에서 전개된 신경영전략의 검토를 통해 찾아보았다. 신경영전략은 노동자대투쟁으로 노동조합 측에 빼앗긴 현장 통제력을 경영 측이 다시 되찾기 위한 것과 임금 상승 압력에 대처하기 위해 경영 합리화를 목적으로 기업 주도로 행해졌다.

우선 신경영전략이라는 차의 양 바퀴 중 하나로써 대부분의 대기업은 노동 비용의 급격한 상승에 대응하기 위해 인원 절감을 위한 자동화 설비 투자를 실시했다. 이는 자동화 기계 도입으로 생산에 필요한 인원수를 절감하는 것과 동시에 자동화에 의한 작업의 규격화·표준화·단순화를 통해 탈숙련화를 진전시켰다는 점에서 노동 배제적 자동화라고 특징지을 수 있다. 그뿐만 아니라 자동화의 진행에 동반되는 단순 반복 작업의 증대와 함께 노동 강도가 급속히 증가했다는 점에서도 노동자를 소외시키는 것이었다. 이러한 탈숙련화와 노동과정의 변화는 기업 내 기능 형성의 필요를 크게 감소시켰고, 노동력의 수량적 유연성만을 추구하게 했다. 그 결과 미숙련 노동자인 비정규 노동자에 대한 수요가 많아졌다. 실제로 1990년대를 통해 제조업 대기업에서는 정규직 생산 노동자의 인원수는 현상 유지 혹은 감소하고 있는 것에 반해, 경기 변동에 맞춰 수량적으로 조절하기 쉬운 사내 하청 노동자나 비정규직 노동자의 채용은 늘어나고 있다. 98년 IMF 경제위기를 계기로 고용의 규제 완화가 법적으로 인정되자 비정규직 노동자에 의한 정규직 노동자의 대체가 진행되었으며 비정규직 노동자는 비약적으로 증대한다. 요컨대, 87년 체제라고 불리는 90년대에 IMF 경제위기 이후의 글로벌화의 급진전과 더불어 진행된 노동의 비정규직화를 위한 조건은 이미 갖춰져 있었으며 그 공급원이 된 것은 주변 노동자에 의한 외부 노동시장이었다.

이에 더해 경영 측은 신경영전략을 통해 노사관계에서 새로운 헤게모니를 구축함으로써 대기업에서의 강력한 노동조합운동을 억제하고자 했다. 평등주의적인 이념 아래에서 노동조합원의 높은 동질성을 기초로 하여 집단적으로 강한 단결력과 조직력을 발휘해 온 기업별 노동조합에 대해 경영 측은 노동자를 차별화·이질화해서 개별적으로 기업 조직에 포섭함으로써 노동조합을 약체화 하려고 했다. 이른바 경영 대 조합이라는 집단적 노사관계에 의거했던 종래의 노동 관리 정책을 바꿔 비로소 개별적 노무 관리 틀의 정비를 꾀하려고 했던 것이다. 구체적으로는 작업 조직을 작업장 단위로 분할하고 현장 감독자의 인원수를 대폭적으로 늘리는 동시에 그들에게 인사 고과권 등을 부여해 그 권한을 강화함으로써 현장 감독자가 노동자에게 개별적으로 밀착해 관리하는 체제를 정비했다. 여기에서 놓치지 말아야 할 것은 90년대를 통해 대기업에서 증대된 다수의 중견 노동자가 경영 측의 뜻을 따르는 현장 감독자가 되어 노동자를 관리하는 쪽으로 옮겨 갔다는 점이다. 이는 노동조합의 분열과 약체화를 촉진했다.

덧붙여 '반 생산 회의'라는 직장 단위의 소집단활동이 개별적 노무 관리에 중요한 역할을 담당했다. 이는 현장의 개선에 대한 제안활동인데, 개인에 대한 기능·실적 평가와 반별 실적 평가에 중점을 둠으로써 개인 사이나 반 사이에 경쟁 원리가 주입되었다. 이러한 경쟁은 개인별, 작업 단위별 노동자의 차별화·이질화를 촉진시켰고 이로 인해 개별적 노무 관리가 쉬워졌다. 그 위에서 개별화된 노동자 사이에 기업 공동체의식을 형성하고 그들을 기업의 이해나 목적과 일체화시키려는 것이 기업 문화 전략이었다. 이처럼 대기업에서 신경영전략으로 노동자들을 기업 조직에 개별 포섭하는 것, 달리 말하면 기업 추도의 내부 노동시장화가 급속히 진행되었다. 이와 나란히 기업 폐쇄적인 기업 내 노동시장에 기반을 둔 대기업 노동조합은 약체화되어 간 것이다.

제3장에서는 노동자대투쟁 이후 1998년 IMF 경제위기까지 한국의 노동사회에서 진행된 87년 체제의 변화를, 중핵 노동자에 의한 내부 노동시장의 심화와 비정규직 노동자를 비롯한 주변 노동자의 증대라는 분단 노동시장 체제의 시각에서 파악하려고 했다. 이에 의해 IMF 경제위기를 계기로 현재화된 문제의 기층이 실은 이미 87년 체

제의 약 10년간 준비되고, 배양되고 있었다는 것을 알 수 있었다. 이렇게 IMF 경제위기 이후 한국 사회 경제가 글로벌화에 깊이 연루되고 이에 적응해 가는 과정에서 대기업 내부 노동시장을 형성했던 중핵 노동자도 비정규직 노동자로 급속히 대체되어 갔고 노동의 비정규직화는 심각한 사회 문제로 대두되었다. 그리고 노동의 비정규직화의 흐름을 결정지은 것은 90년대 초반부터 정부가 주도적으로 준비했던, IMF 경제위기를 직접적인 계기로 제정된 노동시장의 규제완화를 촉진하는 법 제도였다. 그래서 다음 장부터는 IMF 경제위기이후의 한국 노동사회 변화의 실태를 노동의 비정규직화 혹은 주변노동자화에 초점을 맞춰 고찰하고자 한다.

부표 3-1 · 기업 규모별 남성 생산 노동자 월당 노동시간

(단위: 시간)

	1982			1986			1990		
	소정 내 노동시간	소정 외 노동시간	총 노동시간	소정 내 노동시간	소정 외 노동시간	총 노동시간	소정내 노동시간	소정 외 노동시간	총 노동시간
전 규모	195.2 (96.1)	43.2 (181.5)	238.4 (105.0)	193.2 (96.4)	46.2 (224.3)	239.4 (108.3)	188.9 (97.1)	38.7 (180.8)	227.6 (105.4)
I 규모 (10~29명)	203.2 (100.0)	23.8 (100.0)	227.0 (100.0)	200.4 (100.0)	20.6 (100.0)	221.0 (100.0)	194.6 (100.0)	21.4 (100.0)	216.0 (100.0)
II 규모 (30~99명)	196.2 (96.6)	35.0 (147.1)	231.2 (101.9)	193.2 (96.4)	40.9 (198.5)	234.1 (105.9)	190.3 (97.8)	35.5 (165.9)	255.8 (104.5)
III규모 (100~299명)	193.4 (95.2)	47.0 (197.5)	240.4 (105.9)	193.3 (96.5)	50.3 (244.2)	243.6 (110.2)	188.9 (97.1)	38.6 (180.4)	227.5 (105.3)
IV규모 (300~499명)	190.0 (93.5)	53.4 (244.4)	243.4 (107.2)	193.4 (96.5)	52.2 (253.4)	245.6 (111.1)	189.4 (97.3)	46.7 (218.2)	236.1 (109.3)
V 규모 (500명 이상)	194.1 (95.5)	50.3 (211.3)	244.4 (107.7)	189.9 (94.8)	57.1 (277.2)	247.0 (111.8)	184.6 (94.9)	48.6 (227.1)	233.2 (108.0)

	1994			1997		
	소정 내 노동시간	소정 외 노동시간	총 노동시간	소정 내 노동시간	소정 외 노동시간	총 노동시간
전 규모	184.9 (97.5)	46.4 (170.6)	231.3 (106.7)	176.5 (97.6)	51.2 (141.4)	227.7 (104.9)
I 규모 (10~29명)	189.6 (100.0)	27.2 (100.0)	216.8 (100.0)	180.8 (100.0)	36.2 (100.0)	217.0 (100.0)
II 규모 (30~99명)	184.8 (97.5)	45.2 (166.2)	230.0 (106.1)	176.5 (97.6)	53.6 (148.1)	230.1 (106.0)
III규모 (100~299명)	182.5 (96.3)	56.9 (209.2)	239.4 (110.4)	177.3 (98.1)	58.4 (161.3)	235.7 (108.6)
IV규모 (300~499명)	185.9 (98.0)	47.1 (173.2)	233.0 (107.5)	176.0 (97.3)	61.2 (169.1)	237.2 (109.3)
V 규모 (500명 이상)	183.2 (96.6)	53.7 (197.4)	236.9 (109.3)	171.5 (94.9)	52.8 (145.9)	224.3 (103.4)

자료: 표3-1과 동일
주: ( ) 안은 I규모를 100.0으로 했을 때의 지수.

부표 3-2 · 제조업 남성 생산 노동자 기업 규모별 근속 연수 계층별 인수 및 구성비 추이

(1982년)   (단위 : 명, %)

	I규모 (10~29명)	II규모 (30~99명)	III규모 (100~299명)	IV규모 (300~499명)	V규모 (500명 이상)
1년 미만	32,168(37.6)	50,761(36.1)	42.509(29.8)	12.973(23.5)	48.630(16.3)
1년~3년	27,561(32.2)	44,490(31.7)	45,073(31.6)	15,796(28.6)	81,145(27.3)
3년~5년	15,696(18.3)	25,827(18.4)	28,174(19.8)	11,633(21.1)	79,471(26.7)
5년~10년	8,175(9.6)	16,404(11.7)	21,195(14.9)	10,802(19.5)	67,675(22.8)
10년~15년	1,812(2.1)	2,633(1.9)	4,328(3.0)	3,208(5.8)	16,261(5.5)
15년 이상	183(0.2)	453(0.3)	1,344(0.9)	848(1.5)	4,266(1.4)
합계	85.595(100.0)	140,568(100.0)	142,623(100.0)	55,260(100.0)	297,448(100.0)

주: 연도 구간은 이상~미만(예: 1년~3년 → 1년 이상~3년 미만). 이하 동일

(1986년)

	I규모 (10~29명)	II규모 (30~99명)	III규모 (100~299명)	IV규모 (300~499명)	V규모 (500명 이상)
1년 미만	33,826(29.9)	68,252(33.2)	43,725(24.7)	11,346(16.3)	34,787(10.5)
1년~3년	37,749(33.3)	67,685(33.0)	55,006(31.0)	20,154(29.0)	89,707(27.0)
3년~5년	20,680(18.3)	33,306(16.2)	31,078(17.5)	11,879(17.1)	55,438(16.7)
5년~10년	16,700(14.7)	29,543(14.4)	35,610(20.1)	18,988(27.3)	107,060(32.2)
10년~15년	2,884(2.5)	4,922(2.4)	8,839(5.0)	5,410(7.8)	35,422(10.7)
15년 이상	1,420(1.3)	1,610(0.8)	2,989(1.7)	1,680(2.4)	9,757(2.9)
합계	113,259(100.0)	205,318(100.0)	177,247(100.0)	69,457(100.0)	332,171(100.0)

(1990년)

	I규모 (10~29명)	II규모 (30~99명)	III규모 (100~299명)	IV규모 (300~499명)	V규모 (500명 이상)
1년 미만	75,554(41.2)	87,236(35.3)	41,779(21.2)	9,805(12.6)	35,022(8.6)
1년~3년	63,591(34.7)	76,514(31.0)	58,007(29.4)	18,796(24.2)	89,156(22.0)
3년~5년	24,654(13.4)	40,461(16.4)	38,943(19.8)	16,563(21.3)	83,100(20.5)
5년~10년	14,332(7.8)	29,762(12.1)	37,649(19.1)	18,010(23.2)	100,352(24.7)
10년~15년	4,258(2.3)	10,486(4.2)	15,163(7.7)	10,156(13.1)	70,404(17.3)
15년 이상	1,024(0.6)	2,464(1.0)	5,565(2.8)	4,299(5.5)	28,140(6.9)
합계	183,413(100.0)	246,923(100.0)	197,106(100.0)	77,629(100.0)	406,174(100.0)

(1994년)

	I규모 (10~29명)	II규모 (30~99명)	III규모 (100~299명)	IV규모 (300~499명)	V규모 (500명 이상)
1년 미만	64,219(32.3)	75,824(28.3)	28,122(14.6)	7,974(12.6)	21,303(6.5)
1년~3년	55,961(28.2)	82,867(30.9)	44,620(23.1)	12,823(20.3)	40,443(12.3)
3년~5년	37,025(18.6)	45,145(16.8)	28,612(14.8)	7,607(12.1)	32,528(9.9)
5년~10년	34,155(17.2)	45.300(16.9)	50,160(26.0)	17,628(27.9)	111,436(33.9)
10년~15년	5,289(2.7)	13,238(4.9)	23,656(12.2)	9,039(14.3)	65,861(20.0)
15년 이상	2,129(1.1)	5,677(2.1)	18,042(9.3)	8,052(12.8)	57.176(17.4)
합계	198,778(100.0)	268,051(100.0)	193,212(100.0)	63,123(100.0)	328,747(100.0)

(1997년)

	I규모 (10~29명)	II규모 (30~99명)	III규모 (100~299명)	IV규모 (300~499명)	V규모 (500명 이상)
1년 미만	53,528(29.8)	61,713(25.7)	26,819(14.7)	5,264(7.9)	14.317(4.5)
1년~3년	57,266(31.9)	77,596(32.3)	47,007(25.7)	11,846(17.7)	46,917(14.7)
3년~5년	30,794(17.1)	40,429(16.8)	30,684(16.8)	9,311(13.9)	29,809(9.3)
5년~10년	27,168(15.1)	38,523(16.0)	39,938(21.8)	18,005(27.0)	86,693(27.1)
10년~15년	7,195(4.0)	13,240(5.5)	22,070(12.1)	12,167(18.2)	79,953(25.0)
15년 이상	3,655(2.0)	8,780(3.7)	16,280(8.9)	10,163(15.2)	62,256(19.5)
합계	179,606(100.0)	240,281(100.0)	182,798(100.0)	66,756(100.0)	319,945(100.0)

자료: 그림3-1과 동일.

제4장·IMF 경제위기 이후의 생산 체제'와 '내부 노동시장 체제'의 변화 ―'중핵 노동자'의 비정규직화를 중심으로

1. 문제 제기

한국의 노동사회는 지금까지 두 번의 전환점을 통과했다고 말할 수 있을 것이다. 첫 번째 전환점은 1987년 '노동자대투쟁'이다. 87년 6·29민주화선언 직후인 7월에서 10월에 걸친 4개월 동안 노동쟁의가 전국에서 동시다발적으로 일어났고 그 수는 3311건에 달했다. 그때까지는 개발독재 정권에 의해 노동 삼권은 인정되지 않았고, 대부분의 생산 노동자는 저임금·장시간 노동·불안정 취업이라는 원생적 노동관계 아래에 놓여 있었다. 그러나 이 노동자대투쟁으로 70년대부터 약 20년 가까이 이어졌던 권위주의적 노동 체제는 붕괴했다. 그 이후 한국의 노동운동은 노동자대투쟁의 주체 세력이었던 중화학공

---

1 생산 체제란 어떤 생산 시스템 도입에 동반되는, 생산과정 전체를 조직하는 양식 총체를 가리킨다.

업·대기업(재벌계열 기업)의 남성 정규직 노동자에 의한 기업별 노동조합의 주도로 강력하게 전개되었다. 이 강력하고 전투적인 노동운동을 통해 대기업 남성 정규직 노동자는 노동 삼권을 비롯해서 장기 안정 고용, 상대적 고임금과 같은 고용·노동 조건의 개선과 함께 든든한 기업 복지 등을 획득했고, 그와 동시에 내부 노동시장을 형성해 나갔다. 그러나 이와는 반대로 이러한 '중핵 노동자'의 노동운동에서 남겨진 다수의 중소 영세기업 노동자나 여성 노동자, 비정규직 노동자 등의 '주변 노동자'는 도시 영세 자영업자와 함께 저소득·불안정 취업을 특징으로 하는 방대한 도시 하층으로 존재해 왔다. 이들 주변 노동자로 구성된 외부 노동시장은 대기업 남성 정규직 노동자로 형성된 내부 노동시장과 분단되어 있다. 한국에서는 민주화선언 이후의 사회 시스템을 '87년 체제'라고 부르며, 노동사회에서의 87년 체제란 이러한 분단 노동시장 체제를 가리킨다. 그러나 87년 체제에 대한 노동 연구의 관심은 '내부 노동시장 체제'로 규정된, 대기업 남성 정규직 노동자의 기업별 노동조합운동의 전개와 노사관계에 집중되어 있으며 주변 노동자의 존재는 거의 고려되지 않았다.

여기에서 '내부 노동시장 체제'란 대기업의 내부 노동시장에 의해 규정된 제도나 시스템 총체를 가리킨다. 예를 들어 기업별 노동조합이나 그것을 한쪽의 주체로 하는 노사관계, 나아가서는 노사정의 노동 체제조차도 대기업의 내부 노동시장을 기반으로 성립되어 있다. 그 위에 대기업 남성 정규직 노동자가 향수하는 고용·노동 조건이나 기업 복지도 내부 노동시장에서 결정되어 실행된다. 또한 주로 대기업 남성 정규직 노동자가 가족의 생계비를 버는 '남성 생계 부양자'

형 가족도 내부 노동시장의 형성과 함께 성립되었다. 이처럼 대기업 내부 노동시장이 사회에 영향을 끼치는 동태적 시스템을 '내부 노동시장 체제'라고 부르기로 한다.

그런데 주변 노동자에게 눈을 돌리게 한 것은 두 번째 전환점인 IMF 경제위기였다. 1997년 태국에서 시작된 아시아 외환위기의 파급으로 대량의 자본이 한꺼번에 한국에서 빠져나갔다. 이로 인해 한국의 외화 보유고는 급감하고 대외 채무의 상환이 어려워졌다. 동시에 금리 급등 및 주가의 급락이 일어나 동년 12월에 한국 정부는 IMF에 특별 긴급 융자를 요청할 수밖에 없었던 것이다. 융자를 받는 대신 경제의 긴축 정책, 자유화 정책을 내용으로 하는 IMF의 융자 조건(conditionality)을 수용하면서, 한국 경제가 그때까지 유지했던 고도성장은 마이너스 성장으로 급격히 전환되었다. '재벌은 망하지 않는다'는 신화가 무너지고 재벌계열 기업의 연쇄적 도산이 대량 실업을 발생시켰다. 즉 88년부터 경제위기 직전인 97년까지 유지했던 연평균 7.3퍼센트라는 높은 경제 성장률은 98년에는 -5.8퍼센트라는 마이너스 성장으로 바뀜과 동시에, 실업률은 2퍼센트대인 완전고용 수준에서 단번에 6.8퍼센트까지 급상승했다.

IMF의 구조 개혁 요구를 수용해 당시 김대중 정권은 두 개의 노동조합 내셔널 센터인 한국노동조합총연맹(이하 한국노총)과 전국민주노동조합총연맹(이하 민주노총)도 참가한 사회적 합의기구 '노사정위원회'를 1998년 1월에 발족시켰다. 합의기구라고 하지만 미증유의 경제위기 속에서 발언권이 약해진 노동조합 측은 정리해고제의 즉시 도입이나 근로자 파견 제도의 대폭 규제 완화라는 노동시장의 규제 완화 정책의 수용을 일방적으로 강요당했다. 이러한 상황 속에서 기업 측이 정리해고를 단호하게 실행하고 뒤이어 해고된 정규직 노동자를 비정규직 노동자로 바꾸는 구조조정을 단행한 결과, 대량 실업과 함께 비정규직 노동자의 급증이 심각한 사회 문제가 되었다. 이러한 일련의 사태로 인해 비정규직 노동자나 실업자를 비롯한 주변 노동자가 급증해, 분단적 노동시장 체제의 또 하나의 측면인 대기업 남성 정규직 노동자를 중심으로 한 내부 노동시장 체제는 위축되었으며 그 사회적 영향력은 약해졌다. 이렇게 87년 체제는 불과 10여 년 만에 부득이하게 전환되었다.

본 장에서는 IMF 경제위기를 계기로 노동사회의 87년 체제가 어떻게 변했는지를 노동의 비정규직화의 진행과 대기업을 중심으로 하는 내부 노동시장 체제의 위축과 동요에 초점을 맞춰 고찰한다. 구체적으로는 정부에 의한 노동시장의 규제 완화 정책과 기업에 의한 구조조정을 시초로 경제위기 이후 생산 체제의 격심한(drastic) 변화와 함께 내부 노동시장 체제가 위축되어 가는 구도를 그리고자 한다. 특히 87년 체제하에서 내부 노동시장을 형성하고 있던 대기업 남성 정규직 노동자가 IMF 경제위기 이후 비정규직 노동자로 용이하게 대체되어 가게 된 요인을 생산 체제의 자동화에 의한 탈숙련화에서 찾아 분석한다.

특히 1970년대부터 IMF 경제위기 전후까지의 한국의 경제 발전 메커니즘을 분석한 핫토리 다미오의 '조립형 공업화'론을 실마리로 IMF 경제위기 이후 생산 체제의 변화를 '조립형 공업화'의 심화·고도화라는 시점에서 파악해 본다. 핫토리는 한 나라의 기술 발전이나 기술 축적의 성질과 노동자의 기능 형성을 관련지어 공업화 패턴을 분석하고 후발 공업국의 공업화 모델의 하나로 조립형 공업화를 제시했다(핫토리 다미오, 2005; 2007, 핫토리 다미오 편저, 1987; 마쓰모토 고지[松本厚治]·핫토리 다미오 편저, 2001). 한국에서는 개발 초기 단계에서 기계·금속산업 등의 기간산업이 매우 취약했기 때문에 설비 기계나 부품 등 생산재를 수입하고 이것들을 풍부한 저임금 노동력으로 조립해 수출하는 조립형 공업화의 원형이 개발연대에 형성되었다. 이 것은 기술·기능이 수입된 설비 기계나 부품에 체화(體化)되어 그것을 미숙련 노동력으로 조립하는 구조를 기본으로 하고 있기 때문에 독자적이고 자립적인 기술 축적이나 노동자의 숙련·기능 형성은 거의 필요로 하지 않는 기술·기능 절약적 발전 모델이라고 핫토리는 특징짓는다(핫토리 다미오, 2007: 31). 제3장에서 살펴봤듯 이 구조는 90년대 초반부터 재벌계열 기업을 중심으로 전개된 인건비 상승을 억제하기 위하여 대규모 인원 절감을 목적으로 한 자동화 설비 투자를 내용으로 하는 신경영전략에 의해 고도화되고 심화되었다(핫토리 다미오, 2007: 45). IMF 경제위기 이후, 특히 2000년대에 들어와 한국에 급속히 도입된 모듈형 생산 시스템도 조립형 공업화로 인식되는 기술·기능 절약적 발전 모델의 연장선상으로 파악할 수 있지 않을까. 그러나 핫토리는 그의 조립형 공업화론에서 생산 시스템이나 노동과정에 관한 실증 분석을 하지 않았을 뿐 아니라, IMF 경제위기 이후 한국의 조립형 공업화가 어떻게 변화했는가에 대해서도 구체적으로 논하고 있지 않다. 생산 시스템 변화에 동반되는 노동과정이나 기능의 질의 변화를 밝히지 않으면 왜 정규직 노동자가 비정규직 노동자로 그렇게 쉽게 대체되었는지를 해명할 수 없는 것이다.

그래서 본 장에서는 먼저 제2절에서 1990년대부터 2010년까지 한국의 취업 구조 변화를 일본과의 비교를 통해 분석함으로써 87년 체제와의 연속과 단절이라는 양 측면에서 한국의 노동 비정규직화의 특징을 부각시킬 것이다. 다음으로 제3절에서 내부 노동시장 체제가 급속히 약해지는 직접적인 계기가 된 정부의 노동시장 규제 완화 정책 및 기업의 구조조정 실태와 의미를 밝힐 것이다. 제4절에서는 이러한 노동시장 정책이나 구조조정에 의하여 규정된 IMF 경제위기 이후 한국 생산 체제가 어떻게 변화했는지, 그것이 노동과정이나 기능노동력의 질을 어떻게 변화시켜 내부 노동시장 체제를 위축시켰는지에 대해 고찰한다. 그때 한국의 수출 지향형 공업화를 견인함과 동시에 모듈형 생산 시스템을 적극적으로 도입해 온 독점적 자동차기업인 현대자동차를 구체적인 분석 사례로 그 노동과정과 노동력 구조의 변화를 상세히 논하고자 한다. 그 위에 현대자동차에서 보이는 노동력 구조의 변화가 한국의 제조업 생산 노동자에 대해서도 일반화할 수 있는지를 거시 데이터를 이용해 확인한다. 구체적으로는 직종별로 노동자 수가 집계되어 있는『임금 구조 기본 통계 조사』를 이용하고, 한국 표준 직업 분류에 의하여 제조업 남성 생산 노동자를 기술·기능의 특성별로 구분한 황수경(2007a; 2007b)에 의거해 한국에서의 1993~2005년의 기술·기능 노동력 구조 변화를 분석한다. 마지막으로 제5절에서 이상의 논의를 정리하고자 한다.

2. 1990년대 이후 노동의 비정규직화와 취업 구조 변화

1990년대 이후 글로벌화의 급진전과 메가 컴피티션의 격화 속에서 노동시장의 규제 완화 정책으로 야기된 비정규직 노동자 문제는 자본주의 경제의 보편적인 문제라 해도 과언이 아니다. 그러나 이는 국가나 지역에 따라 다양한 모습으로 나타난다. 2010년 한국에서는 실업률이 3.3퍼센트로 낮은 반면, 전체 임금 노동자에서 비정규직 노동자가 차지하는 비율은 50.2퍼센트고 성별로는 남성 40.5퍼센트, 여성 63.2퍼센트로 높은 수준이었다(한국비정규노동센터, 2010: 86).[2] 이는 같은 해 일본의 비정규직 노동자 비율 33.6퍼센트, 성별로는 남성 18.9퍼센트, 여성 53.8퍼센트(일본 총무성 통계국,『노동력 조사』)와 비교해 현격히 높다. 특히 남성 비정규직 노동자 비율은 일본의 2배 이상이다. 한국에서는 98년 IMF 경제위기를 계기로 비정규직 노동자가 급격히 증대했기 때문에 비정규직 노동자 문제가 중대한 사회 문제가 되었다는 생각이 일반적이다. 그런데 비정규직 노동자 문제는 갑자기 나타난 것이 아니고, 이런 상태에 이르기까지의 취업 구조의 변화와 그 속에서의 노동의 비정규직화의 의미와 특징을 고찰할 필요가 있다. 이에 90년대 이후 일본의 취업 구조와 비교를 통해 한국 노동의 비정규직화의 특징을 알아보려고 한다.

---

2 한국에서 비정규직 노동자 규모의 추계치에 대해서는 노동조합과 정부 발표 간 차이가 크다. 본서에서는 고용 형태의 차이만이 아니라 처우 차별의 유무도 비정규직·정규직 노동자 구분의 기준으로 하는 노동조합의 추계치를 채용한다. 양자의 추계 방법의 상세한 차이에 대해서는 제5장에서 논한다. 또한 정부가 발표한 2010년 비정규직 노동자 비율은 33.3퍼센트고 성별로는 남성 27.1퍼센트, 여성 41.8퍼센트다.

그런데 한일 취업 구조를 비교하는 데는 문제가 있다. 한국에서 고용 형태별(정규직/비정규직)로 노동자를 구분해 집계한『경제활동인구 부가 조사』가 2000년에 시작되었기 때문에 그 이전의 비정규직 노동자의 규모를 파악할 방법이 없는 것이다. 그래서 1990년대 이후의 『경제활동인구 조사』의 본 조사를 이용해 종사상 지위별 취업 구조에서 한국에서의 노동력의 비정규직화의 추이를 대략적이지만 살펴보기로 한다. 여기에서는 상용 노동자를 정규직 노동자로, 임시직·일용직 노동자를 비정규직 노동자로 바꿔 읽는 것이다. 한국의 임금 노동자의 종사상 지위별 구분은 고용 계약 기간[3] 이외에 노동법이나 사회보장제도의 적용을 받는지 아닌지도 고려되기 때문에(정이환, 2003: 88) 법이나 제도의 보호에서 배제된 비정규직 노동자를 상당 정도 포착하는 것도 가능하다. 그러나 이 방법은 상용형 비정규직 노동자를 상용 노동자에 포함시키기 때문에 비정규직 노동자의 규모가 과소평가되는 문제점이 있음을 미리 유의해 두길 바란다.

1990년부터 2010년까지 한일 성별·종사상 지위별 취업자 구성의 추이를 표시한 것이 그림 4-1 ①, 그림 4-1 ②이다. 우선 한일 양국에서 대조적인 것은 일본의 임금 노동자 비율이 남성 80~90퍼센트, 여성 70~90퍼센트로 압도적으로 높은 것에 비해 한국은 남녀 모두 자

---

[3] 한국 임금 노동자의 고용 기간에 의거한 종사상의 지위 구분은 일본과 같다. 즉 상용 노동자는 고용 계약 기간이 1년 이상인 자, 또는 기간이 정해지지 않은 경우 기업의 인사 관리 규정의 적용을 받는 자이다. 임시직 노동자는 고용 계약 기간이 1개월 이상 1년 미만인 자, 또는 일정한 사업 완료(사업 완료 기간은 1년 미만)의 필요에 따라 고용된 자이다. 일용직 노동자는 고용 계약 기간이 1개월 미만인 자, 또는 일일 고용되는 노동의 대가로 일급 혹은 일당제로 급여를 받는 자이다.

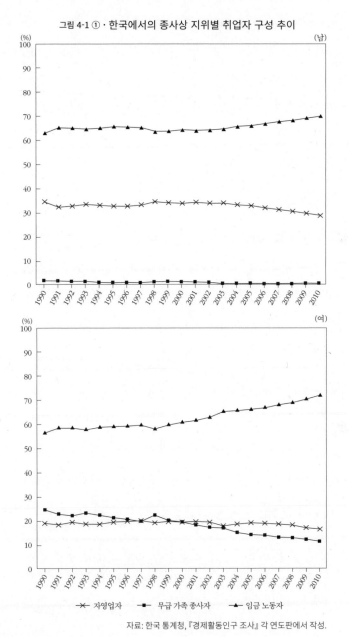

그림 4-1 ① · 한국에서의 종사상 지위별 취업자 구성 추이

(남)

(여)

→✕→ 자영업자   ━■━ 무급 가족 종사자   ━▲━ 임금 노동자

자료: 한국 통계청, 『경제활동인구 조사』 각 연도판에서 작성.

그림 4-1 ② · 일본에서의 종사상 지위별 취업자 구성 추이

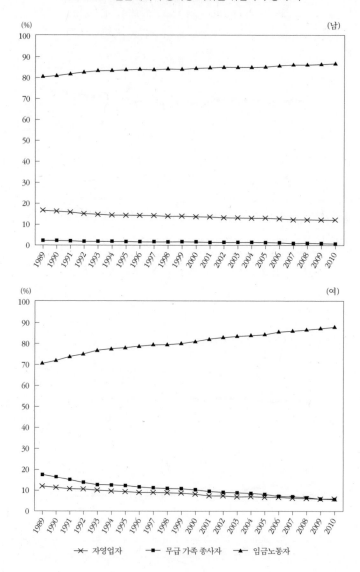

자영업자 ── 무급 가족 종사자 ── 임금노동자

자료: 일본 총무성 통계국,『노동력 조사』각 연도판에서 작성.

영업주와 무급 가족 종사자를 합한 자영업자[4]가 40~30퍼센트대로 일본의 2~3배 비율로 존재한다는 것이다. 자영업자의 대부분이 도시의 영세 자영업층으로 비정규직 노동자 다수를 포함한 주변 노동자와 함께 방대한 도시 하층을 구성하고 있으며 양자 간에는 끊기지 않는 순환·교류관계가 있다(김정숙·박수미, 2003: 54~59; 아리타 신[有田伸], 2007: 28). 이 높은 자영업자 비율과 비정규직 노동자와의 관계성에 대해서는 제5장에서 상술한다.

그리고 한국의 종사상 지위별 취업자 구성의 추이를 자세히 보면 1990~2010년 사이에 남녀 모두 임금 노동자 비율은 증대하고 있지만 남성이 63.1퍼센트에서 70.0퍼센트로 6.9포인트 상승에 머물러 있는 것에 비해 여성은 56.8퍼센트에서 72.0퍼센트로 15.2포인트나 증대한다. 이는 동 시기 자영업자 중 여성 무급 가족 종사자가 24.5퍼센트에서 10.9퍼센트로 13.6포인트나 비율이 내려간 것과 대응하여, 여성 무급 가족 종사자가 노동시장에 끌려나와 임금 노동자화된 것을 알 수 있다. 이는 여성 임금 노동자 중에는 도시 영세 자영업자층과의 관련성이나 공통성이 강한 주변 노동자가 많다는 것을 시사한다. 이에 관해서도 제5장에서 자세히 논한다.

다음으로 그림 4-2와 그림 4-3에서 1990년대 이후의 한일 성별·고용 형태별 임금 노동자 구성의 추이를 비교해 보자. 무엇보다

---

4 『경제활동인구 조사』에서는 자영업주와 무급 가족 종사자를 다음과 같이 정의한다. 자영업주는 혼자 혹은 무급 가족 종사자와 함께 자기 책임으로 독립적인 형태로 전문적인 일을 하거나 기업을 운영하는 자, 무급 가족 종사자는 자기의 직접 수입이 없더라도 동일한 세대 내에서 가족이 경영하는 기업에서 무보수로 18시간 이상 일하는 자이다.

도 일본의 남성 정규직 노동자의 높은 비율이 눈에 띄고 남성 정규직 노동자를 중심으로 하는 내부 노동시장 구조가 견고한 일본 노동시장 구조의 특징이 드러난다. 그러나 90년대 후반까지 90퍼센트 이상이었던 남성 정규직 노동자 비율이 아시아 외환위기가 생긴 97년에 90퍼센트 이하로 된 이래 지속적으로 저하되어 2010년에는 81.1퍼센트에 이른다. 여기에서 90년대 후반 이후 일본의 남성 정규직 노동자로 구성된 내부 노동시장 체제도 동요하고 있음을 알 수 있다. 그러나 남성 정규직 노동자 비율의 저하보다도 일본 여성 정규직 노동자의 현저한 비정규직화가 눈길을 끈다. 89년에 여성 임금 노동자의 64.0퍼센트나 차지하고 있던 정규직 노동자는 이 20년 동안 급격히 감소해 2003년에는 과반수를 넘지 못하고 2010년에는 46.2퍼센트까지 저하하고 있다. 이러한 일본 여성 노동자의 비정규직화 현상은 한일 남녀 중에서 특히 눈에 띄는 사항이다.

한편 한국의 남성 임금 노동자를 내부 노동시장 구조가 견고한 일본의 남성 임금 노동자와 비교하면, 1987년 노동자대투쟁 이후 겨우 대기업 남성 정규직 노동자를 중심으로 내부 노동시장이 형성되기 시작되었다고 지적할 수 있지만, 그것이 지극히 한정적이었음을 알 수 있다. 그 이유는 한국의 남성 임금 노동자가 정규직화되는 기간이 짧은 데다 임금 노동자에서 차지하는 남성 상용 노동자(≒정규직 노동자) 비율은 93년에 이미 68.2퍼센트로 낮은 곳에서 정점을 찍었기 때문이다. 그리고 98년 IMF 경제위기 이후 남성 상용 노동자 비율은 현저히 저하해 2002년에는 58.8퍼센트로, 정점 때에 비해 약 10포인트나 떨어졌다. 87년 체제하에서 남성 임금 노동자의 정규직화, 특히 대

그림 4-2 · 일본에서 임금 노동자 중 정규직·비정규직 직원·종업원 구성 추이

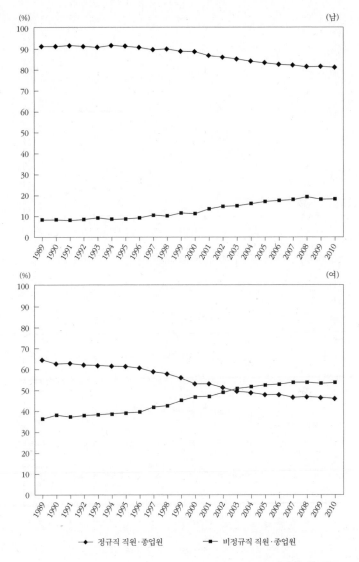

자료: 그림 4-1 ②와 같음.
주: 비정규직 직원·종업원은 파트타임·아르바이트, 파견사원, 계약사원·위탁, 기타의 합계이다.

그림 4-3 · 한국에서의 종사상 지위별 임금 노동자 구성의 추이

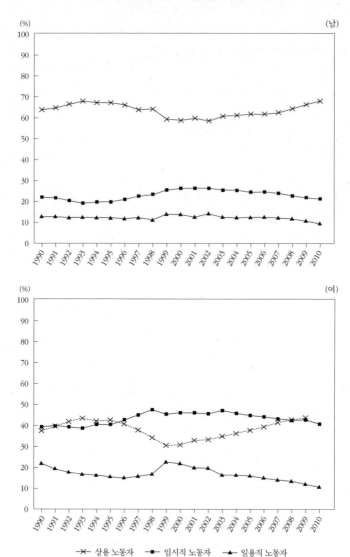

기업에서 내부 노동시장의 형성이 한정적이나마 진전된 것도 한순간이었다. IMF 경제위기로 이 흐름은 역전되었고 정규직 노동자가 급속히 비정규직 노동자로 치환되었던 것이다. 그중에서도 일용직 노동자와 비교하면 경기 변동에 영향을 비교적 덜 받는 임시직 노동자(93년 19.4퍼센트→ 2002년 26.8퍼센트)가 증가하고 있다는 것이 특징적이다.

이에 비해 한국 여성 임금 노동자의 종사상 지위별 구성비 추이를 보면 1990년대부터 2000년대까지 전개된 여성 임금 노동자화의 주요한 흐름이 일본과는 달리 도시 영세 자영업층의 무급 가족 종사자로부터 비정규직 노동자가 되는 것이었음을 알 수 있다. 즉 여성 임금 노동자 중 임시직 및 일용직 노동자(=비정규직 노동자) 비율은 IMF 경제위기까지 일관되게 60퍼센트 전후를 점하며, 경제위기를 전후로 더욱 올라가 70퍼센트 가까이까지 상승한다. 임시직 및 일용직 노동자 비율은 2000년대 전반 이후 감소로 전환되었지만, 2010년에는 52.7퍼센트로 예전과 마찬가지로 과반수를 차지하고 있다. 이들 여성 비정규직 노동자의 다수는 자영업자층의 무급 가족 종사자나 실업자·비노동력 인구와도 순환·교류관계에 있는 주변 노동자라고 여겨진다(123~124쪽).

그런데 2000년대에 들어와 한국 임금 노동자의 취업 구조는 1990년대와 다른 추세를 보이고 있다. 남녀 모두 임금 노동자 중 상용 노동자가 차지하는 비율이 높아지고 있는 것이다. 2000년에 여성 31.1퍼센트, 2002년에 남성 58.8퍼센트로 상용 노동자 비율이 바닥을 기록한 이후 눈에 띄게 계속 확대되어서, 2010년에는 각각 47.3퍼

표 4-1 · 상용 노동자 고용의 질 변화(2001~2010년)

(단위: %)

| | 전체 | | | | | | | | | | 새로 생긴 고용[1] | | | | | | | | | |
	2001	2002	2003	2004	2005	2006	2007	2008	2009	2010	2001	2002	2003	2004	2005	2006	2007	2008	2009	2010
고용계약기간 기한이 정해지지 않음	95.0	93.7	89.5	87.1	85.1	85.8	85.5	86.8	85.6	85.4	90.4	88.9	81.0	79.7	76.3	81.5	80.3	79.4	71.3	73.3
고용계약기간 기한이 정해져 있음	5.0	6.3	10.5	12.9	14.9	14.2	14.5	13.2	14.4	14.6	9.6	11.1	19.0	20.3	23.7	18.5	19.7	20.6	28.8	26.7
고용기간 기한이 정해지지 않음	95.0	93.7	89.5	87.1	85.1	85.8	85.5	86.8	85.6	85.4	90.4	88.9	81.0	79.7	76.3	81.5	80.3	79.4	71.3	73.3
고용기간 1년 미만	0.0	0.01	0.0	0.0	0.0	0.0	0.0	0.0	0.0	0.0	0.0	0.1	0.0	0.0	0.0	0.0	0.0	0.0	0.0	0.0
고용기간 1년	2.9	3.8	6.4	8.3	10.0	9.4	9.7	9.1	11.5	12.1	6.2	7.1	12.9	14.1	17.5	13.0	14.2	14.9	23.5	21.8
고용기간 1년 이상	2.1	2.5	4.1	4.6	4.9	4.8	4.8	4.1	3.0	2.4	3.4	3.9	6.1	6.3	6.2	5.4	5.6	5.7	5.3	4.8
저임금[2] 여부 저임금 아님	87.5	88.6	88.5	84.5	85.7	87.1	87.5	85.6	88.6	85.3	72.1	74.9	75.9	68.0	71.5	75.5	72.9	70.6	75.9	71.7
저임금[2] 여부 저임금	12.5	11.4	11.5	15.5	14.3	12.9	12.6	14.4	11.4	14.7	27.9	25.1	24.1	32.0	28.5	24.5	27.1	29.4	24.1	28.4
고용 형태 정규	-	-	85.5	79.1	80.9	80.6	79.1	82.3	82.7	81.5	-	-	75.9	69.5	73.5	75.8	73.2	72.5	66.1	68.1
고용 형태 비정규	-	-	14.5	20.9	19.1	19.5	20.9	17.7	17.4	18.5	-	-	24.1	30.5	26.6	24.2	26.8	27.5	33.9	31.9
국민연금 가입 가입	91.9	91.7	95.5	95.9	97.3	97.4	98.0	97.4	96.6	95.9	87.6	86.2	93.7	93.8	95.6	96.0	97.6	96.6	95.4	93.8
국민연금 가입 미가입	8.2	8.3	4.1	4.1	2.7	2.7	2.0	2.6	3.4	4.1	12.2	13.9	6.3	6.2	4.4	4.0	2.4	3.4	4.6	6.2
퇴직금 유	93.1	92.0	98.3	98.5	97.6	97.4	99.1	99.1	98.8	98.8	87.1	84.9	97.0	97.0	96.1	96.0	98.6	98.3	97.8	97.5
퇴직금 무	6.9	8.0	1.7	1.5	2.4	2.6	1.0	0.9	1.2	1.2	12.9	15.2	3.0	3.1	3.9	4.0	1.4	1.7	2.2	2.6
고용계약 서작성 작성	-	-	23.2	54.6	56.2	58.8	60.7	64.2	64.9	65.0	-	-	28.3	61.0	59.6	60.5	63.4	68.2	67.0	67.7
고용계약 서작성 무	-	-	76.8	45.5	43.8	41.2	39.3	35.8	35.1	35.0	-	-	71.7	39.1	40.4	39.5	36.6	31.8	33.0	32.3

자료: 한국 통계청, 『경제활동인구 조사』 원자료에서 작성.

주: 1) 새로 생긴 고용은 조사 시점에서 취업 1년 미만인 고용이다.
2) 저임금은 전 임금 노동자 평균 소득의 2/3 이하의 소득 수준을 가리킨다.

센트, 68.4퍼센트로 다시 정점에 달하고 있다. 그럼 2000년대 이후 상용 노동자 비율의 지속적 확대는 노동력의 정규직화가 진행되고 비정규직화에 제동이 걸렸다는 것을 의미하는 것일까?

표 4-1은 『경제활동인구 조사』 원자료에서 2001년 이후 상용 노동자 고용의 질의 변화를 뽑아낸 것이다. 이에 의하면 이제야 상용 노동자가 곧 정규직 노동자라고 간주할 수 없는 경향이 보인다. 즉 2001년 이후 상용 노동자의 약 11~16퍼센트, 그중에서도 고용된 지 1년 미만의 새로 생긴 고용에서는 약 24~32퍼센트가 저임금 노동자[5]이다. 뿐만 아니라 상용 노동자 중에서 장기 안정 고용을 의미하는 기간이 정해지지 않은 고용의 비율이 2001년부터 2010년 사이에 95.0퍼센트에서 85.4퍼센트로 크게 감소함과 동시에 고용 계약 기간이 1년으로 정해진 사람이 2.9퍼센트에서 12.1퍼센트로 크게 증가했다. 게다가 동 기간에 새롭게 생긴 고용은 이러한 경향이 보다 현저히 나타나며, 기간이 정해지지 않은 고용 비율이 90.4퍼센트에서 73.3퍼센트로 더욱 크게 감소함과 더불어 고용계약 기간이 1년인 사람은 6.2퍼센트에서 21.8퍼센트로 증대했다. 결국 2001~2010년에 계약 기간이 1년 이상인 고용을 포함해서 기간이 정해진 고용이 상용 노동자 전체에서 5.0퍼센트에서 14.5퍼센트로, 새로 생긴 고용에서는 9.6퍼센트에서 26.6퍼센트로 약 3배나 증대했다. 원래 기간이 정해지지 않은 고용=장기 안정적으로 고용을 보장받았던 노동자로 간주되어 온 상용 노동자가 2000년대 들어와 점점 기간제 고용으로

---

5 저임금이란 전 임금 노동자 평균 소득의 2/3 이하의 소득 수준을 가리킨다.

치환되고 있는 것이다. 이러한 사실과 상용 노동자라고 하더라도 새로 생긴 고용에서 비정규직 노동자 비율이 2003년 24.1퍼센트에서 2010년 31.9퍼센트로 증대하고 있는 것은 같은 맥락에서 이해된다. 즉 2000년대 들어와 확대된 상용 노동자에는 상당히 많은 수의 상용형 비정규직 노동자가 포함되어 있음을 시사하는 것이다. 따라서 2000년대 이후 상용 노동자 비율의 확대는 노동력의 정규직화가 아니라 오히려 정규직 노동자(≒상용 노동자)가 상용형 비정규직 노동자로 치환되었다고 표현하는 편이 현실에 더 부합한다.

그러나 이러한 상용형 비정규직 노동자는 법이나 제도의 보호에서 배제된 '비공식적(informal) 성격'[6]이 강한, 종래의 도시 하층으로 이어지는 주변 노동자와는 선을 긋는 성격을 갖는다. 예를 들어 상용 노동자 전체에서 고용 계약서 작성 비율이 2003년엔 23.2퍼센트였는데, 2010년엔 65.0퍼센트로, 새로 생긴 고용에서는 28.3퍼센트에서 67.7퍼센트로 비약적으로 증대한다. 곧 이는 상용 노동자 중에서 기간제 고용 등의 비정규직 노동자가 늘어나는 한편, 고용 조건이 문서로 확실히 명시되어 보장되는 노동자가 급속히 늘어나고 있다는 것을 보여 준다. 특히 고용 기간 동안에 고용 보장이 되는 점에서 명확한 고용 계약이 거의 없는 주변 노동자와는 크게 다르다. 2007년에 시행된 비정규직보호법도 역시 이 추세를 뒷받침했다고 보인다. 동법에는 고용 기간이 정해져 있는 기간제와 단시간 근로자를 보호하

---

6 제5장에서 상술하겠지만 '비공식적인 성격'이나 '비공식성'이란 법이나 제도, 혹은 노동조합의 보호에서 배제된 고용의 특징이다.

기 위하여 해고 제한 및 근로 조건의 서면 명시 의무와 차별 대우 시정 조치가 담겨 있다. 상용 노동자 중에서 비정규직 노동자가 증가하고 있었음에도 불구하고 표 4-1에서 알 수 있듯이 국민연금 가입률이나 퇴직금 수급 비율이 100퍼센트 가깝게 상승하고 있다는 것도 법이나 제도에 포섭되어 보호받는 비정규직 노동자가 증가하고 있다는 것을 단적으로 보여 준다.

이상으로 1990년대 이후 한국에서 노동의 비정규직화에는 두개의 흐름이 있는 것을 알게 되었다. 하나는 여성을 중심으로 종래의 도시 하층과 연속성을 가진 방대한 주변 노동자로 존재하는 비정규직 노동자이다. 그러나 다른 한편으로 98년 IMF 경제위기를 계기로 대기업의 내부 노동시장을 구성하는 남성 정규직 노동자를 포함하는 정규직 노동자가 비정규직 노동자로 치환되어 왔다. 특히 후자에는 2000년대 이후 증대된 상용형 비정규직 노동자처럼 법이나 제도 혹은 노동조합에 의해 일정 정도 보호·포섭되어 있어서 비공식성이 강한 주변 노동자와는 성격을 달리하는 비정규직 노동자도 포함되어 있다. 본 장에서는 IMF 경제위기 이후 이러한 내부 노동시장을 축소시키면서 진전되어 온 한국에서의 노동 비정규직화에 대해 고찰하고자 한다.

3. 노동시장의 규제 완화 정책과 기업의 구조조정

'IMF 경제위기'와 노동시장의 규제 완화 정책

그럼 내부 노동시장을 축소시키는 직접적인 계기가 된 정부의 노동시장 규제 완화 정책과 기업의 구조조정이 어떻게 실행되었는지에 대해서 논하기로 한다. 이는 IMF 경제위기에 대응하기 위해 격심하게 단행되었고, 그때까지 구축되어 왔던 노사관계질서나 내부 노동시장 형성의 흐름을 뿌리부터 뒤집었다.

　1997년 12월에 IMF의 긴급 융자를 받게 된 한국 정부는 노동시장 규제 완화 정책을 포함한 IMF의 융자 조건도 수용할 수밖에 없었다. 사회적인 혼란을 피하면서 노동자의 생활이나 고용 조건을 악화시키는 정책을 노동자 스스로가 수용하게 되는 노사정 협력 체제를 구축하기 위해 김대중 정권은 98년 초에 '노사정위원회'를 발족시키고 '사회적 합의'를 이끌어 내려 했다. 제1기 노사정위원회의 본 위원회는 '경제위기 극복을 위한 노사정 간 공정한 고통 분담'을 목적으로 한국노총과 민주노총의 양대 내셔널 센터의 위원장, 경제단체 대표, 재정경제부 장관, 노동부 장관, 3당의 국회의원 등을 포함한 11명으로 구성되었다. 그 결과 98년 2월 6일에 노사정위원회에서 맺어진 '경제위기 극복을 위한 사회 협약'에 의해 97년 3월 13일 노동법 재개정 시 2년간 시행 유예되었던 정리해고제가 즉시 도입되었다. 이에 더해 근로자 파견 제도의 대폭적 규제 완화가 결정되었다. 이미 97년 노동법으로 신설된 변형 근로 시간제와 아울러 이들 제도는 노동시장의 유연성을 매우 높게 만들었다.

그중에서도 정리해고제 도입은 정리해고의 '정당성'을 법률로 인정한 것을 의미한다. 사실 1996년 이전에는 한국에는 정리해고에 관한 특별한 규정은 없었고 해고 일반에 관한 규정으로 근로기준법에서 '사용자는 노동자에 대해 정당한 이유 없이 해고, 휴직, 정직, 전직, 감봉 그 외 징벌을 가해서는 안된다'(구 근로기준법 제27조 1항, 현행 기준법 제23조 1항)라고만 규정되어 있었다. 정리해고 규제에 대해서는, 해고권 남용 법리로서 국제적으로도 공통성을 가진 판단 기준인 이른바 정리해고의 4요건[7]이 판례에서 인정되고 있었던 수준에 머물러 있었다.

그러나 삼저 호황기 후인 1989~91년 불황기에 이미 정부와 경영 측은 한국 경제의 국제 경쟁력을 높이기 위해서는 고비용·저효율의 상징인 임금 인상과 낮은 노동 생산성이 청산되어야 한다는 강한 인식이 있었다(146~147쪽). 이러한 인식에 근거해 경영 측에서는 정리해고제를 비롯하여 고용의 유연성을 높이는 법률 제정에 대한 요구가 당시부터 있었다. 이와같은 경영 측의 정리해고제, 변형 근로 시간제, 근로자 파견제를 내용으로 하는 고용의 유연화 요구는 '3제'라고 불렸다. 이에 대해 노동 측은 '3제' 도입 반대는 물론 복수 노조 금지, 노동조합의 정치활동 금지, 제삼자 개입 금지를 내용으로 하는 '3금'의 폐지를 요구하며 정부 및 경영자와 격렬히 대립해 왔다. 이 대립

---

7 정리해고의 4요건은 ①경영상의 긴박한 필요에 의해서만 노동자를 해고할 수 있다 ②해고를 피하기 위한 노력을 해야 한다 ③합리적이고 공정한 해고의 기준과 이에 준거한 대상자 선정이 행해져야 한다 ④노동자 대표인 노동조합에 해고 회피 방법과 해고자 선정 기준을 통지하고 성실한 협의를 해야만 한다는 것이다.

이 정점에 달한 것이 여당인 신한국당의 단독 날치기 채결로 성립된 1996년 노동법에 대한 대규모 항의 파업이었다. 96년 노동법은 탈법적으로 성립되었을 뿐만 아니라 처음으로 정리해고 법규가 포함되어 있다는 점에서 노동법 개악의 상징으로 여겨졌고, 결국 국내외 노동조직이나 시민단체의 격렬한 비난을 받아 시행은 좌절되었다. 이를 수정해서 성립된 것이 97년 개정 노동법이다. 근로기준법에 의해 '사용자는 경영상의 이유에 의해 근로자를 해고하려는 경우에 긴박한 경영상의 필요가 있어야만 한다'(1997년 근로기준법 제31조 1항)고 정리해고의 정당성의 범위가 정해진 한편, 정리해고제의 시행은 2년 후부터라고 정해졌다. 이처럼 경제위기 이전에는 노동운동의 사회적 영향력이 컸으며 정리해고의 정당성은 사회적으로 쉽게 수용되지 않는 상황이었음을 알 수 있다.

그러나 전술했듯이 1998년 2월 김대중 정권은 경제위기에 대응하기 위해 제1기 노사정위원회의 합의를 근거로 정리해고제를 즉시 도입하기로 했을 뿐 아니라 정당한 정리해고 사유의 범위를 확대했다. 즉, 정리해고를 시행하는 요건으로 '긴박한 경영상의 필요'에 '경영악화를 막기 위한 사업의 양도·매수·합병'을 추가한 것이다. 여기에는 기업의 구조조정을 위한 정리해고만이 아니라 외화 부족 속에서 외자를 도입해 기업의 재건을 도모하는 M&A에 동반되는 정리해고를 인정하려는 목적도 있었다. 그러나 이는 외자계 기업에 한정된 것이 아니었으며, 국내 기업에 의한 고용 노동자의 승계 없이 '자산만'

---

8 『조선일보』, 1999년 10월 7일자.

기업이 매수하는 방식을 보급시키는 길을 열었다. 나아가 정리해고가 법규화되었음에도 불구하고 중앙노동위원회에 의하면 98년 2월부터 99년 8월까지 대대적으로 시행된 정리해고 중에서 42.8퍼센트가 부당 해고였다.[8]

IMF 경제위기 이전에는 고성장·저실업 및 만성적 노동력 부족이라는, 노동자에게 유리한 조건하에서 노동운동이 강력히 전개되었지만, 경제위기로 저성장·고실업 상황으로 전환되자 기업에 유리하도록 노동시장을 최대한 유연화하는 '사회적 합의'가 맺어진 것이다. 그뿐 아니라 노동 측은 이러한 불리한 '사회적 합의'에 대한 반대급부를 전혀 받지 못했다고 해도 과언이 아니다. 즉 노사정위원회에서의 '사회적 합의'에는 오랫동안 '노동기본권'에 관한 현안이었던 '3금'에 관한 조항이 폐지되지 않았을[9] 뿐만 아니라 합의된 실업자의 노조 가입 보장도 국회에서 보류되었다. 기업의 도산이나 정리해고로 실업자 수 및 실업률은 1997년 11월 2.6퍼센트, 5만 6000명에서 98년 7월에는 7.6퍼센트, 165만 1000명으로 급격히 증가했고, 99년 2월에는 8.6퍼센트, 178만 1000명까지 이르렀다(한국 통계청, 1999). 이처럼 실업자가 급증하는 와중에 그들의 조직화는 노동운동의 성패를 좌우하

---

9 1997년 노동법 개정으로 '3금'이 폐지되었다는 해석도 있다(일본노동연구기구, 2001: 18). 그러나 97년 개정 노동조합 및 노동관계 조정법상으로는 연합체·내셔널 센터만이 복수 노조로 허용되며 기업별 단위 노조에서 복수 노조는 여전히 금지된 채였다. 복수 노조 금지 규정은 2011년 7월 1일부터 완전히 폐지되었다. 한편, 노동조합의 정치활동 금지와 제삼자 개입 금지는 97년 법 개정에서 원칙적으로 폐지되었다. 그러나 노동조합의 정의(현행 노동조합·노사관계 조정법 2조 4항)는 '주로 정치활동을 목적으로 하는 경우 노조로 인정하지 않는다'라고 되어 있으며, 노조 명의로 기부금을 모아 정치활동을 지원하는 것조차 현행법으로는 인정되지 않는다. 제삼자 개입 금지에 대해서도 연합체·내셔널 센터 간부 이외의 개입은 인정하지 않는다. 따라서 1997년 노동법 개정에서 '3금' 폐지는 극히 부분적이라고 보는 것이 타당하다.

는 중요한 과제였지만 제도적으로 인정되지 않았고, 이는 노동운동을 급격히 약체화시킨 또 하나의 이유가 된다. 그럼 노동조합 발언력의 저하와 정부의 노동시장 규제 완화 정책이란 조건하에서 기업이 어떻게 구조조정을 실시했는가를 다음에 보도록 하자.

기업의 구조조정

정부의 노동시장 규제 완화 정책에 호응해 기업도 연이어 구조조정을 실시했다. 경제위기 때 기업이 어떠한 구조조정 정책을 취했는지 한국노동연구원이 조사한「우리나라 기업의 고용 조사 실태 조사 (1997년 7월~98년 11월)」[10]와「사업체 인적 자원의 운용 실태 조사」[11]에 의거해 검토하고자 한다.

경제위기 전인 1997년부터 위기 후인 2000년까지 한국 기업의 구조조정 실시 상황을 정리한 표 4-2와 표 4-3를 보면 경제위기를 전후로 구조조정책이 전혀 다르다는 것을 알 수 있다.

먼저「우리나라 기업의 고용 조사 실태 조사」의 결과인 표 4-2를 보자. IMF 경제위기 이전에 구조조정을 실시한 기업은 32.3퍼센트에 지나지 않음에 비해, 경제위기가 시작된 97년 12월 이후 구조조정을 실시한 기업이 급격히 증가해 98년 4~10월에는 85.6퍼센트로 대부분의 기업이 구조조정을 실시한다. 게다가 시간이 지남에 따라 구

---

10 본 조사는 업종별·규모별 분포를 고려해 표본 추출된 한국의 비농림기업을 대상으로 1997년 6월 13일~8월 1일(600기업), 98년 3월 10일~31일(300기업), 98년 10월 25일~11월 30일(355기업)에 3차에 걸쳐 실시한 설문 조사이다.
11 본 조사는 2001년 8월 27일~10월 10일에 경인지역에 위치한 종업원 50명 이상의 사업소 1003기업에, 주로 인사 담당자를 대상으로 실시한 면접 조사이다.

표 4-2 · 한국 기업의 구조조정 실시 상황(복수 회답, 1997년 1월~1998년 10월)

(단위: 사업체 수, %)

구조조정 내용	1998년 3월 조사		1998년 10월 조사
	97. 1~11	97. 12~98. 3	98. 4~10
노동시간 조정	60(20.0)	110(36.7)	199(56.1)
·잔업 시간 단축	18(6.0)	52(17.3)	82(23.1)
·소정 노동시간 단축	4(1.3)	13(4.3)	22(6.2)
·매주 휴무 등 휴일 증가	27(9.0)	29(9.7)	58(16.3)
·연차 휴가를 쓰도록 권장	41(13.7)	94(31.3)	169(47.6)
·일시 휴업	4(1.3)	8(2.7)	26(7.3)
·일시 휴직제 실시	—	3(1.0)	16(4.5)
인원수 조정	59(19.7)	131(43.7)	247(69.6)
·정규직 노동자를 비정규직 노동자로 대체	7(2.3)	15(5.0)	56(15.8)
·채용 동결 혹은 축소	45(15.0)	116(38.7)	199(56.1)
·명예(희망)퇴직 실시	17(5.7)	24(8.0)	83(23.4)
·비정규직 노동자의 삭감	11(3.7)	38(12.7)	62(17.5)
·정리해고 실시	21(7.0)	52(17.3)	87(24.5)
기능적 조정	38(12.7)	73(24.3)	106(29.9)
·사내 및 사외 교육 훈련	5(1.7)	12(4.0)	32(9.0)
·배치 전환 실시	31(10.3)	60(20.0)	83(23.4)
·사외 파견	1(0.3)	2(0.7)	11(3.1)
·계열사·관계사로 전출	7(2.3)	13(4.3)	31(8.7)
기업 조직의 재구축	18(6.0)	34(11.3)	109(30.7)
·하청이나 외주 가공의 확대	6(2.0)	9(3.0)	41(11.5)
·사업장 폐쇄 혹은 해외 이전	3(1.0)	6(2.0)	32(9.0)
·기업 매수·합병	1(0.3)	—	19(5.4)
·사업 부서(생산라인) 축소	9(3.0)	21(7.0)	57(16.1)
·분사(分社) 실시	3(1.0)	4(1.3)	23(6.5)
임금 조정	32(10.7)	116(38.7)	280(78.9)
·임금 인상 동결	20(6.7)	75(25.0)	217(61.1)
·상여 삭감 등에 의한 임금 삭감	18(6.0)	86(28.7)	205(57.7)
·임금 체계 개선	1(0.3)	10(3.3)	42(11.8)
·기타 노동 비용 삭감[1]	—	—	168(47.3)
구조조정 실시 사업체 수	97(32.3)	181(60.3)	304(85.6)
조사 대상 업체 수	300(100.0)	300(100.0)	355(100.0)

출처: 최강식·이규용(1999: 17).

주: 1) 1998년 10월 조사 때에 추가된 조사 항목.

표4-3 · 1998~2000년 한국 기업 구조조정 실시 상황

(단위 : 사업체 수, %)

구조조정 내용	1998년	1999년	2000년
노동시간의 조정	24.0	14.4	7.3
·연월차 휴가의 강제적인 사용	7.7	6.8	5.1
·일시 휴업 및 휴직 제도 실시	16.3	7.6	2.2
인원수 조정	76.9	45.5	53.4
·정규직을 비정규직으로 대체	9.5	7.3	14.6
·신규 채용 동결	12.8	11.1	11.1
·명예퇴직·조기퇴직	30.4	11.7	12.9
·정리해고	24.2	15.4	14.8
기능적인 조정	13.9	11.3	7.9
·배치 전환의 실시	7.9	5.3	7.9
·사외 파견, 계열사·관계사로 전출	6.0	6.0	0.0
기업 조직의 재구성	53.5	52.2	69.7
·외주·하청 확대	2.1	3.1	9.3
·해외 이전	0.0	0.0	0.0
·기업 매수·합병(M&A)	12.2	14.6	9.8
·부서 통합	12.0	11.3	15.3
·분사화, 소사장제(小社長制)	5.4	12.5	16.1
·팀 제도 도입	15.1	5.5	9.6
·승진 제도 변화	6.7	5.2	9.6
임금 조정	62.9	60.5	59.6
·임금(보너스·수당) 삭감	30.1	19.7	8.7
·임금 체계 개편(퇴직금 제외)	6.9	13.7	21.4
·퇴직금 개편	8.8	12.1	23.1
·복리 후생비 축소	17.1	15.0	6.4

출처: 금제호(2002: 106).

조조정의 방법이 노동시간 조정과 같은 경미한 것에서 인원수 조정
과 임금 삭감 등 노동자의 고용이나 생활에 직접 영향을 미치는 것에
이르기까지 심각하게 진행된다. 특히 구조조정이 최고조에 달하는
98년 4월~10월에는 기업의 약 1/4이 정리해고(24.5퍼센트)와 명예퇴
직(=희망퇴직, 23.4퍼센트)을 실시했으며, 15.8퍼센트의 기업이 정규직

노동자를 비정규직 노동자로 대체했다.

또한 동 시기 약 80퍼센트의 기업이 임금 조정을 실시했으며 그중에서도 임금 인상 동결로 끝나지 않고 임금 삭감까지 실시한 기업이 57.7퍼센트로 약 60퍼센트 가까이 상승해, 말 그대로 실질적인 고통을 동반한 구조 조정이 실시되었다. 임금 삭감 상황에 대해서는 거시 통계를 통해 확인해 두자. 1997년 비농업 전 산업 명목 임금 총액 및 그 전년도비 증감률은 각각 146만 3000원, 7.0퍼센트 증가한 것에 비해 98년은 142만 7000원, 2.7퍼센트가 감소되었다. 그리고 97년 실질 임금 총액 및 그 전년도비 증감률은 각각 133만 5000원, 2.4퍼센트 증가한 것에 비해 98년은 121만 1000원, 9.3퍼센트 감소로 명목 임금보다 더 대폭으로 감소하고 있으며, 임금 조정에 의한 임금의 대폭적인 인하를 보여 주고 있다(한국노동연구원, 『99 KLI 노동통계』: 37~38). 이러한 임금 삭감은 노동자의 생활을 강하게 압박했다. 도시 근로자 가구의 평균 소비 지출이 97년 145만 4,000원에서 98년 129만 8,000원으로 -10.7퍼센트나 대폭적인 소비 축소를 보이고 있는 것도 그 일단을 보여 주고 있다 (한국노동연구원, 『99 KLI 노동통계』: 134).

더욱 흥미로운 것은 동 시기 하청이나 외주 가공을 확대하거나, 관리직 생산 노동자와 그 지휘하에서 일하던 종업원을 사내 하청 기업으로 독립시키는 이른바 '분사'[12] 형태로 생산의 외주화를 실시하

---

12 소사장제라고도 불린다. 생산 노동자 중 관리직을 구내 하청 기업의 '소사장'으로 삼아 생산 공정의 일부를 하청받고, 원래 관리직 직원 아래에서 직접 고용되어 있던 노동자를 하청 노동자로 간접 고용하는 시스템이다. 제1, 2장에서도 언급했듯이 1974년 현대조선소 쟁의는 이 소사장제의 효시라고 할 수 있는 '위임 관리제' 도입에 본공 노동자들이 반대하면서 '폭동'으로 발전한 것이다.

는 기업이 급격히 증가하고 있다는 점이다. 이것들은 경제위기 이전에는 조사 기업 중 4.3퍼센트에 지나지 않았지만 98년 4~10월에는 18.0퍼센트나 되었다. 기업이 생산의 외주화를 구조조정 수단 중 하나로 선택하고 있는 것이다.

다음으로 1999년 이후의 구조조정을 「사업체 인적 자원의 운용 실태 조사」의 결과인 표 4-3에서 보자. 98년을 정점으로 구조조정을 실시하는 기업은 감소하고 있지만 99년 이후 구조조정의 새로운 경향을 발견할 수 있다. 먼저 98년에 정리해고와 명예·조기퇴직을 실시한 기업은 54.6퍼센트까지 오르는데, 이 수치는 99년 27.1퍼센트, 2000년 27.7퍼센트로 거의 반감되었다. 정규직 노동자의 비정규직 노동자로의 대체가 정리해고를 대신해 증가한 것이다. 98년에는 9.5퍼센트였던 것이 2000년에는 14.6퍼센트로 5포인트 이상이나 늘어났다. 정규직 노동자를 정리해고한 뒤 경기 변동에 맞춰 고용 조정이 쉽고 싼 인건비로 고용할 수 있는 비정규직 노동자로 치환한 것이라고 볼 수 있다. 표 4-2에서도 알 수 있듯이 정규직 노동자의 비정규직 노동자로의 치환은 IMF 경제위기 직후부터 시작되었으며 경제위기를 계기로 비정규직 노동자 문제가 심각한 사회 문제로 대두되었다는 것과 궤를 같이 한다.

또한 1999년 이후 인건비 조정을 실시한 기업의 비율은 거의 바뀌지 않았지만 그 내역은 변화하고 있다. 경제위기가 한창이었던 98년에는 생활에 직접적인 타격을 주는 임금 삭감이나 복리 후생비 삭감을 실시한 기업이 47.2퍼센트로 절반 가까이에 이르지만 99년 이후 인건비 조정 내용은 임금 체계나 퇴직금 제도의 개편으로 바뀐다.

예를 들어 2000년에는 임금 및 복리 후생비 삭감을 실시한 기업은 15.1퍼센트로 98년의 1/3 이하로 격감하는 반면, 임금 체계·퇴직금 제도의 개편은 98년에 15.7퍼센트였던 것이 2000년에는 44.5퍼센트까지 증가하며 양자의 관계가 역전되고 있다. 게다가 임금 체계 개편의 대부분은 87년 체제하에서 대기업 남성 정규직 노동자에 정착되어 있던 연공적 임금 체계를 능력·성과급형 임금 체계로 변환시키는 것이었다(금제호, 2002: 76~79).

더구나 1998년 이후 표 4-2에서 보여지는 생산의 외주화 경향이 더욱 진전되는 것을 알 수 있다. 98년에는 외주·하청의 확대 및 분사화, 소사장제의 도입을 실시한 기업이 7.5퍼센트였지만 2000년에는 25.4퍼센트로 3배 이상 증대했다. 나중에 살펴보겠지만 이는 원청기업이 직접 고용하는 중핵 노동자와 하청 기업 노동자 간 임금 격차를 이용해 생산 비용을 하청 기업에 전가함으로써 생산비 절감을 꾀한 것이라고 할 수 있다. 2000년대 이후 하청 기업은 지속적으로 확대되는데, 특히 하청 기업의 확대는 간접 고용이라는 형태로 이루어지는 비정규직 노동자의 급증과 이어져 있다.

IMF 경제위기를 계기로 실시된 정부의 노동시장 규제 완화 정책과 기업의 구조조정은 대기업 남성 정규직 노동자를 주체로 하는 내부 노동시장 체제를 동요시켰다고 볼 수 있다. 표 4-4는 경제위기 직전인 1997년 12월 말부터 경제위기의 한가운데인 98년 10월 말까지의 종업원 수 증감을 기업 규모별로 비교한 것이다. 이에 의하면 기업 규모가 클수록, 특히 종업원 500명 이상인 대기업의 90퍼센트가 종업원 수를 감소시킨 것이 눈에 띈다. 또한 2001년 종업원 규모별 구

표4-4 · 종업원 규모별 종업원 수 증감 기업 분포(1998년 10월 말)

(단위: 사업체 수, %)

	전체	종업원 수 증가 기업	종업원 수 동일 기업	종업원 수 감소 기업
전체	348(100.0)	51(14.7)	12(3.4)	285(81.9)
100명 미만	88	16(18.2)	6(6.8)	66(75.0)
100~299명	86	16(18.6)	5(5.8)	65(75.6)
300~499명	44	6(13.6)	1(2.3)	37(84.1)
500~999명	43	4(9.3)	0(0.0)	39(90.7)
1000명 이상	87	9(10.3)	0(0.0)	78(89.7)

출처: 표4-2와 같음. 11쪽에서 인용.

주: 1)종업원 증감은 1997년 12월 말과 비교한 1998년 10월 말 현재.
　　2)기업 규모 구분은 1997년 12월 말을 기준으로 하고 있다.

조조정의 상황을 보여 준 표 4-5에서 알 수 있듯이 기업의 구조조정은 종업원 300명 미만의 중소기업보다 300명 이상의 대기업에서 많이 실시되었다. 특히 비정규직 노동자에 의한 정규직 노동자 대체 등인원수 조정이나 분사화, 소사장제를 포함한 생산의 외주화, 임금 등의 인건비 삭감 등 고용이나 생활의 질을 저하시키는 구조조정은 중소기업보다 대기업에서 훨씬 많았다. 이처럼 기업의 구조조정에 의해 87년 체제 아래에서 획득된 대기업 남성 정규직 노동자의 기득권은 점점 박탈당했고, 거기에 더해 내부 노동시장에 포섭된 노동자의 규모도 축소되어 갔던 것이다.

　정리해고제 도입 뒤 재벌계열 기업에서 실시된 정리해고를 둘러싼 상징적 사건으로 1998년 7~8월 현대자동차 정리해고 쟁의를 들 수있다. 98년 7월 16일에 현대자동차는 2678명의 정리해고 및 900명의 2년간 무급 휴직을 발표했다. 이에 대해 현대자동차 노조는 '정리해

표4-5 · 기업 규모별 구조조정 실시 상황 (복수회답, 2001년)

(단위 : 사업체 수, %)

구조조정의 내용	100명 미만	100~299명	300~999명	1000명 이상
노동시간의 조정	15.1	23.1	29.7	22.4
·연월차 휴가의 강제적인 사용	8.3	13.4	14.1	14.3
·일시 휴업 및 휴직 제도 실시	6.8	9.7	15.6	8.1
인원수 조정	52.6	52.7	96.9	83.2
·정규직을 비정규직으로 대체	7.5	11.4	25.8	23.0
·신규 채용 동결	16.7	16.1	21.9	21.1
·명예퇴직·조기퇴직	12.9	13.1	29.7	24.8
·정리해고	15.5	12.1	19.5	14.3
기능적인 조정	16.0	16.1	28.2	31.7
·배치 전환의 실시	13.3	12.1	18.8	22.4
·사외 파견, 계열사·관계사로 전출	2.7	4.0	9.4	9.3
기업 조직의 재구성	58.5	59.6	131.3	132.1
·외주·하청 확대	8.0	5.0	18.0	16.1
·해외 이전	0.7	1.3	3.1	0.6
·기업 매수·합병(M&A)	2.2	2.7	10.2	6.8
·부서 통폐합	11.7	12.4	20.3	24.2
·분사화, 소사장제	2.4	3.0	11.7	13.0
·팀 제도 도입	22.3	25.8	49.2	48.4
·승진 제도 변화	11.2	9.4	18.8	23.0
임금 조정	47.6	42.2	68.0	76.4
·임금(보너스·수당) 삭감	15.8	11.7	24.2	25.5
·임금 체제의 개편(퇴직금 제외)	11.2	11.4	17.2	17.4
·퇴직금 개편	7.5	7.4	10.2	14.9
·복리 후생비 축소	13.1	11.7	16.4	18.6

출처: 금재호(2002: 104).

고는 한 사람도 인정할 수 없다'며 반대해 7월 20일에 무기한 전면 파업에 돌입, 8월 24일에 노동부장관과 여당계 국회의원의 중개로 노사 교섭이 타결될 때까지 34일 동안 현대자동차 울산 공장을 점거했다. 이 노동쟁의는 정리해고를 둘러싼 총자본 대 총노동의 대결로 평가할 수 있지만 결국 정리해고 277명, 무급 휴직자 1,261명을 내는 결과를 낳았다. 이것으로 끝나지 않고 98년 4월부터 약 6개월 동안 약 6000명에 가까운 종업원의 명예(희망)퇴직이 시행되었기에 결국 노동조합 측의 패배로 끝났다고 할 수 있을 것이다. 이 현대자동차 쟁의는 강력한 기업별 노동조합운동을 배경으로 87년 체제 아래에서 형성되어 온 대기업 남성 정규직 노동자에 의한 내부 노동시장 체제가 IMF 경제위기를 계기로 흔들리기 시작하는 효시가 되었다.

정부와 경영 측에 의한 이데올로기 공격이나 구조조정에 더해 노동조합 가입 자격이 없는 실업자나 비정규직 노동자의 증대로 대기업을 중심으로 하는 기업별 노동조합의 노조 조직률은 89년 19.8퍼센트를 정점으로 지속적으로 저하했으며 99년에는 11.9퍼센트까지 떨어진다(한국노동연구원, 『2001 KLI 노동 통계』: 147). 이러한 노동조합 조직률의 저하는 노동운동의 약체화를 초래했는데, 이것이야말로 노동자대투쟁으로 노사관계의 주도권을 빼앗겼던 정부 및 경영 측이 그것의 재탈환을 위해 90년대 초반부터 기도해 왔던 것이다.

4. 생산 체제와 노동력 구조의 변화

생산 체제의 변화 — '조립형 공업화'의 심화와 고도화
'경제위기'라는 비상사태에 정부의 정책이나 법 개정에 동조하는 한국의 기업은 대대적인 정리해고를 단행하고 해고된 정규직 노동자의 결원을 비정규직 노동자로 메운다는 대대적인 구조조정을 단행했다. 이러한 구조조정은 87년 체제에서 180도로 전환하는 것과 다름없었

고, 그 아래에서 구축되어 온 내부 노동시장 체제를 무너뜨리는 것을 의미한다. 2000년대 이후 이러한 대전환을 한층 진전시킨 요인으로 한국의 경제 발전을 지탱한 생산 체제 '조립형 공업화' 메커니즘의 심화 및 고도화를 들 수 있지 않을까.

핫토리 다미오는 한국 경제 발전 메커니즘을 생산 체제와 노동자의 기능 형성을 구조적으로 연관지어 설명하고자 했다. 그것이 '조립형 공업화'론이다. 핫토리의 조립형 공업화라는 틀은 실증적인 문제를 내포하고 있긴 하지만 후발 공업국의 발전 모델을 고찰하는 데 중요한 시사점을 던져준다. 특히 한 나라의 기술 발전이나 기술 축적의 성질과 노동자의 기능 형성을 연관지어 후발 공업국의 공업화 메커니즘을 해명하고자 하는 관점은 생산 체제가 노동시장 체제를 어떻게 규정할 것인가 하는 본 장의 문제의식과 통한다. 여기에서 먼저 핫토리의 조립형 공업화론이 한국의 경제 발전 메커니즘과 노동자의 기능 형성의 관계를 어떻게 파악하고 있는가를 살펴보자.

한국은 개발 초기 단계에서 기계·금속 산업 등의 기간산업이 결여되어 있었기 때문에 설비 기계나 부품 등의 생산재를 수입에 의존하고 그것들을 풍부한 저임금 노동력으로 조립해 수출했다. 이러한 수출로 얻은 외화로 생산재를 더욱 수입하고 그것들을 조립해 수출하는 조립형 공업화의 원형이 1970년대에 형성되었다. 핫토리에 의하면 이 구조는 1987년 노동자대투쟁 이후 인건비 상승 압력 억제를 위한 인원 절감을 목적으로 한 방대한 자동화 투자와 고품질 중핵 부품의 수입 및 그 조립 기술의 도입으로 고도화되고 심화되었다(핫토리 다미오, 2001: 94). 제3장에서도 고찰했듯이 90년대 초반부터 재벌계열 기업을 중심으로 전개된 '신경영전략'이 바로 이 생산 체제의 자동화를 대대적으로 추진한 것이었다.

한편, 핫토리는 기술의 고도화과정을 한국형과 일본형으로 나누어 비교 분석한다. 즉 기술의 고도화 레벨에 따라 표준-첨단을 종축으로, 기술의 성질에 따라 조립형 기술-가공형 기술을 횡축으로 하여, 기술 축적과 고도화의 과정을 표시한 것이다. 이에 의하면 한국의 조립형 공업화는 조립형 기술에 의거하면서 발전했다. 조립형 기술이란 기술·기능이 체화된 설비 기계나 부품을 수입해 그것을 미숙련 노동력으로 조립하는 공업이나 원재료에서 제품 생산까지의 공정이 모두 자동화되어 있는 수입 장치 산업의 기술을 말하는데, 이는 한국 독자적·자립적인 기술 축적이나 노동자의 기능 형성을 거의 필요로 하지 않는다. 한국의 조립형 공업화는 표준-조립형 기술에서 첨단-조립형 기술로 고도화되었으며 핫토리는 이것을 '기술·기능 절약적 발전'이라고 특징지었다(마쓰모토 고지·핫토리 다미오 편저, 2001: 114~118; 핫토리 다미오, 2007: 31). 이에 비해 일본이나 선발 공업국의 공업화는 설비 기계나 부품을 직접 생산하고 이를 위해 숙련 노동자가 소재에서 형태를 만들어 내는 의미에서의 가공형 기술을 기반으로 하는 공업화 패턴이었다. 일본의 공업화는 한국과 마찬가지로 표준-조립형 기술에서 시작했지만, 표준-가공형 기술로 이행한 뒤 첨단-가공형 기술을 향하는 기술의 고도화 코스를 밟았다. 이는 일본이 국제적인 기술 발전 속도가 그렇게 급속히 진행되지 않았던 시대에 공업화했기 때문에 스스로 생산재를 제조하는 가공형 기술을 축적하고 그에 필요한 숙련 형성을 할 여유가 있었기 때문이다. 그러나 선발 공업국의 기술이 급속히 발전한 1970년대 이후 본격적으로 공업화한 한국은 기술 축적이나 기능 형성에 드는 시간이나 비용을 압축하기 위해 기술이나 기능이 체화된 생산재를 수입에 의존하는 조립형 공업화를 지향한 것이다(핫토리 다미오, 2007: 33~36).

설비 기계나 부품과 같은 생산재를 한국에 공급한 것은 주로 일본이다. 특히 1970년대 후반 'ME혁명'으로 일본의 공작 기계 생산의 주류가 자동 수치 제어인 NC 공작 기계로 옮겨 간 것이 한국의 조립형 공업화를 급속히 고도화시켰다. 이러한 설비 기계 자동화의 흐름이 숙련을 프로그램화했으며, 결국 숙련을 없애고 정밀하고 신속한 가공을 가능하게 했기 때문이다. 한국은 일본에서 NC 공작 기계를 수입함으로써 숙련을 절약해 상품 수준을 고도화하고 대량 생산하는 기본 전략을 성립시킬 수 있었다(마쓰모토 고지·핫토리 다미오 편저, 2001: 114~115).

그러나 핫토리는 IMF 경제위기 이후 한국의 생산 체제가 어떻게 변화했는지에 대해서는 구체적으로 논하고 있지 않다. 원래 조립형 공업화론은 일본과 한국의 무역 구조의 상세한 분석을 기반으로 이끌어 낸 것이기 때문에 생산 시스템이나 노동과정에 대한 실증 분석은 없다. 그렇기 때문에 핫토리 자신도 자신의 입론을 조립형 공업화론이 아니라 가설이라고 했던 것일 것이다(핫토리 다미오, 2007: 11). 생산 시스템에 대한 분석이 결여되어 있기 때문에 조립형 기술과 가공형 기술에 대한 엄밀한 정의가 이뤄지지 못하고 각각의 기술에 대응하는 기능의 질도 명확히 규정되지 않았다. IMF 경제위기 이후 생산 시스템의 변화에 동반되는 노동과정의 변화와 그에 대응하는 생산 노동자의 노동의 질, 이른바 기능의 질의 변화를 명확히 밝히지 않으면 왜 정규직 노동자가 비정규직 노동자로 쉽게 대체될 수 있었는가를 이해할 수 없다.

그래서 IMF 경제위기 이후 생산 체제가 어떻게 변화했는지를 알기 위해서 '모듈화'라는 생산 시스템 개념을 실마리로 한국의 생산 시스템이나 기술 변화의 실태에 접근해 보고자 한다. 그 이유는 한국의 수출 지향형 경제 성장을 주도해 온 전자 산업이나 자동차 산업은 IMF 경제위기 이후 모듈형 생산 시스템을 적극적으로 도입해 경제 위기를 극복하고 더욱 성장을 이뤄냈기 때문이다. 특히 자동차산업에서는 2000년대에 들어와 생산 시스템의 모듈화가 급속히 진행되고 있다(김철식, 2009: 47; 전국금속산업노동조합연맹, 2006: 2).

모듈화는 복잡한 제품이나 공정을 기능적으로 반자율적인 구성 요소인 부품이나 공정=모듈로 분해하는 것이다. 모듈은 구조적 일체성과 자기완결적 기능을 가진 부품이나 공정이기 때문에 모듈을 일정의 규칙에 따라 조립함으로써 제품을 효율적으로 생산할 수 있다. 그리고 모듈형 생산 시스템의 커다란 특징은 비교적 적은 종류의 범용적인 공통 부품이나 규격화된 표준 부품으로 구성되는 모듈의 조합으로 많은 제품의 변종을 만들어 낼 수 있다는 점에 있다. 여기에서 중요해지는 것은 어떻게 해서 제품을 구성 요소나 공정, 즉 모듈로 분할하고 그 모듈을 어떻게 연결할 것인가(=인터페이스) 하는 기술자의 설계능력이다. 모듈 간 상호 의존성이나 상호 보완성이 가능한 한 낮아지도록 구성 요소나 각 공정 간의 복잡하고 유기적인 결합을 푼 것이 모듈화=모듈형 생산 시스템이기 때문이다. 이때 표준화되고 규격화된 부품으로 만들어진 모듈을 시장 수요에 맞춰 유연하게 생산하는 데서 빼놓을 수 없는 것이 소프트웨어에 의해 기능이 컴퓨터상으로 실현되는, 디지털화된 자동화 기계·설비의 도입과 조작이다. 이에 따라 여기에서 가장 중요한 노동은 기술자나 테크니션에 의한 소프트웨어 프로그래밍이 되는 한편, 직접 노동자는 모듈의 조립·장착과 같은 단순 반복적인 작업을 하게 되며 종래의 직접 노동자의 숙련은 소멸되어 간다. 이러한 모듈화와 자동화로 스스로의 기술 축적이나 노동자의 기능 형성이 취약한 한국과 같은 후발 공업국에서도 용이하게 하이테크 산업에 대한 진입이 가능해졌다. 이처럼 모듈형 생산 시스템은 핫토리가 논한 조립형 기술에 의한 조립형 공업화와 겹친다.

이에 비해 모듈형 시스템의 대극에 있는 것이 인티그럴(통합)형 생산 시스템이다. 일본은 인티그럴한 구조의 제품에 비교 우위를 점해 왔다. 인티그럴형 생산 시스템은 하나의 기능을 실현하기 위해 부품이나 공정 등 복수의 구성 요소가 서로 영향을 주고받는 상호 의존·상호 보충관계에 있으며 다수의 부품이나 공정이 통합 시스템으로써의 기능을 발휘한다(후지모토 다카히로[藤本隆宏], 2003: 88).[13] 따라서 각 부품 및 공정의 설계뿐만 아니라 각 공정에 있어 직접 작업 또한 상호 긴밀히 연계하면서 조정될 필요가 있다. 특히 개개의 작업의

---

13 인티그럴형 생산 시스템으로 자동차의 '승차감'이 자주 예로 거론된다. 좋은 승차감을 달성하는 특정 부품은 없으나, 바디, 엔진, 현가장치 각 부품이 서로 미묘하게 조정되어 최적으로 설계되어 제조될 필요가 있다. 일본 자동차의 승차감은 인티그럴 구조를 가진 설계에 의해 처음으로 실현된다(신타쿠 준지로[新宅純二郎], 2006: 10).

상호 의존관계가 높은 공정에서는 개개의 기술자의 기술 수준이나 노동자의 기능 수준이 높은 것만으로는 불충분하고, 기술자 및 기능 노동자 간의 정보 공유 수준이 높고 효율적인 연계 작업이 가능한 것이 전제된다(구와하라 사토시[桑原哲], 2011: 5).

구와하라 사토시는 1995~2005년 일본, 한국, 중국의 동아시아 시장에서의 수출 품목의 모듈화 수준과 비교 우위의 상관관계를 분석했다. 구와하라에 의하면 일본은 인티그럴한 구조의 품목일수록 비교 우위가 높은 데 비해 한국, 중국은 모듈성이 높은 품목일수록 비교 우위가 높으며, 이러한 경향은 2000년대 이후 강해지고 있다(구와하라 사토시, 2011: 13). 여기에서도 한국에서는 모듈형 생산 시스템을 갖춘 산업이 수출과 경제성장을 주도했음을 알 수 있다. 즉 핫토리가 조립형 공업화론에서 분석한 것처럼 한국은 고품질 중핵 부품이나 소재, 자동화 기계·설비를 수입하고 그것들을 통합, 조립해 수출하는 것으로 산업을 고도화했고 경이적인 경제 발전을 이뤘다. 이 한국의 조립형 공업화는 98년 IMF 경제위기 이후, 특히 2000년대로 들어오면 디지털화·자동화와 한 쌍이 된 모듈형 생산 시스템의 도입으로 더욱 심화·고도화될 수 있었던 것이다. 이에 의해 한국의 기업은 모듈이나 인터페이스의 설계·개발로 특화되었다. 한편 직접 노동자는 그것들을 장착해 조립하는 단순 반복적 작업을 수행할 뿐 자율적으로 구상하고 판단하는 기능은 더욱 필요성이 적어져 갔다. 이는 핫토리가 말하는 조립형 기술의 고도화, 달리 말하면 인간적 기능노동 배제적 생산 체제에 다름 아니다.

모듈형 생산 시스템의 도입과 노동력 구조의 변화 ─ 현대자동차 그룹의 사례를 중심으로

한국의 중핵적 수출 산업으로써 경제 성장을 견인한 자동차 산업을 예로 모듈형 생산 시스템이 어떻게 도입되어 그것이 노동과정이나 노동력 구조에 어떠한 영향을 주었으며, 노동시장 구조나 노사관계를 어떻게 변화시켰는지를 고찰하고자 한다. 자동차 산업은 노동자 대투쟁 이후 완성차 메이커의 남성 정규직 노동자를 중심으로 내부 노동시장 체제를 구축해 온 전형적 산업이다. 자동차 산업의 분석을 통해 IMF 경제위기 이후 생산 체제의 변화가 내부 노동시장 체제를 어떻게 동요시켰는지 부각시키고 싶다.

한국의 자동차 산업은 IMF 경제위기로 인해 그때까지 현대자동차, 기아자동차, 대우자동차, 쌍용자동차로 구성된 과점 체제에서 현대자동차 그룹이 자동차 시장의 약 70퍼센트를 점하는 독점적 체제로 바뀌었다. 이에 IMF 경제위기 이후 현대자동차의 생산 체제의 변화는 한국 자동차산업 생산 시스템의 변화라고 해도 과언이 아니다. 그래서 현대자동차 그룹의 사례 분석을 통해 한국 자동차 산업의 생산 시스템에서 모듈화의 진전과 노동과정 및 노동력 구조의 변화에 대해 검토할 것이다. 특히 자동차 생산에 필요한 기술과 기능의 성질 변화에 주목한다. 다행히 2000년대 후반 이후 이러한 변화를 반영해 현대자동차에서 노사 쌍방에서 면밀한 청취 조사와 사내 자료에 기반한 실태 조사 보고서나 학술 논문이 연이어 공간되었다. 여기에서는 주로 전국금속산업노동조합연맹(이하 전국금속노조, 2006), 조성제(2006), 김철식(2009), 조형제 외(2010)에 의거하며 고찰한다.

표4-6 · 현대자동차 차종별 모듈화률

(단위: %)

차종	스타렉스	산타페	아반떼XD	투싼	NF 소나타	그랜저 TG	아반떼 HD	G 스타렉스
생산개시 시기	1997년 1월	1999년 4월	2000년 4월	2004년 2월	2004년 8월	2005년 4월	2006년 3월	2007년 5월
모듈화(%)	12.5	24.0	26.0	36.0	36.0	36.0	42.0	42.0

출처: 김철식(2009: 47)에서 인용.

현대자동차는 IMF 경제위기 이후 생산 시스템의 모듈화를 급속히 추진했다. 그 결정적 계기가 된 것이 2000년에 현대모비스라는 모듈 생산을 주도하는 모듈 전문 기업의 설립이다. 이후 모듈화률을 급속히 높여 간다. 표 4-6은 현대자동차의 차종별 모듈화률이다. IMF 경제위기 직전인 1997년에 생산이 시작된 스타렉스는 모듈화률이 12.5퍼센트에 지나지 않았지만 경제위기 후인 99년 4월에 생산이 시작된 산타페는 24.0퍼센트로 2배 가까이 높아졌다. 2000년대에 들어가면 모듈화률이 더욱 높아져, 2004년, 2005년 3차종에서는 36.0퍼센트, 2006년, 2007년 2차종에서는 42.0퍼센트에까지 이르고 있다. 선진국 자동차 기업 중에서 생산 시스템의 모듈화를 가장 적극적으로 진행하고 있는 폭스바겐 파사트의 모듈화률이 37퍼센트인 것을 보면 현대자동차의 모듈화률은 세계 최고 수준이라고 생각해도 된다 (전국금속노조, 2006: 40).

현대자동차에서는 플랫폼의 통합을 통해 다양한 차종이 동일한 기본 구조를 갖게 되었으며, 이로써 다른 차종의 생산에 규격화·표준화된 범용적인 공통 부품을 사용할 수 있게 되었다. 이것이 모듈화를 급속히 추진하는 데 전제 조건이 되었다(김철식, 2009: 9). 여기에서 중요한 것은 생산 시스템의 모듈화가 생산 설비의 디지털화·자동화와 함께 서로 상승효과를 내며 급진전했다는 것이다. 이렇게 모듈 전문 기업이 디지털화·자동화된 기계·설비를 이용해 설계하고 부품 조달로 생산한 모듈을 완성차 메이커에서 최종 조립해 제품화함으로써 현대자동차는 생산과정을 효율화하는 데 성공했다. 예를 들면, 1999년에 생산이 시작된 베르나는 2005년에 모듈형 생산 시스템을 도입해 신형 모델로 이행했다. 이에 동반되는 현대자동차 울산 1공장 의장 공장에서는 사용 부품 수가 1604개에서 1366개로, 공수(工數)가 1만 4061초에서 1만 3075초로, 각각 14.8퍼센트, 7.0퍼센트 삭감되었다(김철식, 2009: 72).

그러나 생산 시스템의 모듈화와 디지털화·자동화는 부품 수나 공수의 감축뿐만 아니라 노동과정을 크게 변화시켰다. 즉 완성차 메이커의 직접 노동과정의 많은 부분이 표준화되어 단순 조립 공정화된 것이다. 이로 인해 직접 노동자[14]의 필요 인원수는 크게 축소되었으며 그와 동시에 숙련은 자동화 기계·설비로 대체되어 특별한 숙련이나 지식은 거의 필요 없어졌고 탈숙련화가 진행되었다.

현대자동차 차체 공장에서의 모듈형 생산 시스템 도입 전후 직접 노동과정에서 일하는 직접 노동자 구성의 변화를 살펴보자. 표 4-7은

---

14 직접 노동과정에 종사하는 노동자를 가리킨다. 여기에서는 일반 작업자, 키퍼, 조장, 반장을 가리키는데 표 4-7에서 인용된 전국금속산업노동조합연맹(2006)에 반장 인원수는 표시되어 있지 않다. 직접 노동자에 대해 설비 유지나 보전, 품질 관리를 전문적으로 실행하는 간접 부문의 노동자로 보전공, 품질관리공이 있다.

표4-7 · 차체 공장 모듈형 생산 시스템 도입에 의한 라인별 필요 인원 변화

(단위: 명)

라인	LC (1999년)				MC (2005년)			
	일반 작업자	키퍼	조장	소계	일반 작업자	키퍼	조장	소계
차체 바닥	20	2	4	26	0	4	0	4
차체 측면	26	2	6	34	4	4	2	10
차체 성형	12	2	4	18	10	4	2	16
차체 이송	40	2	8	50	22	2	6	30
차체 마감	28	0	4	32	26	0	4	30
총합계	126	8	26	160	62	14	14	90

자료: 전국금속산업노동조합연맹(2006: 44).

전술한 모듈 도입 전의 구형 베르나(LC 모델)와 도입 후의 신형 베르나(MC 모델)의 차체 공장(울산1공장)에서 일하는 직접 노동자의 라인별 필요 인원을 표시한 것이다. 모듈 도입 전 LC 전체 필요 인원수가 160명이었던 것에 비해 모듈 도입 후 MC에서는 90명이 되었으며 직접 노동자 수가 대폭으로 감소한 것을 확인할 수 있다. 특히 직접 노동자 수가 현저히 감소한 부분이 차체 바닥, 차체 측면 라인인데, 이것들은 모듈화와 자동화의 영향을 가장 많이 받는 라인이다. 모듈 도입 전 차체 공장의 주요 작업은 용접이었지만, 모듈 도입 후에는 이미 부품이 조립된 상태의 모듈을 취급하게 되어 용접 작업이 대폭 감소했고, 동시에 중량 있는 모듈의 용접은 무인 로봇이 대체하게 되었다(조형제 외, 2010: 288). 이렇게 직접 노동자 중에서도 일반 작업자는 차체 바닥과 차체 측면에서 각각 20명에서 0명, 26명에서 4명으로 크게 감소한다. 그러나 이와는 대조적으로 자동화의 진전과 함께 로봇

제어나 감시에 더해 기계 손질이나 정리 정돈, 청소 등의 예방 보전을 실행하는 키퍼[15]는 각각 2명에서 4명으로 늘어났다.

차체 바닥과 차체 측면 라인 다음으로 모듈 도입 뒤 직접 노동자의 인원수를 감축한(50명→30명) 것이 차체 이송 라인이다. 부품이 조립된 무거운 모듈 이송을 사람 손으로 하는 것은 어려웠으며 그에 따라 이 부분에서 자동화나 인력 절감이 진행되었기 때문이다(전국금속노조, 2006: 48). 여기에서도 일반 작업자는 40명에서 22명으로 거의 절반이 감소된 것에 비해 자동 기계 제어나 감시를 담당하는 키퍼의 인원수는 모듈 도입 전후 모두 2명에서 바뀌지 않았다.

이상의 라인에서는 전 생산과정이 자동화로 향하는 흐름 속에서 기술적으로 필수적인 것은 아니어서 과도하게 자동화되지 않고 남겨진 공정이 많다. 혹은 자동화에 수반되는 고용 조정에 노조가 반대하고 있기 때문에 자동화되지 않고 남겨진 공정도 있다. 여기에서의 노동은 모듈을 자동화 기계·설비에 장착하거나 균등하게 보내는 등의 단순 반복 작업에 지나지 않는다(조형제 외, 2010: 291). 이는 모듈 도입으로 노동과정의 표준화·단순화와 노동자의 탈숙련화가 진행된 것을 잘 보여 준다.

한편 직접 노동자의 감소 폭이 비교적 적은 라인은 차체 마감과 차체 성형이다. 이들 라인은 모듈 도입 후에도 자동화 기계로는 대처할

---

15 키퍼는 현대자동차 생산 현장에만 존재하는 직무이다. 1987년 노동자대투쟁 이후 현대자동차 노사 관계가 대립적이 되면서 한때는 노동조합이 현장 통제력을 장악하기에 이르렀다. 이 때문에 일반 작업자의 설비 및 품질 관리에 대한 적극적인 자세를 기대하지 못해서 회사 측이 고참 노동자에게 '키퍼'로서 그들의 직무를 맡긴 것이 시작이었다(조형제 외, 2010: 293).

수 없는 작업을 수행하는, 경험적 숙련을 쌓은 직접 노동자 수가 거의 변하지 않고 유지되었다. 예를 들어 차체 마감 라인은 차문의 개폐를 좋게 하거나 울퉁불퉁한 부분을 반듯하게 하는 미묘한 조정능력과 같은, 오래 기간 일한 작업자만이 가질 수 있는 경험적 숙련이 불가결하다. 여기에서는 일반 작업자 수는 2명이 줄었을 뿐 26명으로 가장 많지만 자동화가 진행되지 않았기 때문에 자동화 기계·설비 제어나 감시, 예방 보전을 수행하는 키퍼는 1명도 없다. 차체 성형 라인의 일반 작업 수도 마찬가지로 도입 전후로 12명에서 10명으로 2명 준 것에 그쳤다.

이처럼 현대자동차의 모듈형 생산 시스템의 도입은 자동화와 함께 완성차 메이커의 직접 노동자, 그중에서도 직접 작업을 전담 수행하는 일반 작업자의 인원수를 크게 축소시켜 탈숙련화를 야기했다. 앞으로도 모듈화 및 자동화에 의해 특단의 숙련을 필요로 하지 않는 직접 노동자는 자동화기계·설비나 비정규직 노동자로 더욱 대체되어 갈 것이다. 실제로 2000년에 단체 협약에서 비정규직 노동자 비율은 생산 노동자의 16.9퍼센트로 한다는 노사 간 합의가 있었음에도 불구하고[16] 단체 협약은 지켜지지 않았으며, 2002년에 27.5퍼센트에 달한 이후 계속 30퍼센트 내외를 추이하고 있다. 이러한 노동력의 비정규직화는 주로 사내 하청에 의한 것으로 노동력의 외부화를 지향하는 것이다(조성제, 2006: 14). 현대자동차 사내 하청 노동자의 기본급은 정

---

16 1987년 현대자동차 노동조합이 결성된 뒤부터 노동조합은 정규직 노동자에게 3D 직무를 맡겨서는 안된다고 요구했고, 그 대신 회사가 3D 직무에 구내 하청을 아웃소싱하는 것을 용인해 왔다(조성제, 2006: 13).

규직 노동자의 80퍼센트 정도지만 보너스나 수당 등을 포함하면 그 비율은 66퍼센트정도로 떨어진다(조성제, 2006: 12). 이처럼 사내 하청을 이용함으로써 현대자동차는 인건비 억제와 노동력의 수량적 유연화를 실현했다.

한편 지금까지 살펴보았듯이 생산 시스템의 모듈화와 자동화로 직접 노동과정에서도 자동화 기계·설비의 제어·감시 및 예방 보전을 집중적으로 수행하는 키퍼의 중요성과 비중이 커졌다. 모듈 도입 전에 5.0퍼센트였던 직접 노동자 중 키퍼의 비율은 도입 후에는 15.6퍼센트로 증가했고 직접 노동자를 관리·감시하는 조장의 비중과 같아졌다(표 4-7). 키퍼의 비중이 늘어난 것은 그들이 일반 작업자를 지원할 뿐만 아니라 간접 부문의 보전공이나 품질 관리공이 전문적으로 담당하는 자동화기계·설비의 유지·보전과 같은 '시스템 조정 노동'의 일환으로 간접 부문 노동자의 보조적 업무를 수행하기 때문이다.

시스템 조정 노동이란 생산을 담당하는 직접 노동이 아니라 생산 시스템이 원활하고 완벽하게 작동되도록 보장하는 간접 부문의 노동이다. 보전공·품질 관리공의 업무가 이에 해당하는데, 전통적인 의미에서의 경험적 숙련과는 달리 공정 제어 프로그래밍, 트러블 슈팅, 품질 관리 등을 수행한다. 자동화가 진행되면 필연적으로 시스템 조정 노동에 종사하는 간접 부문 노동자의 역할의 중요성은 늘어난다. 구체적으로는 1994년 현대자동차 울산1공장의 차체 공장에서는 생산 노동자 508명 중 직접 노동자가 486명으로 95.7퍼센트에 달하는 것에 비해 간접 부문 노동자는 품질 관리공의 22명뿐으로 4.3퍼센트에 지나지 않았다. 그러나 모듈화가 진행된 2010년에는 생산 노동자는

332명으로 크게 감소했는데, 이는 직접 노동자가 254명으로 거의 반 감되었다는 것에 기인한다. 동시에 그 비율도 81.3퍼센트까지 내려갔다. 그러나 이와는 달리 간접 부문 노동자의 수는 62명(보전공 40명, 품질 관리공 22명)으로 3배 가까이 증가하고 비율도 18.6퍼센트로 확대되었다(조형제 외, 2010: 287).

이상으로 현대자동차 완성차 메이커에서는 모듈화와 그것에 동반되는 자동화 진전에 의해 생산 노동자가 시스템 조정 노동을 담당하는 일부의 숙련 노동자와 대부분의 탈숙련화된 미숙련 노동자로 양극화되었음을 알 수 있다. 이는 시스템 조정 노동을 담당하는 간접 부문 노동자, 키퍼의 역할이나 기능의 중요성이 증가하는 한편, 직접 노동자의 그것은 크게 감소하고 자동화기계나 비정규직 노동자로 대체되어 갔음을 의미한다.

그러나 조성제는 도요타의 완성차 메이커가 직접 노동 부분에만 비정규직 노동자를 사용하는 것과 달리 현대자동차에서는 시스템 조정 노동을 전문적으로 수행하는 간접 부문에서도 사내 하청으로 비정규직 노동자를 활용하고 있다는 사실을 지적한다(조성제, 2006: 14). 이는 시스템 조정노동을 담당하는 간접 부문 노동자의 기능 형성이 급격한 자동화를 쫓아가지 못해 외부화될 수밖에 없다고 여겨진다. 조형제에 의한 청취 조사는 이를 뒷받침한다. 즉 현대자동차에서는 기계·설비의 고도화와 신기술의 도입·확대에 따르는 간접 부문 노동자의 기능 부족으로 업무를 수행할 수 없는 경우가 증대하고 있다고 한다. 많은 경우 공정 기술과의 공성 기술자(=엔지니어)가 대응하고 부분적으로 그 기계·설비 제공 기업의 사원에게 지원을 청할 수밖에 없게 되어 있었다(조형제 외, 2010: 300). 이에 더해 회사는 간접 부문 노동자에 대한 교육 훈련도 소극적이고 불충분했다. 예를 들어 보전공의 직업 훈련은 현대자동차 산하의 직업훈련원에서 시행되었는데 연간 300명 정도밖에 교육과정을 이수하지 못했다. 울산공장에서만 3000명이 넘는 보전공이 있음을 생각하면 극소수밖에 교육을 받지 못하는 실정임을 알 수 있다(조형제 외, 2010: 300). 이와 같이 회사가 간접 부문 노동자의 기업 내 양성조차 소극적이었기 때문에 현대자동차에서는 간접부문에까지 노동력의 외부화가 이뤄지게 된 것이다.

이처럼 현대자동차의 생산 체제는 생산 현장의 기능노동자 배제를 지향하는, 엔지니어 주도적 생산 체제라고 특징지을 수 있다. 즉 현대자동차의 모듈형 생산 시스템은 기능노동자 전반의 탈숙련화라는 형태로 경험적 숙련에 기초해 구상하고 판단하는 자율적이고 인간적 기능노동이란 요소의 배제를 추진했던 것이다.

이러한 탈숙련화의 진전은 기능노동력의 기업 내 양성을 필요로 하지 않았으며 정규직 노동자의 자동화 기계·설비나 하청 노동자로의 대체를 촉진했다. 한편, 이는 87년 체제하에서 형성되어 온 남성 정규직 노동자에 의한 내부 노동시장을 축소시키고 그에 기반을 두고 강력히 전개된 기업별 노동조합운동의 약체화를 초래했다는 것을 명기해 두고 싶다.

지금까지 모듈형 생산 시스템의 도입으로 현대자동차의 완성차 메이커의 노동과정 및 노동력 구조가 어떻게 변화했는가를 살펴보았다. 그러나 현대자동차의 모듈형 생산 시스템은 2000년에 설립된 모듈 전문 기업인 현대모비스를 중심으로 계열화된 하청 부품 기업의

표4-8 · 자동차 산업 하청 거래별 임금률(2004년)

구분	임금률
1차 하청 거래	19,500원(V사)
	17,500원(K사)
	11,500원(H1사)
	10,800원(M사)
	10,600원(S사)
2차 하청 거래	7,000원(J사)
	8,500원(L사)
3차 하청 거래	4,500원(H2사)

출처: 홍장표, 「불공정 하도급 거래 규제와 협력관계의 강화」,
『대기업 하도급 불공정 거래 근절을 위한 국회 토론회』,
2005. 5(전국금속산업노동조합연맹, 2006: 16에서 재인용).

부품 외주 생산으로 지탱되었음을 간과해서는 안된다. 현대모비스는 최첨단 디지털 기술을 구사하고 모듈 설계나 부품 조달 시스템을 운영하며 조달된 부품을 조립해 모듈을 생산함으로써 지금은 현대자동차의 부가 가치 생산을 중심적으로 짊어지고 있다.

다음으로 현대모비스의 독특한 기업 운영과 노동력 구조를 고찰한다. 현대모비스는 부품 기업을 하청 기업으로 중층적인 하청 구조 속에 계열화하고, 상위 기업에게 유리한 부품 납품 계약을 체결해 부품 단가를 절하하고 하위 하청 기업에 부담을 계속해서 전가하며 부품 비용의 압축을 꾀하고 있다(전국금속노조, 2006: 16). 표 4-8에서 보이는 것처럼 시간당 노무비를 표시한 임금률을 보면, 하위 하청 부품 회사일수록 임금률은 점점 낮아져 3차 하청 기업의 임금률은 1차 하청 기업의 23~42퍼센트에 지나지 않는다. 그 결과 하청 부품 기업의 정규직 노동자 임금은 현대자동차의 완성차 메이커의 사내 하청 노동자 임금보다도 낮다. 현대자동차의 사내 자료에 의하면 완성차 메이커의 사내 하청 노동자 임금에 비해 1차 하청 부품 기업과 2차 하청 부품 기업의 정규직 노동자의 임금은 각각 76.9퍼센트, 66.7퍼센트다 (조성제, 2006: 14).[17] 이처럼 하청 부품 기업에 대한 납품 단가 절하 압력과 이를 노동자 임금으로 전가하는 것이 현대자동차의 모듈 생산 체제의 비용 삭감에서 결정적인 의미를 갖는다.

현대모비스 기업 경영의 특징은 설비 투자에 의한 리스크를 회피하기 위해 기존 기업의 '자산매수' 방식을 통해 성장해 왔다는 점에 있다. 기업 매수 때 설비나 자산만을 인수하며 노동자는 승계 고용하지 않고 비정규직 노동자로 대체하든지, 별도 법인을 설립시켜 기존 노동자를 하청 회사의 하청 노동자로 간접 고용하는 것이다(전국금속노조, 2006: 121). 이러한 기업 매수 방식이나 분사화, 소사장제로 불리는 기존 노동자를 하청 노동자로 전환하는 것은 앞서 서술했듯이 IMF 경제위기 때 M&A 촉진까지 감안해 도입한 정부의 정리해고제와 그에 편승한 기업의 구조조정이 그 기원이다. 그 결과 현대모비스 모듈 공장의 고용 상황은 2004년 현재 전 종업원 3148명 중 정규직 노동자는 76명뿐이고 하청회사를 통해 간접 고용된 비정규직 노동자가 3072명으로 그 대부분을 차지하고 있다. 또한 현대모비스의 아산 공장에서는 관리직 16명을 제외하고 나머지 389명 모두가 비정

---

17 한국 중소영세기업의 정규직 노동자 중에는 대기업의 비정규직 노동자보다 저임금이고 열악한 노동 조건 아래에서 취업하는 사람이 많다. 따라서 고용 형태만으로 정규직/비정규직 노동자로 구분하기보다 본서에서 사용하는 '중핵 노동자'인지 '주변 노동자'인지의 구분이 한국 노동시장 구조의 실태를 더 잘 표현한다고 생각된다.

규직 노동자로 라인별 하청 형태로 채용되어 있다(전국금속노조, 2006: 122~123). 이들 노동자의 임금 수준은 완성차 메이커인 현대자동차 아산 공장 사내 하청의 70퍼센트 수준이다(전국금속노조, 2006: 124). 이 처럼 현대모비스는 전 생산 노동자를 하청으로 채용함으로써 인건비 비용을 억제하고 하청 계약의 체결과 해제만으로 시장 수요 변동에 대응할 수 있는 고용의 유연성을 최대한 확보하며 높은 수익률을 달성하고 있다.

그럼 현대모비스의 노동과정을 살펴보자. 현대모비스에 납품되는 부품은 사내 하청 노동자가 모듈로 조립해 완성차 메이커에 납품한다. 현대모비스는 고도로 디지털화·자동화된 모듈 조립 라인을 갖고 있으며, 그 때문에 작업 자체는 단순 반복적인 조립 중심이어서 신규 작업자라도 일주일만 있으면 충분히 업무를 수행할 수 있게 된다(김철식, 2009: 75~76). 심지어 작업과정에서 자기 판단으로 작업을 중단하는 직무 권한은 노동자에게 전혀 주어지지 않으며 노동과정에서 노동자의 자율적인 판단과 기능을 철저하게 배제하는 자동화 기계 우위의 생산 시스템이라고 할 수 있다. 이러한 자율적인 인간적 기능을 배제하는 정도는 완성차 메이커의 생산 라인보다 훨씬 강하다(전국금속노조, 2006: 63~64). 현대모비스의 직접 생산 노동자가 모두 하청 노동자라는 것은 이처럼 노동과정에도 반영되어 있는 것이다.

이상으로 현대모비스는 중층적으로 하청 계열화된 부품 기업이 외주 생산으로 부품을 조달하고, 조달된 부품을 사내 하청 노동자가 모듈로 조립해 완성차 메이커에 납품한다. 이렇게 하청 부품 회사와 사내 하청 노동자를 활용하는 것으로 현대모비스는 시장 수요에 맞춰 높은 유연성을 실현할 수 있다. 그러나 현대모비스가 이러한 기업 운영방식을 적극적으로 채용한 것은 유연성만을 추구하기 위해서는 아니다. '무고용·무노조'라는 기업의 기본 원칙(전국금속노조, 2006: 121)에서 보이는 것처럼 노동력을 철저히 외부화함으로써 강력한 노동운동의 배경이 되는 내부 노동시장의 형성을 처음부터 회피하려고 한 것이다.

'IMF 경제위기' 이후의 기술·기능 노동력 구조의 변화

IMF 경제위기 이후 조립형 공업화가 심화·고도화된 모듈형 생산 시스템이 급속히 도입됨으로써 그에 따라 내부 노동시장 체제가 어떻게 변화했는지 대해 한국의 독점적 자동차 기업인 현대자동차를 예로 들어 검토했다. 특히 노동력 구조의 변화에 초점을 맞추면 생산 시스템의 모듈화와 자동화에 의해 노동과정의 표준화·단순화가 진행된 결과 직접 노동자는 대폭 삭감되고, 동시에 급속히 탈숙련화되었다. 그런데 직접 노동자의 탈숙련화와는 달리 자동화 기계·설비를 원활하고 완벽하게 작동시키기 위해 기술자와 시스템 조정을 담당하는 일부 숙련 노동자의 중요성이 높아졌고, 기술·기능 노동력 구조는 양극화되었다. 그렇다 해도 생산 노동자의 대부분을 차지하는 직접 노동자의 탈숙련화가 진행된 결과 숙련이나 기능의 기업 내 양성의 필요는 감퇴하고 직접 노동자는 자동화 기계·설비나 비정규직 노동자로 점점 대체되어 갔다. 이는 현대자동차 모듈 생산의 중핵의 역할을 짊어진 현대모비스에서 첨예하게 나타났다. 즉 현대모비스의 전 생산 노동자는 사내 하청 노동자이며 그 노동과정은 자동화 기계 우위의 단순 반복적인 조립 작업으로 그 과정에서 자율적인 인간적 기능은 철저히 배제된다. 이러한 정규직 노동자의 비정규직 노동자로의 전환은 87년 체제와 그것을 지탱한 기업별 노동조합운동의 기반이 된 대기업 남성 정규직 노동자에 의한 내부 노동시장을 축소시켰다.

현대자동차에서 보인 노동력 구조의 변화가 IMF 경제위기 이후 한국 제조업에서 일반적으로 볼 수 있는 현상이라면 한국에서의 노동의 비정규직화, 내부 노동시장 축소의 사회 구조적인 의미나 이유도 보편화해서 이해될 것이다. 여기에서 황수경(2007a; 2007b)에 의거하며 직종별로 노동자 수가 집계되어 있는『임금 구조 기본 통계 조사』에 나타난 제조업 생산 노동자를 한국표준직업분류[18]를 이용해 기술·기능의 특성별로 구분하고 한국에서 1993~2005년의 기술·기능 노동력 구조의 변화를 고찰해 보고자 한다.

먼저 한국표준직업분류의 제5차 개정(2000년)과 제6차 개정(2007년)에 의거해 제조업 생산 노동자를 구분하는 범주를 정의하고자 한다.

제5차 개정 한국표준직업분류를 보면 대분류 1이 전문가(Professionals)이고 그중 제조업 생산에 연관된 것은 중분류 11. 과학 전문가, 12. 컴퓨터 관련 전문가, 13. 공학 전문가이다. 이것들을 전문 기술직이라고 하며, 대졸 이상의 기술자 혹은 엔지니어이다. 또한 대

---

18 한국표준직업분류는 1963년에서 2011년 사이에 1966년, 70년, 74년, 92년, 2000년, 2007년, 6차에 걸쳐 개정되었다. 본 장의 분석 대상 기간으로는 2000년에 제5차 개정이 이뤄졌다. 생산과정의 자동화의 진전에 동반되는 2000년 제5차 개정에서는 제7분류의 기능원 및 관련 기능 종사자에서 제8분류인 장치·기계 조작 및 조립 종사자로 이동한 직업이 있다. 이에 의해 자료의 연속성에 약간의 문제가 발생하지만 기술·기능 노동력 구조의 추이는 알 수 있다.

분류 2는 기술공 및 준전문가(Technicians and Associate Professionals)로 이 중 중분류 21. 과학 관련 기술 종사자, 22. 컴퓨터 관련 준전문가, 23. 공학 관련 기술 종사자가 제조업 관련으로 이들을 기술 기능직이라고 한다. 고졸 혹은 전문학교 이상의 학력 보유자로, 문자 그대로 테크니션이라고 생각하면 된다. 다만, 근년 고학력화가 진행되어 대학 진학률이 80퍼센트를 넘고 있는 현재 상황에서는 전문 기술직과 기술 기능직 사이에 학력 차이는 거의 없어져 가고 있다. 또한 전문직을 주축으로 하는 사회경제 구조를 향해 가는 추세 속에서 대분류 2가 기술자 혹은 엔지니어로서의 성격을 강화한 결과 대분류 1과 2의 기술·기능적 차이는 줄어들어 제6차 개정에서 둘은 통합되었다.

이에 비해 대분류 7은 기능원 및 관련 기능 종사자(Craft and Related Trade Workers), 대분류 8은 장치·기계 조작 및 조립 종사자(Plant, Machine, Operators and Assemblers)로 기능직 생산 노동자다. 대분류 7의 기능원 및 관련 기능 종사자는 고등학교 졸업 정도의 학력으로 광공업, 건설업에 관련된 지식과 기능을 응용할 수 있다. 예를 들어 금속 성형이나 각종 기계의 설치나 정비 등을 수행한다. 생산과정의 모든 공정과 사용되는 재료, 최종 제품에 관한 일들을 이해해야만 하고 작업은 손과 수공구를 써 수행하며 기계를 이용하는 경우에도 기계의 성능보다는 노동자의 기능적 요소가 더욱 중요해진다. 이러한 기능의 특성은 '암묵지'(暗默知) 등을 포함한 전통적인 의미에서의 경험적 숙련에 가깝다. 따라서 이 범주를 숙련 기능직이라고 부르기로 한다. 현대자동차의 노동력 구조에서 검토한 시스템 조정 노동자는 대분류1 및 2, 7로 분산되어 속하기 때문에 안타깝게도 시스템 조정 노동자만을 추출하는 것은 불가능했다.

또 한편 대분류 8의 장치·기계 조작 및 조립 종사자는 고등학교 졸업 정도의 학력이며 대규모로, 때로는 고도의 자동화 산업용 기계 및 장치를 조작하고 혹은 부품을 조립해 제품으로 만드는 등의 업무를 수행한다. 작업은 기계·장치 조작만이 아니라 컴퓨터에 의한 기계 제어 등 기술적 혁신에 적응하는 능력도 포함해 기계 및 장치에 대한 경험과 이해가 요구된다. 특히 자동화 기계·장치의 적극적인 도입으로 인해 종사자가 증가하고 있는 기능직 범주이기 때문에 문자 그대로 장치·기계 조작 및 조립 기능직이라고 한다. 그러나 한국의 기능 노동력의 변화를 분석한 황수경에 의하면 이 기능은 자율적인 인간적 기능의 핵심인, 작업과정에서 판단하고 구상하는 인지적 숙련(=cognitive skill)도가 최저 랭크인 단순 노무직 다음으로 낮다(황수경, 2007a: 78~79).[19]

마지막으로 대분류 9의 단순 노무 종사자(Elementary Occupations)를 들 수 있다. 단순 노무 종사자의 업무는 초등학교 졸업 정도의 학력이 있으면 충분한, 주로 단순하고 일상적이며 장소에 따라서는 육체적 노력이 요구되고, 작업자의 창의나 판단은 거의 필요로 하지 않는다. 생산 시스템의 모듈화나 자동화로 인해 야기된 탈숙련화가 이러한 단순 노무직을 증가시킨 것은 상상하기 어렵지 않다. 여기에서

---

19 황수경은 인지적 숙련을 자동화 기계에 의해 쉽게 대체되지 않고 표준화되지 않는 인지적 작업(=구상―지은이)을 수행하는 기능의 핵심적 요소라고 인식하고 있다. 황수경에 의하면 인지적 숙련 점수는 전문 기술직에서 1.61, 기술 기능직에서 0.54, 숙련 기능직에서 −0.39, 장치·기계 조작 및 조립 기능에서 −0.66, 단순 노무직에서 −1.39였다(황수경, 2007a: 79).

는 그대로 단순 노무직이라고 부른다.

그런데 여기에서 미리 양해를 구해야만 하는 것은, 전술했듯이『임금 구조 기본 통계 조사』의 대상은 남성 노동자에게 현저히 편중되어 있다는 점이다.『임금 구조 기본 통계 조사』는 기업 규모 10명 이상의 상용 노동자를 대상으로 하지만 여성 임금 노동자의 60~70퍼센트가 임시직·일용직이고, 여성 상용 노동자의 약 40퍼센트가 종업원 10명 미만인 영세 사업체에 집중되어 있기 때문에(요코타 노부코, 2007: 85) 여성 노동자의 약 80퍼센트는 조사 대상에서 제외되어 있다. 따라서 그림 4-4는 1993~2005년의『임금 구조 기본 통계 조사』에 집계된 종업원 10명 이상의 제조업 기업에 취업한 남성 상용 노동자를 전술한 기술·기능 범주에 업무 관리직을 첨가해 구분하고 그 구성비의 추이를 표시한 것이라고 생각해도 된다.

그림 4-4는 황수경(2007a)에 의거해 작성한 것이다. 그림 4-4에 의하면 우선 기술 기능직 노동자의 확대가 눈길을 끈다. 즉 기술 기능직은 1993년 3.7퍼센트로부터 지속적으로 확대되는데, 특히 IMF 경제 위기 이후 대폭 증대하고 2005년에는 11.0퍼센트에까지 이르고 있다. 전문 기술직과 기술 기능직의 기술·기능적 차이가 줄어들고 기술 기능직의 기술자로서의 성격이 강해진 것을 감안하면 양자를 합한 기술자의 비중은 동 시기 9.2퍼센트에서 15.0퍼센트로 확대되었다. 이는 현대자동차의 사례에서 본 것처럼 엔지니어 주도적인 생산 체제가 제조업 일반으로 보급되어 있다는 것을 시사한다.

그러나 가장 눈에 띄는 것은 전통적인 경험적 숙련을 다수 포함한 숙련 기능직의 구성비가 크게 감소하고 있다는 것이다. 1993년

그림 4-4 · 한국 제조업의 직종별 기능 노동력 구성의 변화

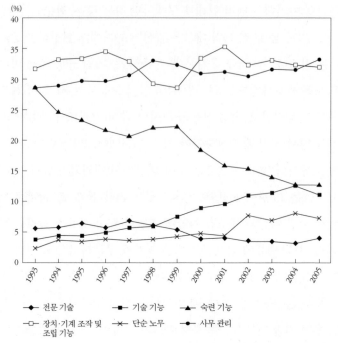

출처: 황수경(2007a)에서 지은이 작성.

28.4퍼센트에서 2005년에는 12.7퍼센트로 절반 이하로 감소하고 노동자의 기능에 의존하는 부분이 컸던 구래(舊來)의 숙련이 크게 축소하여 급속히 탈숙련화하고 있음을 알 수 있다. 이러한 탈숙련화 추세는 단순 노무직의 확대에서도 확인된다. 93년 2.3퍼센트에 지나지 않았던 단순 노무직은 2004년에는 8.0퍼센트, 2005년에는 7.2퍼센트로 비중이 3배 이상이나 확대되었다.

이러한 기능 노동력의 탈숙련화를 급속히 진행시킨 것은 생산 시스템의 디지털화·자동화의 급진전이라는 것은 틀림없다. 자동화 기

계·장치를 대대적으로 도입한 신경영전략이 최고조에 달한 1993년에는 그에 대응하는 장치·기계 조작 및 조립 기능직이 31.6퍼센트로 이미 제조업 기능노동자의 중요한 부분을 차지하고 있다. 그리고 그 이후도 구성비는 약간의 상하동(上下動)은 있지만 거의 변화 없이 30~35퍼센트 사이를 오가고 있다. 앞서 본 것처럼 장치·기계 조작 및 조립 기능직은 노동자가 자율적으로 구상하고 판단하는 것에 필요한 인지적 숙련 정도가 낮은 기능이다. 디지털화·자동화의 진전으로 이러한 인간적 숙련, 이른바 '모노즈쿠리'(ものづくり)[20] 기능의 필요가 어떻게 사라져 갔는지는 삼성전자에서 제품 개발·생산 프로세스의 이노베이션에 종사했었던 요시카와 료조(吉川良三)의 다음과 같은 말에서도 단적으로 드러난다.

[…] 지금은 제조 장치의 기술도 진보하고 있기 때문에 생산 현장에서는 '모노즈쿠리'의 지식이 없는 사람도 훌륭한 전력(戰力)이 됩니다. 실제로 물건을 만드는 것은 모두 뛰어난 공작 기계가 해주기 때문에 오퍼레이터는 제작 지식을 그렇게 필요로 하지 않습니다. 뛰어난 제조 장치는 숙련공과 같은 테크닉을 가지고 있습니다. '모노즈쿠리'의 암묵지와 같은 것까지 처음부터 공작 기계에 인풋되어 있기 때문에 특수한 것의 생산을 제외하면 현장 작업자가 숙련된 장인의 기술을 습득했든 아니든 아무런 문제가 없습니다. […] (요시카와 료조 외, 2009: 123).

---

20 [옮긴이] '모노즈쿠리'는 일본에서 장인 정신을 갖고 '물건을 만드는 것'을 말한다. 오랜 숙련 기간이 필요하다.

이상으로 제조업 전체로 봐도 기술·기능 노동력 구조는 1990년대 이후 특히 IMF 경제위기를 계기로 기술 기능직과 전문 기술직이라는 엔지니어나 전문직의 비중이 확대되는 한편, 인간적 기능 요소가 강한 숙련 기능직이 급속히 대폭 감소되고 있다. 이와 표리일체의 관계로 생산 체제의 디지털화·자동화에 따라 인지적 숙련도가 낮은 장치·기계 조작 및 조립 기능의 비중이 생산 노동력의 중요한 부분을 차지하게 되었다. 이러한 추세는 단순 노무직의 증대와 함께 한국 제조업의 생산 노동자의 탈숙련화를 보여 준다.

그럼 기술·기능 노동력 구조의 변화는 내부 노동시장 체제의 중핵이라고도 할 수 있는 대기업과 주변부인 외부 노동시장을 형성한 중소기업에는 어떻게 나타났을까. 종업원 300명 이상의 대기업과 300명 미만인 중소기업의 기술·기능 노동력 구조의 추이를 표시한 것이 그림 4-5(황수경, 2007a)이다. 일견 압도적인 투자능력을 배경으로 생산 시스템의 디지털화·자동화를 대대적으로 진행할 수 있었던 재벌계 기업을 비롯한 대기업 노동력 구조는 IMF 경제위기 이후 탈숙련화와 엔지니어의 중요성이 비약적으로 커졌다는 것을 알 수 있다. 특히 대기업의 기술 기능직의 확대가 현저해 1996년에 4.7퍼센트였던 것이 2005년에는 13.5퍼센트로 3배 가까이 증가했다. 한편, 중소기업의 기술 기능직의 확대는 동 기간 4.8퍼센트에서 10.0퍼센트 신장에 머물고 있다. 결국 기술·기능직에 전문기술직을 더한 엔지니어의 비율은 2005년에 대기업에서 21.9퍼센트가 되어 동년 중소기업 12.3퍼센트의 약 1.8배가 되었다.

이에 더해 종래의 인간적 기능에 의존하는 정도가 큰 숙련 기능직

그림 4-5 · 한국 제조업의 기업 규모별, 직종별, 기능 노동력 구성의 변화

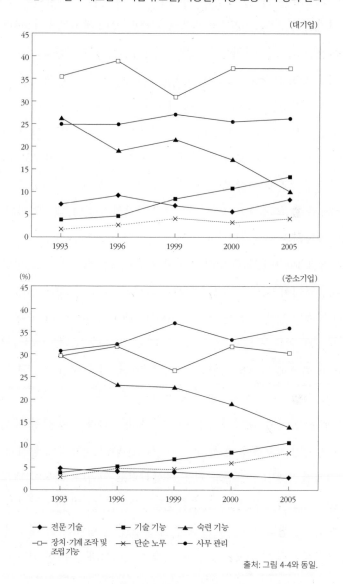

출처: 그림 4-4와 동일.

의 비중은 IMF 경제위기 이후 대기업에서 특히 크게 저하하고 있다. 즉 대기업의 숙련 기능직의 비율은 1999년 21.8퍼센트에서 2005년 10.2퍼센트로 1/2 이하로 감소했으며 동 기간 중소기업 22.5퍼센트→13.7퍼센트보다 큰 감소 폭을 보이고 있다. 이와 표리관계로 탈숙련화된 장치·기계 조작 및 조립 기능직의 비율과 증대 폭은 대기업에서 압도적으로 커, 99년에 31.1퍼센트였던 것이 2005년에 37.3퍼센트가 되어 전 노동자의 4.096배 가까이를 차지하기에 이르고 있다. 동 기간 중소기업의 장치·기계 조작 및 조립 기능직의 비율은 26.2퍼센트에서 29.8퍼센트로 3.6포인트밖에 증가하지 않아, 대기업과의 차이가 역연하다.

이처럼 1987년 이후 IMF 경제위기까지 내부 노동시장을 형성해 온 대기업에서 IMF 경제위기를 계기로 생산 노동자의 탈숙련화가 급격히 진행된 것은 주목할 만하다. 2005년 대기업의 비숙련 직종 노동자는 장치·기계 조작 및 조립 기능직과 단순 노무직을 합해 41.5퍼센트로 40퍼센트 이상을 점한다. 이러한 탈숙련화의 진전은 정규직 노동자를 기업 내 양성을 필요로 하지 않는 비정규직 노동자로 대체할 가능성을 높이고, 비정규직 노동자의 증대는 내부 노동시장 체제하에서 강력한 노동운동을 전개해 온 대기업 남성 정규직 노동자에 의한 기업별 노동조합운동의 힘을 약화시키고 있었다. 더욱이 대기업을 중심으로 한 기업별 노동조합운동의 약체화는 내부 노동시장 체제하에서 안정적인 고용과 양호한 노동 조건을 향유해 온 대기업 남성 정규직 노동자 고용의 급속한 악화를 초래했다. 이러한 일련의 흐름이 대기업 내부 노동시장을 침식해 간 것이다.

5. '중핵 노동자'의 비정규직화와 '내부 노동시장 체제'의 위축

지금까지 1987년 노동자대투쟁으로 성립된 87년 체제가 IMF 경제위기를 계기로 어떻게 전환해 왔는지를, 대기업 남성 정규직 노동자를 중심으로 하는 중핵 노동자의 비정규직화 및 대기업의 내부 노동시장 체제의 위축과 동요를 축으로 고찰해 보았다. 87년 체제란 대기업의 남성 정규직 노동자에 의한 강력한 기업별 노동운동 안에서 형성된 내부 노동시장 체제와 그 이외의 중소기업·여성·비정규직 노동자라는 주변 노동자의 외부 노동시장으로 구성된 분단 노동시장 체제로 규정된다. 그 때문에 분단 노동시장 체제에 대응해서 1990년대 이후의 한국에서 노동의 비정규직화는 두 가지 측면에서 검토되어야만 한다. 하나는 87년 노동자대투쟁 이전부터 존재했던 도시 하층과 연속성을 가지는 주변 노동자의 동향이다. 또 하나는 98년 IMF 경제위기를 계기로 정규직 노동자가 비정규직 노동자로 대체됨으로써 대기업 남성 정규직 노동자로 구성된 내부 노동시장이 축소되어 가는 흐름이다. 본 장에서는 후자에 초점을 맞춰 고찰했다.

실제로 노동자대투쟁 이후 내부 노동시장에 기반한 대기업의 강력한 기업별 노동조합에 현장 통제력까지 장악된 경영 측은 정부와 함께 정리해고제 등 노동시장 규제 완화 정책의 도입을 꾀해 왔다. 그것을 현실로 만든 것이 IMF 경제위기였다. IMF에서 긴급 융자를 받는 조건으로 당시 김대중 정권이 정리해고제를 즉시 도입했고 이에 따라 기업은 정리해고의 칼을 휘두를 수 있었다. 그것을 선도한 것은 1998년 현대자동차의 대대적인 정리해고의 단행이었다. 기업은 정리해고된 정규직 노동자를 하청 노동자 등의 비정규직 노동자로 대체했다.

안정적인 고용이나 비교적 양호한 노동 조건 등을 향유해 온 중핵 노동자인 대기업 남성 정규직 노동자의 비정규직화는 경제위기 때 발생한 일회성의 것에 그치지 않았고, 그 후도 비정규직 노동자가 계속 증가함으로써 심각한 사회 문제가 되었다. 이처럼 경제위기 이후에도 비정규직 노동자를 증대시킨 주요한 요인으로 한국 특유의 생산 체제를 들 수 있다.

핫토리 다미오는 1970년대 이후부터 IMF 경제위기까지 한국의 경제 발전을 주도했던 생산 체제를 조립형 공업화라는 틀로 분석하고 그것을 기술·기능 절약적 발전으로 특징지었다. 한국은 주로 일본에서 고도 기술이 체화된 고품질의 중핵 부품이나 소재, 자동화 기계·설비를 수입하여 그것을 통합하고 미숙련 노동력으로 조립하여 수출하는 것으로 산업 및 상품을 고도화함으로써 경이적인 경제 발전을 이룰 수 있었기 때문이다.

이 조립형 공업화가 IMF 경제위기 이후 심화되고 고도화될 수 있었던 것은 디지털화·자동화와 세트가 된 모듈형 생산 시스템의 도입으로 인한 것이 크다. 기능이 컴퓨터상의 소프트웨어로 실현되는 디지털화된 자동화 기계·설비를 생산 시스템의 중추에 둠으로써 구조적 일체성과 자기완결적 기능을 가지는 모듈을 시장 수요에 맞춰 유연하고 효율적으로 생산할 수 있게 되었던 것이다. 동시에 그것에 필요한 가장 중요한 노동은 기술자나 테크니션에 의한 소프트웨어의 프로그래밍되고, 직접 노동자의 노동은 적극적으로는 모듈을 장착하거나 조립하는 단순 반복적 작업이 되었다. 이는 직접 노동자가 경험에 기초해 자율적으로 구상하고 판단하는 종래의 인간적인 기능이나 숙련과는 전혀 다른 성질의 노동이다. 이처럼 인간적 기능노동을 극력 배제하는 생산 체제가 구축된 것이다. 이러한 노동과정이 구상으로부터 분리되어 철저하게 단순화되면서 기업 내에서 숙련이나 기능형성의 필요가 없어지고, 그 결과 정규직 노동자가 비정규직 노동자로 대체되는 것이 쉬워졌다. 이는 자율적인 인간적 기능을 배제하는 과정으로, 노동의 물화·상품화라고 바꿔 말할 수 있을 것이다.

한국의 수출 지향형 경제 성장을 주도해 온 전자 산업이나 자동차 산업은 모듈형 생산을 시행하는 대표적 기업이고, 특히 자동차 산업에서는 IMF 경제위기를 계기로 생산 시스템의 모듈화가 급속히 진전되었다. 이런 맥락에서 본 장에서는 한국 자동차 산업의 독점 기업인 현대자동차를 사례로 들어 모듈형 생산 시스템 도입에 따르는 노동과정이나 노동력 구조의 변화를 살펴보았다.

현대자동차의 완성차 메이커의 경우 생산 시스템의 모듈화와 그것과 나누기 어렵게 이어진 생산 설비의 디지털화·자동화로 인해 직접 노동자의 필요 인원수가 대폭 축소되었고 더불어 직접 노동과정의 대부분은 표준화된 단순 조립 공정이 되었다. 이렇듯 직접 노동과정에서 숙련의 해체는 정규직 노동자를 사내 하청 노동자를 비롯한 비정규직 노동자로 급속히 대체하는 것으로 이어졌다.

또한 현대자동차의 생산 체제의 특징은 엔지니어 주도적 생산 체제라고 할 수 있다. 원래대로라면 생산 시스템의 자동화가 진전됨에 따라 시스템을 원활히 작동시키기 위해 자동 기계의 유지나 보전과 같은 시스템 조정노동을 담당하는 보전공이나 품질 관리공이라는 간접 부문의 숙련 노동자의 중요성이 증대되었을 것이다. 그러나 현대자동차에서는 간접부문 노동자의 비중은 증대했지만 회사는 이들 노동자의 기능 형성에는 소극적이었고 시스템 조정 노동의 대다수를 엔지니어에게 맡기거나 외부 하청 기업에 위탁하고 있다. 현대자동차의 생산 체제는 간접 부문도 포함된 기능노동자 전반의 탈숙련화와 정규직 노동자의 하청 노동자로의 대체를 진전시킨 것이다.

여기에서 중요한 것은 이러한 정규직 노동자의 비정규직화가 노동조합의 발언권을 약화시켰고 이것이 바로 노동의 비정규직화를 더욱 촉진시켰다는 점이다. 실제로 2000년 단체 협약에서 비정규직 노동자 비율은 생산 노동자의 16.9퍼센트로 노사 간 합의되었음에도 불구하고, 2002년에 무효화된 뒤 계속 비정규직 비율은 30퍼센트 내외에서 추이하고 있다(214~215쪽). 생산 체제의 모듈화는 내부 노동시장을 노동력의 비정규직화를 통해 침식했을 뿐 아니라 내부 노동시장을 기반으로 하는 기업별 노동조합을 약체화시키기도 했다.

직접 노동자의 탈숙련화와 비정규직화 간의 밀접한 관계는 현대자동차 그룹의 모듈형 생산 시스템의 중추인 모듈 전문 기업 현대모비스에서 극단적인 형태로 나타나고 있다. 현대모비스는 설비 투자로 생기는 리스크를 회피하기 위해 기존 기업의 매수를 통해 성장해왔다. 게다가 매수 시 설비나 자산만 매수하고 노동자는 직접 고용하지 않고, 기존의 노동자를 하청 회사의 하청 노동력으로 간접 고용하는 방식을 취했다. 즉 관리직을 제외한 전 노동자를 하청 노동자화한 것이다. 이러한 전 노동자의 비정규직화가 가능해진 것은, 현대모비스에서는 작업과정에서 자기의 판단으로 작업을 중단하는 등의 직무 권한을 노동자에게 전혀 주지 않았고 노동자의 자율적인 구상과 판단을 철저히 배제하는 자동화 기계 우위의 생산 시스템을 채용했기 때문이다. 이렇게 현대모비스는 노동력의 철저한 외부화를 추진해 고용의 유연성을 최대한 확보함과 더불어 '무고용·무노조'를 기업 운영의 기본 원칙으로 삼아 노사관계의 존재를 부정함으로써 높은 수익률을 달성해 온 것이다.

이상으로 살펴본 바와 같이 1998년 IMF 경제위기를 계기로 하여, 한국 대기업을 중심으로 생산 시스템의 디지털화·자동화와 모듈화를 중축으로 하는 생산 체제의 '혁신'이 일어났다. 그러나 '혁신'이라고 해도 이는 경제위기에 직면해 조립형 공업화라는 종래의 한국의 독특한 경제 발전 메커니즘을 심화·고도화시킨 것에 다름 아니다. 이렇게 원래 기술·기능 절약적이었던 한국의 생산 체제는 자율적인 구상이나 판단에 기초하는 인간적 기능을 철저히 배제하는 탈숙련화를 통해, 달리 말해 노동 상품화를 통해 한층 급속히 추진될 수 있었다.

이는 한국의 거시적인 기술·기능 노동력 구조의 변화로 곧 나타났다. 자동화 기계의 프로그래밍이나 제어·보전 등을 전문적으로 시행하는 한 줌의 엔지니어의 중요성이 크게 올라가는 한편, 비숙련 노동자가 노동력의 중추를 점하게 된 것이다. 이는 특히 대기업에서 현저히 나타났다. 이러한 숙련의 해체가 사회 전반적으로 진행되는 가운데 정규직 노동자는 비정규직 노동자로 쉽게 대체되었고, 기능 노동력의 비정규직화는 강력한 기업별 노동조합운동의 중추가 되어 왔던 대기업의 내부 노동시장 체제를 점차 위축시켰다. 그 결과 대기업 남성 정규직 노동자를 중심으로 한 기업별 노동조합운동은 약해졌고, 내부 노동시장 체제 속에서 안정적인 고용과 양호한 노동 조건을 향유해 왔던 대기업 남성 정규직 노동자조차 지금은 중핵 노동자로서의 지위를 위협당하고 있다. 이러한 일련의 흐름 속에서 대기업 내부 노동시장 체제는 크게 동요하고 있는 것이다. 말하자면 한국에서 노동의 비정규직화란 경영 측에 의한 노동의 물화·상품화의 만족할 줄 모르는 추구와 그것을 통한 노사관계의 통제[21]에 다름 아니다.

그러나 이미 1987년 노동자대투쟁 직후부터 중핵 노동자인 대기업 남성 정규직 노동자의 내부 노동시장의 형성과 표리관계에 있던, 방대한 도시 하층으로 이어지는 주변 노동자를 기원으로 하는 비정규직 노동자의 존재가 있었음을 강조해 두고 싶다. 특히 1990년대 이후 여성의 급속한 임금 노동자화에서 주류적인 흐름은 도시 영세 자영업의 무급 가족 종사자에서 비정규직 노동자로 전환되는 것이었다. 그럼에도 불구하고 한국에서 비정규직 노동자 문제가 사회 문제로 대두되었던 것은 IMF 경제위기 이후였는데, 이는 대기업의 내부 노동시장을 구성하면서 가정에서 '남성 생계 부양자'이기도 했던 남성 정규직 노동자가 비정규직 노동자화했기 때문이다. 이 점은 일본에서 1990년대를 통해 여성 노동자의 비정규직화가 급격히 진전되

---

21 이는 브레이버맨의 주장과도 일치한다. 즉 '관리자 측에 통제를 보장하고 노동자를 저렴화하기 위해서도 구상과 실행은 별개의 직무로 해야 한다. 또한 이 목적을 위해 작업과정의 연구는 관리자 측의 것으로 두어야 하며 노동자의 것으로 두어서는 안된다. 연구 결과는 단순화된 지령에 기초를 수행하는 단순화된 과업이라는 형태만으로 노동자에게 전달되고 그 이후는 아무것도 생각하지 않고 지령의 기초를 만든 기술적 이유나 데이터에 대해 이해할 것도 없이 지령에 따르는 것이 노동자의 의무가 된 것이다(Braveman, 1978: 일역 133).

었음에도 비정규직 노동자 문제가 사회 문제화된 것은 '남성 생계 부양자'인 남성 정규직 노동자의 비정규직화가 진행된 90년대 말 이후였다는 사실과 유사하다. 이런 이유로 다음 장에서는 1990년대 이후 한국에서 노동 비정규직화의 전체적 특징을 젠더 시점에서 부각시키고 싶다.

제5장·젠더 시점에서 본 한국 노동의 비정규직화
─'비공식성 고용'의 증대와 비정규직 노동자 가족의 특징

1. 문제 제기

제4장에서는 1998년 IMF 경제위기를 계기로 한국 노동사회에서 '87년 체제'가 어떻게 변질되었는가를, 노동의 비정규직화의 진전에 동반되는 대기업 남성 정규직 노동자를 중심으로 하는 내부 노동시장 체제의 위축과 동요에 초점을 맞춰 고찰했다. 그러나 전술한 것처럼 대기업 남성 정규직 노동자에 의한 내부 노동시장 체제의 형성은 처음부터 한정적이었으며, 87년 체제의 한 측면이긴 하지만 전체는 아니다. 실제로 분단 노동시장 체제로 특징지어진 87년 체제의 또 하나의 측면인 주변 노동자의 규모가 훨씬 컸고, 이들은 IMF 경제위기 이후 현재화되었으며 사회 문제화된 비정규직 노동자와 많은 부분에서 전통적으로 강하고 굵은 연속성을 가진다.

주변 노동자의 기원은 '개발연대'라고 불리는 1960년대 후반부터

80년대 초 도시 하층까지 거슬러 갈 수 있다. 이 시대 생산 노동자의 노동시장은 지금까지 살펴본 대로 '도시 비공식 부문'과 '공식 부문' 사이를 노동자가 빈번히 이동하는 방대한 도시 하층을 형성하고 있었다. 이 도시 하층은 제1장에서 본 것처럼 임금 노동자만이 아니라 도시 영세 자영업층이나 실업자, 비노동력 인구도 순환·교류관계 속에 포함되어 저임금 노동력의 광대한 공급원이 되었다. 87년 노동자 대투쟁을 계기로 한국의 노동시장은 도시 하층에서 이탈해 내부 노동시장을 형성했던 대기업 남성 정규직 노동자를 중심으로 하는 중핵 노동자와 도시 하층으로 이어지는 다수의 중소 영세기업의 노동자 및 여성 노동자, 비정규직 노동자로 구성된 주변 노동자으로 분단되었다. 이들 주변 노동자는 노동자대투쟁의 혜택을 거의 받지 못했기 때문에 개발연대부터 이어진 도시 하층의 저임금·저소득, 불안정 취로라는 특징을 공유하며 존재해 왔고, 98년 IMF 경제위기 이후에도 다양한 형태의 비정규직 노동자로 계속 존재해 왔다고 추측된다.

본 장의 목적 중 하나는 한국의 비정규직 노동자를 젠더적 시점에서 전체적으로 재인식하는 것이다. 지금까지 한국에서는 비정규직 노동자의 정의나 규모에 관심이 집중되어 그 다양한 존재 형태가 사회 구조 속에서 갖는 의미나 그것들 간의 상호 연관성에 대한 고찰은 이뤄지지 않았다. 특히 비정규직 노동자 수의 남녀 비율이 1:1에 가깝다는 점에서 남녀 모두 노동력의 비정규직화가 진행되고 있다는 것

1 리먼 브라더스 사태 이후 새롭게 나타난 한국의 노동사회경제의 변화를 판단해 평가하는 데는 2011년 현시점에서 구체적인 자료나 데이터가 너무나 빈약하기 때문에 본 장에서는 거시 통계의 원자료를 계통적으로 입수할 수 있는, 리먼 사태 직전인 2008년을 중심으로 분석을 시행한다.

만 평가되었을 뿐 양자 간의 젠더 구조에는 거의 주의를 기울이지 않았다. 그러나 2008년[1] 현재, 남성 임금 노동자의 56.9퍼센트가 정규직 노동자인 것에 비해 여성 임금 노동자의 64.4퍼센트가 비정규직 노동자라는 사실(한국비정규노동센터, 2008: 20)은 비정규직화가 여성에 편중되어 있다는 것을 보여 주고 있다. 더욱이 남녀 비정규직 노동자의 규모만이 아니라 그 성질이나 특징의 차이를 젠더 시점에서 재조명해 볼 필요가 있다. 왜냐하면 비정규직 노동자의 증대에 따라, 노동자 대투쟁 이후 한국의 노동운동을 주도해 온 대기업 남성 정규직 노동자 중심의 기업별 노동조합운동은 IMF 경제위기 이후 정체되어 있는데, 새로운 노동운동의 조직화나 전개를 모색하기 위해서는 그 주체가 되는 비정규직 노동자의 성질이나 사회적 의미를 파악하는 것이 필요 불가결하기 때문이다.

그런데 1990년대 이후 경제적 글로벌화의 급진전과 메가 컴피티션의 격화로 많은 선진국에서 노동시장의 규제 완화 정책이 채택되었다. 그 결과 실업자나 비정규직 노동자가 증대하고 선진국에서도 '비공식 경제'가 확대되어 간다고 ILO는 보고하고 있다.[2] 한국에서도 97년 말 아시아 외환위기 때 IMF로부터 긴급 구제 금융을 받기 위해 정리해고제 도입과 노동자 파견업에 대한 규제 완화를 내용으로 하는 노동시장의 규제 완화 정책이 채택된 결과 실업자와 비정규직 노

---

2 ILO는 1972년 이후 공식 통계에서 파악할 수 없는 개발도상국의 도시잡업적인 경제활동을 '도시 비공식 부문'(informal sector)이라고 칭해 왔다. 그러나 오늘날 개발도상국에서만이 아니라 선진국에서도 확장되고 있다는 '인포멀 경제'(informal economy)의 정의나, 그것이 개발도상국의 '비공식 부문'과 어떠한 차이점과 공통점을 가지는지에 대해서는 명확히 밝혀지지 않았다(ILO, 2002: 1).

동자가 급격히 증대했다. 이후 현재에 이르기까지 계속 비정규직 노동자 문제는 한국의 사회 문제에서 그 초점이 되고 있다. 이에 본 장에서는 '비공식성'(informality)이라는 개념을 분석틀로 한국에서 비정규 고용의 실태를 IMF 경제위기 이전의 노동시장 구조와의 관계성에서 고찰해 보고자 한다.[3] 여기에서는 '비공식성'을 법·제도 및 노동조합의 보호나 규제에서 배제된 고용 및 취업의 성질이라고 정의한다. 당연히 비공식성을 강하게 가진 고용이나 취업은 노동 조건이나 처우에서 큰 차별을 받게 된다.

특히 한국에서는 안정적인 고용을 통해 비로소 사회보장제도에 포섭되고 노동조합의 보호를 받을 수 있기 때문에, 불안정 고용은 다른 모든 비공식성을 야기하는 전제 조건이 된다. 한국의 사회보장제도는 사회보험과 법정 기업 복지의 비중이 압도적으로 크기에 비정규직 노동자를 비롯한 소득 단절의 가능성이 높은 불안정 취로자는 사회보험제도의 사각지대에 놓이기 때문이다(장지연, 2010: 24~28). 또한 한국의 노동조합은 기업 내 노동시장을 형성하는 정규직 노동자의 기업별 노동조합이 주체이기 때문에, 대개 영세기업에 취업해 분산적으로 존재하면서 직장을 전전하며 이동하는 불안정 취로자를 노동조합으로 조직하는 것은 매우 어렵다. 따라서 우선 해고 규제가 기능하고 있는지 어떤지, 명시적인 고용 계약을 맺고 있는지 아닌지 하는 고용의 안정성을 표시하는 고용 보장의 정도를 척도로, 다양한 형태

---

3 '비공식성'이라는 개념을 사용해 한국과 일본의 노동의 비정규직화를 비교 분석한 논고로 요코타 노부코(2007)를 들 수 있다.

로 존재하는 한국의 비정규직 고용의 성질을 고찰한다. 이어서 거기에서 파생하는 다양한 법·제도, 노동조합의 보호나 규제로부터의 배제에 대해서 각각의 고용 형태에 따라 검토하고자 한다.

그러나 한국의 비정규직 노동자의 고용이나 취업의 사회 구조적 의미를 알기 위해선 개개의 노동자가 법·제도나 노동조합의 보호로부터 어떻게 배제돼 있는지에 관한 양상을 분석하는 것만으로는 충분하지 않고, 이들 노동력이 어떻게 재생산되고 공급되는지를 살펴봐야만 한다. 그러기 위해서는 노동력 공급원인 가족, 가구(家口)의 재생산 구조까지 시야에 넣어야만 비로소 개개의 노동자의 취업 형태가 구체적으로 어떻게 결정되는가를 이해할 수 있다. 그러하여 본 장에서는 한국의 비정규직 노동자와 정규직 노동자 가구의 재생산 구조, 달리 말하면 생활 구조를 가구주 및 가구원의 역할 분담에 유의하면서 가계 구조, 특히 가계 수입 구조의 검토를 통해 밝히고 한국 고용 구조의 모델을 고찰하고자 한다.

일본 고용 구조의 모델을 가족의 재생산 구조로 분류한 노무라 마사미(野村正實)는 큰 시사를 준다. 노무라는 호불황에 맞춰 노동력과 비노동력 사이를 부동적으로 왕래하고 노동력 수급의 조절변(調節弁)으로 작동하며, 주로 기혼 여성의 파트타임 노동자로 구성된 연변 노동력[4]의 존재를 전제로 일본의 저실업 고용 구조인 '전부 고용'이 성립되어 있다고 논하고 있다(노무라 마사미, 1998: 55). 노무라는 이 연변 노동력이 어떻게 공급되는지에 따라 일본의 고용 구조를 다음의

4 연변 노동력의 정의 및 '전부 고용'론과의 연관에 대해서는 제3장 주3도 참조할 것.

세 가지 고용 모델로 분류한다. 첫 번째로, 남편이 풀타임으로 회사에 근무하며 가족의 생계비를 벌고 부인은 전업주부인 대기업 모델. 두 번째는 남편은 풀타임으로 회사에 근무하며 가족의 생계비 대부분을 벌지만 부인도 가계 보조적으로 파트타임 노동자로 일하는 중소기업 모델. 세 번째로 자영업주와 무급 가족 종사자에 의해 가족 구성원 모두가 돈을 벌어 가계를 유지하는 자영업 모델이다(노무라 마사미, 1998: 67). 첫 번째와 두 번째 모델은 '남성 생계 부양자'인 남성 정규직 노동자가 주로 가족의 생계비를 버는 '남성 생계 부양자'형 가족이다. 이에 대해서 세 번째 자영업 모델은 가족 구성원 전원이 돈벌이를 하며 생산 노동과 재생산 노동 모두를 담당하는 점에서 '남성 생계 부양자'형 가족과는 성격을 달리한다(다니모토 마사유키[谷本雅之], 2003: 178~179). 그렇다고 해도 제4장에서 본 것처럼 일본의 자영업층은 1990년 이후 그 비율이 급격히 떨어졌다.

이에 비해 한국에서는 1998년 IMF 경제위기 이후 비정규직 노동자가 급격히 증대하고 기업의 인건비 절약과 고용의 수량적 조절에 이용되어 왔다. 거기에서 한국의 비정규직 노동자를 연변 노동력이라고 할 수 있다면 노무라가 제시한 일본의 고용 모델과 비교해서 한국의 노동자 가족의 재생산 구조는 어떠한 것인지를 살펴보고 싶다. 즉 남성 정규직 노동자를 '남성 생계 부양자'로 하는 고도성장기 이후의 일본 노동자 가족과 비교해 남녀 모두 연변 노동력인 비정규직 노동자가 압도적으로 많은 한국에서는 노동자 가족의 생활 구조는 어떠하며, 이들 노동자 가족은 어떠한 모델로 분류할 수 있을까. 더구나 한국에서는 90년대부터 현재에 이르기까지 취업자에 차지하는 자영업층의 비율은 30~40퍼센트로 매우 높으며 일본의 2~3배에까지 이른다(181쪽). 이들 자영업층과 비정규직 노동자와의 교류·순환관계도 감안해 자영업층과 비정규직 노동자 가족과의 유사성이나 관계성에 대해서도 고찰하고자 한다.[5]

마지막으로 결론을 대신해 한국의 비정규직 노동자의 성격을 정리하고 지금까지 남성 정규직 노동자를 주체로 하는 기업별 노동조합운동의 문제점과 한계에 대해 논한다. 그 위에서 한국의 노동운동의 정체를 타개하는 새로운 주변 노동자 조직화의 기도로서 여성 비정규직 노동자의 전국 단일 조직인 전국여성노동조합의 운동을 소개하고 그 가능성에 대해 말하고 싶다.

2. 한국에서의 비정규직 노동자의 특징
— 비정규직 노동자의 정의와 규모를 둘러싼 논쟁으로부터

한국에서는 1998년 IMF 경제위기를 계기로 비정규직 노동자가 급증했다고 여겨지지만, 실은 경제위기 이후 한국 비정규직 노동자의 정의와 규모의 추정을 둘러싸고 학회, 노동조합, 정부가 말려들어 격심한 논쟁을 벌였다.[6] 예를 들어 비정규직 노동자의 인원수 및 임금

---

5 다만, 한국의 노동자 가족의 생활 구조 분석에는 커다란 제약이 있다는 것을 미리 말해 두고 싶다. 한국에서는 노동자 가족의 생활 구조와 취업 형태를 연관지어 고찰하는 문제의식은 희박해서 가구 구성원의 종사상 지위별이나 고용 형태별로 가족의 소득 구조를 볼 수 있는 자료는 존재하지 않고 조사 연구도 매우 적다.

6 한국에서 비정규직 노동자의 정의와 규모 논쟁에 관해서는 요코타 노부코(2003)를 참조할 것.

노동자에 점하는 비율은 2008년 8월 기준으로 정부 발표는 542만 4000명, 33.7퍼센트인 것에 비해 노동조합 발표는 839만 7000명, 52.2퍼센트로 정부와 노동조합 사이에 297만 3000명, 18.5포인트라는 큰 괴리가 있다. 이 양자의 차이는 어디에서 나오는 것인지 밝혀내는 것이 한국에서 비정규직 노동자의 실태와 특질을 밝히는 실마리가 될 것이다.

먼저, 정부는 다음 세 가지 기준을 하나라도 충족하지 못하는 자를 비정규직 노동자로 정의한다. 즉 (1) 기한이 정해지지 않은 상용(=permanent) 고용 (2) 노동시간이 풀타임(full-time)인 자 (3) 단일의 고용주를 위해 노동을 제공하는 자, 즉 직접 고용되는 자이다. 이상은 고용 형태에 따라 정규직인지 비정규직인지를 구분한 것인데, 2001년부터 시작된 『경제활동인구 부가 조사』가 이 정의에 기초해 비정규직 노동자 수와 임금 노동자에 점하는 비율을 추정했으며, 표 5-1의 A+B가 비정규직이 된다.

이에 비해 노동조합 측의 정의는 고용 형태에 더하여 처우 차별을 당하고 있는 것을 비정규직 노동자의 기준으로 하고 있다. 이는 본서의 비공식성 개념과 가깝다. 즉 전술한 (1)에서 (3)을 하나라도 충족하지 못하는 자라는 고용 형태상 조건에 더해 (4) 임금, 노동 조건이 열악하고 기업 복지 및 사회보장제도에서 배제된 자, (5) 노동하는 장소의 동일성과 지속성이 없는 자도 비정규직 노동자로 분류된다. 노동조합은 『경제활동인구 부가 조사』의 고용 형태와 『경제활동인구 조사』 본조사에서의 종사상 지위를 교차해 추계하고 있다. 한국의 『경제활동인구 조사』의 본조사에서는 임금 노동자의 종사상 지위를 고용 계약 기간[7]만이 아니라 각종 부가 급여나 사회보장 등의 근로 기준법상의 보호를 받을 수 있는지 없는지도 중요한 분류 기준으로 집계하고 있기 때문이다(장지연, 2001b: 78; 정이환, 2003: 88).[8] (4)와 (5)를 분류 기준으로 넣으면, 표 5-1의 정부가 정의한 비정규직 노동자 A+B에 고용 형태로는 정규직 노동자로 분류되어도, 노동자로서 받아야할 법이나 제도의 보호에서 배제되어 있는 C가 더해져 A+B+C가 비정규직 노동자가 된다.

표 5-1 · 한국의 비정규직 노동자의 정의(2008년 8월)

(단위: 천 명, %)

구분	비정규직 노동자			정규직 노동자	소계
	기간제	시간제	비전형		
상용 노동자	1,400천 명, 8.7% (A)			7,707천 명, 47.9% (D)	9,107천 명, 56.6%
임시직 일용직	4,024천 명, 25.0% (B)			2,973천 명, 18.5% (C)	6,997천 명, 43.4%
소계	5,424천 명, 33.7%			10,680천 명, 66.3%	16,104천 명, 100.0%

자료: 한국 통계청, 『경제활동인구 조사』 및 『경제활동인구 부가 조사』(2008) 원자료에서 작성.

이렇게 비정규직 노동자의 규모에 관한 정부와 노동조합 사이에서 보이는 추계치의 큰 차이는 C를 비정규직 노동자로 포함시킬지 아닐지에서 나오는 것을 알 수 있다. 노동조합은 전체 임금 노동자의

---

7 임금 노동자의 종사상 지위의 고용 계약 기간 구분에 대해서는 제4장의 주4를 참조할 것.
8 『경제활동인구 조사』의 종사상 지위 구분에서는 고용 계약 기간에 더해서 인사 관리 규정의 적용을 받는지, 퇴직금, 보너스 등 각종 수당을 받는지, 근로기준법상 휴가 등의 적용을 받는지, 사회보험의 적용 대상이 되는지가 종합적으로 고려된다. 영세기업 노동자는 각종 수당, 근로기준법, 사회보험의 혜택을 받지 못하는 사람이 많으며 임시직이나 일용직으로 분류되는 사람이 많아진다(정이환, 2003: 88).

18.5퍼센트나 점하는 C를 노동 조건이 열악하고 법이나 제도에서도 배제된 비공식적인 성격이 강한 방대한 불안정 취로층이기에 비정규직 노동자로 파악해야 한다고 주장한다. 한편 정부는 C의 그러한 특성과 존재 형태를 인정하면서도 정규직/비정규직이라는 고용 형태에 따른 분류와는 별도로 '사회적 취약 계층'이라는 새로운 개념을 만들어 호칭한다. 그러나 비정규직 노동자라고 부를지 말지의 차이는 있어도 정부, 노동조합 양자의 주장에서 떠오르는 것은 C의 노동자는 한국의 압축적 공업화·도시화과정에서 형성된 방대한 도시 하층으로 이어지는 그것과 많은 공통점을 가지는 주변 노동자층이 아닐까 하는 것이다. 만약 그렇다면 C의 존재는 한국의 고용·취업 체제를 특징짓는 것에 다름 아니다. 이런 맥락에서 표 5-1에서 A, B, C, D 노동자 층의 속성이나 관계성을 검토해 보자.

일단 정부의 정규/비정규직 분류에 따라서 A, B, C, D를 다음과 같이 부르기로 한다. 즉 A를 상용형 비정규직 노동자, B를 임시직·일용직형 비정규직 노동자, C를 임시직·일용직형 정규직 노동자(='사회적 취약 계층'), D를 상용형 정규직 노동자로 한다. 여기에서는 2005년 『경제활동인구 조사』와 『경제활동인구 부가 조사』의 원자료 분석을 통해 A, B, C, D의 노동자층의 속성을 검증한 어수봉(2005)에 의거해 살펴보자. 결론을 먼저 말하자면, A의 상용형 비정규직 노동자와 D의 상용형 정규직 노동자가 많은 점에서 유사성을 보이는 한편, B의 임시직·일용직형 비정규직 노동자와 C의 임시직·일용직형 정규직 노동자(='사회적 취약 계층')도 현저한 유사성을 보인다.

표 5-2는 노동자층별 임금 및 속성을 표시한 것이다. 먼저 D의 상

표5-2 · 노동자층별 임금과 인적 속성

	A	B	C	D
월평균 임금(원)	1,709,411	896,538	1,078,070	2,207,898
(D대비%)	(77.4)	(40.6)	(48.8)	(100.0)
시간당 임금(원)	42,327	25,153	22,270	55,351
(D대비%)	(76.5)	(45.4)	(40.2)	(100.0)
여성 비율(%)	40.2	57.5	56.3	29.4
평균 연령(세)	37.982	42.363	38.014	38.264
근속(년)	4.739	1.529	2.160	8.989
기혼자 비중(%)	64.5	61.2	56.1	71.6
가구주 비중(%)	56.6	47.7	46.4	68.3
중졸 이하(%)	14.5	36.9	24.3	8.7
고졸(%)	36.5	47.1	53.7	37.8
전문대졸(%)	16.4	6.3	11.2	15.3
대졸 이상(%)	32.4	9.5	10.5	38.0
표본 수(명)	2,567	7,239	5,140	11,137

출처: 어수봉(2005: 14).

용형 정규직 노동자의 월평균 임금을 100.0으로 했을 때 A의 상용형 비정규직 노동자는 77.4퍼센트인 것에 비해 B의 임시직·일용직형 비정규직 노동자는 40.6퍼센트, C의 임시직·일용직형 정규직 노동자는 48.8퍼센트다. 또한 D의 시간당 임금을 100.0으로 했을 때 A는 76.5퍼센트인 것에 비해 B는 45.4퍼센트, C는 40.2퍼센트다. 이렇게 A의 상용형 비정규직 노동자의 임금 수준은 B의 임시직·일용직형 비정규직 노동자, C의 임시직·일용직형 정규직 노동자보다 D의 상용형 정규직 노동자에 가까운 한편, B, C는 D의 임금 수준의 40~49퍼센트에 지나지 않는 저임금이라는 점에서 공통되고 있다.

노동자층별로 그 속성을 보면 B의 임시직·일용직형 비정규직 노

표 5-3 · 노동자층별 기업 속성

(단위: %, 명)

구분		A	B	C	D
산업	농림어업	0.1	4.2	0.7	0.2
	광업	0.1	0.04	0.08	0.2
	제조업	21.0	9.9	22.6	33.4
	전기·가스·수도	0.3	0.2	0.04	0.9
	건설	4.4	18.8	5.5	4.8
	도소매·음식·숙박	9.3	26.1	39.3	8.0
	운수·통신	13.5	8.5	5.2	13.1
	금융·부동산 서비스	27.7	14.8	7.1	17.9
	공공 보건·오락	20.0	10.9	11.4	17.4
	기타 서비스	3.2	6.0	7.7	3.6
직업	고위 관리직	2.4	0.1	0.1	3.3
	전문가	14.9	2.8	4.1	16.0
	기술공·준전문가	12.1	6.2	6.9	13.5
	사무 종사자	24.9	7.1	12.5	29.4
	서비스 종사자	7.4	15.9	21.3	4.3
	판매 종사자	2.7	12.7	12.9	1.6
	농림어업 숙련	0.3	1.4	0.4	0.1
	기능공	7.5	14.6	14.1	8.5
	장치·기계 조작 조립	12.3	4.9	11.8	17.9
	단순 노무	15.0	33.9	15.6	5.0
기업규모	5명 미만	4.9	36.6	39.9	4.3
	5~29명	33.6	42.5	45.3	31.4
	30~99명	29.9	13.6	9.5	26.4
	100~299명	15.7	4.3	3.5	14.8
	300명 이상	15.7	2.7	1.5	22.8
노동조합 조직율		14.1	0.8	1.7	24.5
총수(명)		2,567	7,239	5,140	11,137

출처: 어수봉(2005 : 16).

동자, C의 임시직·일용직형 정규직 노동자는 A의 상용형 비정규직 노동자, D의 상용형 정규직 노동자에 비해 여성의 비율이 높고 근속 연수가 짧으며 가구주 비중이 낮고, 저학력자의 비중이 높다. 특히 주목해야 할 점은 여성의 비율이 A(40.2퍼센트), D(29.4퍼센트)에 비해 B(57.5퍼센트), C(56.3퍼센트)가 매우 높다는 것이다.

다음으로 표 5-3에서 노동자층별 기업 속성을 살펴보자. 먼저 산업을 보면 B의 임시직·일용직형 비정규직 노동자, C의 임시직·일용직형 정규직 노동자는 도·소매업, 음식, 숙박업 등 도시 영세기업이 집중되는 산업에 가장 많다(B: 26.1퍼센트, C: 39.3퍼센트). 이에 비해 A의 상용형 비정규직 노동자, D의 상용형 정규직 노동자는 제조업(A: 21.0퍼센트, D: 33.4퍼센트)과 금융·부동산 서비스업(A: 27.7퍼센트, D: 17.9퍼센트)의 비중이 눈에 띄게 높다. 또한 직업에서는 B, C와 A, D의 직업 분리가 눈에 띈다. 즉 B, C는 서비스 종사자와 판매 종사자, 기능공, 단순 노무직과 같은 저기능이나 비숙련을 특질로 하는 직업의 비중이 높은 것에 비해 A, D는 전문가, 기술공·준전문가, 사무직 종사자로 비교적 높은 전문성이나 기술이 요구되는 직업에서의 비중이 높다. 규모별에서도 B, C는 모두 종업원 5명 미만 영세기업에 각각 36.6퍼센트, 39.9퍼센트로 집중되어 있는 것에 비해 A, D는 각각 4.9퍼센트, 4.3퍼센트에 지나지 않는다. 반대로 A, D는 B, C와 비교해서 규모가 큰 기업에 취업하고 있다. 특히 종업원 300명 이상 대기업에서 종사하는 비중은 A, D는 각각 15.7퍼센트, 22.8퍼센트로 B, C의 각각 2.7퍼센트, 1.5퍼센트에 비해 매우 높다.

그런데 한국에서는 근로 기준을 정한다는 법의 취지에 따라 노사관계의 당사자인 모든 노동자와 사용자에 적용되어야만 하는 근로기준법에서 종업원 5명 미만의 영세기업에 대해서는 적용되지 않는 규정이 있다(근로기준법 제11조 2항 및 근로기준법 시행법령 7조). 그것은 정리해고의 4요건[9]이 포함된 해고 규제, 퇴직금 제도, 노동시간 및 휴가, 취업 규칙, 법령 요지 등의 게시, 노동위원회에 대한 손해 배상 청구이다. 이로 인해 종업원 5명 미만 영세기업의 종업원이 40퍼센트 가까이를 점하는 B의 임시직·일용직형 비정규직 노동자, C의 임시직·일용직형 정규직 노동자의 많은 수가 근로기준법의 상기 규정에 의한 보호에서 배제되어 있다. 특히 해고 규제로부터의 배제는 이들 노동자의 고용을 불안정하게 하고, 이러한 고용의 불안정성은 B, C의 노동자가 사회보장제도에서 배제되는 것으로 이어진다.

또한 노동조합의 조직률 격차도 주목할 만하다. A의 상용형 비정규직 노동자, D의 상용형 정규직 노동자는 각각 14.1퍼센트, 24.5퍼센트인 것에 비해, B의 임시직·일용직형 비정규직 노동자, C의 임시직·일용직형 정규직 노동자는 각각 0.8퍼센트, 1.7퍼센트로 노조 조직률이 극단적으로 낮다. 이는 A의 상용형 비정규직 노동자와 D의 상용형 정규직 노동자는 노동조합으로부터의 보호를 받을 수 있는 것에 비해 B의 임시직·일용직형 비정규직 노동자, C의 임시직·일용직형 정규직 노동자는 노동조합을 조직하는 것조차 어렵다는 것을

---

9 정리해고의 4요건에 대해서는 제4장의 주석 7을 참조할 것. 정리해고의 4요건은 일본에서는 판례법으로 확립되어 있음에 지나지 않는 것에 비해 한국에서는 근로기준법에 의해 입법화되어 있다(근로기준법 제24조). 그러나 한국의 근로기준법에는 광범위한 적용 제외가 있기 때문에 정리해고법의 규제력은 일반적 해고 규제와 마찬가지로 매우 약하다.

보여 준다.

이상으로 정부 통계에서 임시직·일용직형 비정규직 노동자로 분류된 B와 임시직·일용직형 정규직 노동자(='사회적 취약 계층')로 분류된 C의 강한 유사성이 검증되었다. 이 두 개의 노동자층은 도·소매, 음식, 숙박 등의 도시 영세기업에서 일하며 저기능이나 비숙련으로 기업 규모의 영세성 때문에 법이나 제도, 노동조합의 보호나 규제의 사각지대를 형성하고 있는 경우가 많다. 따라서 이 둘의 노동자층은 다른 집단이 아니라 하나로 관통되는 공통성이 강한 집단이라고 파악해야 한다. 달리 말하면 B, C 둘 다 불안정 취로, 저임금, 사회보장이나 노동조합의 보호로부터의 배제 등을 특질로 하며, 1970년대 이후 방대하게 형성된 도시 하층과의 공통성이나 연속성을 가지는 주변적 노동자가 다수 속해 있다. 그와 함께 여성이 B, C의 과반수를 점하는 것은 여성 비정규직 노동자에게 비공식적인 성격이 특히 강하다는 것을 보여 준다. 또한 이 B, C의 노동자는 2008년에 전체 임금 노동자의 43.4퍼센트, 비정규직 노동자(A+B+C)의 83.3퍼센트를 점한다(표 5-1)는 사실에서 한국 임금 노동자, 특히 비정규직 노동자가 전체적으로 비공식적인 '주변적' 특질을 갖추고 있다는 것을 엿볼 수도 있다.

그러나 동시에 놓쳐서는 안 되는 것은 법이나 제도에 상대적으로 잘 포섭된 A의 상용형 비정규직 노동자의 존재이다. 비교적 높은 전문성이나 기능을 갖추고 노동 조건도 좋은 A의 노동자는 2008년 현재 전체 임금 노동자의 8.7퍼센트, 비정규직 노동자의 16.7퍼센트에 지나지 않지만(표 5-1), 이러한 정규직 노동자에 가까운 비정규직 노동자가 최근에 증대하고 있다.[10] 이는 상용 노동자의 고용의 질의 변화를 본 제4장의 표 4-1에서도 확인된 것처럼 2000년대 이후 현저하고, 다수의 정규직 노동자가 상용형 비정규직 노동자로 대체된 결과라고 여겨진다. 게다가 B, C에서 여성이 과반수를 점하는 것과는 대조적으로 A에서는 남성이 약 60퍼센트를 점하고 있다. 이 사실은 '중핵 노동자'-남성, '주변 노동자'-여성이라는 젠더 구조와 유사한 구조가 정규-비정규직 노동자 사이만이 아니라 정규직 노동자의 비정규직화의 진전과 함께 비정규직 노동자 내부에서도 확대되어 있음을 시사한다.

3. 한국 비정규직 노동자의 '비공식성'과 젠더 구조

비정규직 노동자의 고용의 불안정성과 '비공식성'

한국의 비정규직 노동자의 내부 구성을 젠더 구조와 관계지으면서 고용의 불안정성에 초점을 맞추어 자세히 살펴보고자 한다. 여기에서는 비정규직 노동자의 다양한 실태를 밝히기 위해 한국비정규노동센터가 정한 노동자의 분류 방법에 의거해 고찰할 것이다. 한국비정규노동센터에서는 단순히 정규/비정규라는 고용 형태만이 아니라 처우 차별이나 법·제도로부터의 배제 등에도 초점을 맞춰 비정규

---

10 A의 상용형 비정규직 노동자는 2006년 134만 명, 전체 임금 노동자에 점하는 비율이 6.7퍼센트였던 것이 2008년에 140만 명, 8.7퍼센트, 2009년에는 151만 명, 9.4퍼센트로 최근 확실하게 증대하고 있다(한국 통계청, 『경제활동인구 조사』, 『경제활동인구 부가 조사』 원자료 각 연도판).

표 5-4 · 한국 임금 노동자의 성별 내부 구성(2008년)

(단위: 천 명, %)

		고용 형태											합계
		정규[2]	비정규	일반 임시직[3]	기간제 고용[4]	상용 파트[5]	임시 파트[6]	등록형 파견[7]	특수 고용[8]	파견[9]	용역[10]	가내 노동[11]	
남성		5,331	4,034										9,365
		56.9	43.1	16.2	12.3	0.0	2.7	5.4	1.9	0.7	3.9	0.1	100.0
	(%)		(100.0)	(37.6)	(28.5)	(0.0)	(6.3)	(12.5)	(4.4)	(1.6)	(9.0)	(0.2)	
여성		2,397	4,340										6,737
		35.6	64.4	25.6	14.3	0.2	9.2	3.1	6.0	1.1	4.0	0.9	100.0
	(%)		(100.0)	(39.8)	(22.2)	(0.3)	(14.3)	(4.8)	(9.3)	(1.7)	(6.2)	(1.4)	
전체		7,729	8,374										16,102
		48.0	52.0	20.1	13.1	0.1	5.4	4.4	3.6	0.9	4.0	0.4	100.0
	(%)		(100.0)	(38.7)	(25.2)	(0.2)	(10.4)	(8.5)	(6.9)	(1.7)	(7.7)	(0.8)	

자료: 한국 통계청, 『경제활동인구 조사』 및 『경제활동인구 부가 조사』 2008년판 원자료에서 작성

주: 1) ( )는 비정규직 노동자를 100.0으로 했을 때의 비율

2) 정규직 노동자: 단일한 사용자와 기간을 정하지 않고 항구적인 고용 계약을 맺고 전일제로 일하는 고용 관계에 의해 노동법상의 해고 보호와 정기적인 승급이 보장되고 고용관계를 통한 사회보험의 혜택이 부여되는 경우로 정의된다.

3) 일반 임시직: 임시직은 일정 사업이 완료, 임시적 결원의 대체, 계절적인 노동이 필요한 경우 등의 객관적이고 합리적인 이유와 조건에 따라 고용 계약의 기간을 정하고, 그 기한의 만료에 의해 자동적으로 고용 관계가 종료되거나, 장래 장기적으로 계속되는 노동에 대해 명시적 혹은 암시적인 합의가 없는 경우로 정의된다. 임시직 중에서 고용 계약 기간이 정해져 있는 경우와 정해져 있지 않은 경우로 나뉘는데, 전자를 기간제 고용이라 하고 후자를 일반 임시직이라고 정의한다. 일반 임시직은 종사상 지위가 '임시직 노동자' 혹은 '일용직 노동자'에 해당되는 노동자와 '상용 노동자'에 속해 있어도 개인적인 이유가 아니라 임의적 고용계약에 의해 계속 같은 직장에 다니는 것이 불가능하다고 대답한 노동자에 해당된다.

4) 기간제 고용: 종사상 지위와는 관계없이 임금 노동자 중에서 고용 계약 기간을 정한 경우에 해당되고 여기에는 계약이 반복적으로 갱신되는 경우도 포함된다.

5) 상용 파트: 파트타임 노동자는 직장에서 근무하도록 정해진 소정의 노동시간이 동일한 직장에서 동일한 종류의 업무를 수행하는 노동자의 소정 노동시간보다 한 시간이라도 짧은 노동자로 정의된다. 상용 파트는 종사상 지위가 상용 노동자에 해당된다는 노동자 중에서 시간제로 일하고 있다고 대답한 노동자를 가리킨다.

6) 임시 파트: 종사상 지위가 '임시직 노동자' 혹은 '일용직 노동자'에 해당되는 노동자 중에서 시간제로 일하고 있다고 대답한 노동자를 가리킨다.

7) 등록형 파견: 노동 계약을 하지 않고 일이 생겼을 경우 며칠 동안 혹은 몇 주 동안씩 일하는 형태의 노동자라고 정의되며 통계청에서는 이를 일일 노동자라는 용어를 사용한다.

8) 특수 고용: 독자의 사무소, 점포, 또는 작업장을 가지지 않으며, 비독자적인 형태로 업무를 수행하고 있지만 노동 제공의 방법이나 노동시간 등은 독자적으로 결정하고 개인적으로 모집·판매·배달·운송을 통해 고객을 찾거나 상품이나 서비스를 제공하고 일을 한 만큼 소득을 얻는 경우를 가리킨다.

9) 파견: 고용기업(임금 또는 급여를 지급하는 기업)과 근무하고 있는 기업(직장)이 다른 경우로 임금(급여)을 원래 소속되어 있는 기업(파견기업)에서 받지만 근무는 그와는 다른 기업에서 하는 경우를 가리킨다.

10) 용역: 용역(=하청)기업에 고용되어 임금(급여)를 받고 업무상 지휘·감독도 고용기업의 관리 아래에 있으며 이 기업과 용역 계약을 맺은 다른 기업에서 노동을 제공하는 형태를 가리킨다.

11) 가내 노동: 재택근무, 가내 하청처럼 기업이 제공한 공동의 작업장이 아니라 가정 내에서 작업이 이뤄지는 경우라고 정의되며 대상자의 가정만이 아니라 이웃집 혹은 근처 다른 가정에 모여 작업을 하는 경우도 이에 해당된다.

직 노동자의 내부 구성을 분석하고 있기 때문에 본 장의 비공식성 개념에도 적합하다. 또한 여기에서 논증에 이용한 수치는 특별한 언급이 없는 한 한국 통계청의『경제활동인구 조사』및『경제활동인구 부가 조사』2008년판의 원자료를 분석해 얻은 것이다(부표 5-1 ② 및 부표 5-1의 ③도 참조할 것).

표 5-4는 2008년 한국 임금 노동자의 성별 내부 구성을 표시한 것이다. 임금 노동자의 약 60퍼센트가 남성은 정규직 노동자임에 비해여성은 비정규직 노동자로, 정규-비정규직 노동자의 관계에서 젠더구조가 있음은 앞서 서술했다. 이에 입각해 한국에서 고용이나 취업의 비공식성의 기점이 되는 고용의 불안정성을 축으로 비정규직 노동자 내부 구성을 남녀별로 검토해 보자.

먼저 남녀 모두 비정규직 노동자의 약 40퍼센트로 제일 높은 비율을 점하는 것이 일반 임시직이다. 또한 일반 임시직이 임금 노동자에점하는 비율이 남성은 16.2퍼센트인 것에 비해 여성은 25.6퍼센트로단연 높은데, 이는 여성 임금 노동자의 4명 중 1명이 일반 임시직이라는 말이 된다.

그러므로 일반 임시직의 정의는 한국의 비정규직 노동자의 실태를파악하는 데 중요하다. 조금 길지만 표 5-4의 주에서 인용해 보자.

임시직은 일정 사업의 완료, 임시적 결원의 대체, 계절적인 노동이 필요한 경우 등의 객관적이고 합리적인 이유와 조건에 따라 고용 계약의기간을 정하고, 그 기한의 만료에 의해 자동적으로 고용관계가 종료되거나, 장래 장기적으로 계속되는 노동에 대해 명시적 혹은 암시적인 합의가 없는 경우로 정의된다. 임시직 중에서 고용 계약 기간이 정해져 있는 경우와 정해져 있지 않은 경우로 나뉘는데, 전자를 기간제 고용이라 하고 후자를 일반 임시직이라고 정의한다. 일반 임시직은 종사상 지위가 '임시직 노동자' 혹은 '일용직 노동자'에 해당되는 노동자와 '상용 노동자'에 속해 있어도 개인적인 이유가 아니라 임의적 고용 계약에 의해 계속 같은 직장에 다니는 것이 불가능하다고 대답한 노동자에 해당된다(강조는 지은이).

임시직의 일반적 정의를 서술한 전반 부분이 아니라 밑줄 그은 후반 부분이 한국의 일반 임시직 노동자의 특성이다(김유선, 2001; 장지연, 2001b). 일반 임시직은 고용 기한이 정해져 있지 않으며, 현재 직장에서 장기적으로 계속 일하는 것이 보장되지 않은, 고용이 불안정한 노동자를 가리킨다.[11] 한국의 비정규직 노동자의 많은 수가 포함되는 일반 임시직에게는 '고용 기한이 정해지지 않은 것'이 불안정 고용의 근거가 되어 있는 것이다. 이는 오늘날 선진국의 고용 계약에서 '언제라도 해약 신청을 할 수 있다'(일본 국민법 제627조 1항)는 불안정한 고용 유형을 뜻하는 '기한이 정해지지 않은' 고용 계약이, 해고 규제의 도입으로 인해 장기 안정 고용이 보장되는 계약을 뜻하는 것으로 의미가 반전된 것(아리타 겐지[有田謙司], 2005: 232)과 대조적이다. 한국에서는 근로기준법으로 정해진 해고 규제가 보편적으로 효력을 발휘

---

11 한국비정규노동센터에 의한 일반 임시직의 정의 및 특성은 한국노동사회연구소의 김유선이 사용하는 '장기 임시 근로'와 같은 것이다.

하고 있지 않기 때문에, 선진국에서와 같은 '기한이 정해지지 않은 고용'이 곧 장기 안정 고용이라는 상식이 통용되지 않게 되고, 불안정한 고용이 광범위하게 존재하게 되는데, 그 전형이 바로 일반 임시직 노동자인 것이다. 일반 임시직은 표 5-1의 C의 사회적 취약 계층이나 B의 임시직·일용직형 비정규직 노동자와 겹치는 부분이 많으며, 개발연대 이래 도시 하층과의 연속성이 강하다.

이는 일반 임시직이 영세기업에 집중되어 있다는 사실로도 뒷받침된다. 여성 일반 임시직의 45.7퍼센트, 남성 일반 임시직의 36.5퍼센트가 종업원 5명 미만의 영세기업에 취업하고 있다(부표 5-1 ② 및 5-1 ③). 앞서 서술했듯이 한국의 근로기준법에 정해진 해고 규제, 노동시간 및 휴가, 취업규칙, 법령 요지 등의 게시, 노동위원회에 대한 손해배상 청구 규정은 종업원 5명 미만의 영세기업에는 적용되지 않는다. 즉 영세기업에 편재해 있는 일반 임시직, 특히 여성 일반 임시직의 다수에 대해 해고 규제가 적용되지 않거나 고용 계약을 명시적으로 제시하지 않는 것이 법적으로 인정되기에, 이러한 고용은 몹시 불안정할 수밖에 없는 것이다. 필연적으로 고용 보장이 취약한 일반 임시직은 기업에의 정착성이 낮고 빈번히 노동 이동을 반복한다. 일반 임시직이 약 40퍼센트를 점하는 한국의 여성 비정규직 노동자는 직장 간 이동만이 아니라 실업·비노동력 인구와 워킹푸어 사이를 오가는 빈도가 높다는 사실을 은수미는 실증하고 있다(은수미, 2010b: 16). 이는 바로 노무라 마사미(1998)가 제시한 연변 노동력과의 공통점이라고 할 수 있다.

더욱 흥미로운 것은 일반 임시직 중에서도 성별 직업 분리가 명확히 존재한다는 점에 있다. 남성 일반 임시직은 기능원·관련 기능 종사자, 장치·기계 조작·조립 종사자, 단순 노무 종사자에 59.4퍼센트가 집중되어 있는 반면, 여성 일반 임시직은 서비스 종사자, 판매 종사자, 단순 노무 종사자에 62.5퍼센트가 집중되어 있다(부표 5-1 ② 및 5-1 ③). 남성 직종의 기능원·관련 기능 종사자, 장치·기계 조작·조립 종사자는 생산 노동자로서 일정의 기능을 요한다. 이에 비해 여성 직종인 서비스 종사자와 판매 종사자, 단순 노무 종사자의 대부분은 영세기업에 종사하는 비숙련 노동자이다. 노동자가 갖춘 기능의 질이 고용 안정성을 결정짓는 것은 이미 제4장에서 살펴보았다. 이러한 성별 직종 분리에서 일반 임시직 중에서도 여성 쪽이 불안정 고용인 것은 상상하기 어렵지 않다.

일반 임시직 다음으로 임금 노동자에 점하는 비율이 큰 비정규직 고용 형태는 남성(12.3퍼센트)도 여성(14.3퍼센트)도 기간제 고용이다 (표 5-4). 기간제 고용은 선진국에서는 유기 고용으로, 고용의 불안정성과 정규직 노동자와의 차별 대우를 초래하는 취업 형태를 뜻한다. 그러나 한국적인 고용 계약의 맥락에서는 고용 기한이 정해져 있다는 것은 고용 기한이 정해지지 않아도 불안정 고용인 일반 임시직과는 달리 그 기간 중 고용이 보장되어, 오히려 고용 안정성이 높아진다는 의미를 가진다. 기간제 고용은 법이나 제도에 포섭되어 고용 안정성이 높고 그 질이 좋아서 표 5-1의 A의 상용형 비정규직 노동자에 속하는 자도 상당히 있을 것이라고 생각된다. 제4장에서 본 것처럼 상용 노동자라면 비정규직 노동자나 기간제 고용(1년 이상)이라도 명시적인 고용 계약이 이뤄지는 비율이 높고 그 95퍼센트 이상이 국민연금이나 퇴직금의 수급 대상으로 보호받고 있었다.

더구나 2007년 7월에 시행된 비정규직 보호법은 기간제 고용 노동자의 해고 제한(기간제 및 단시간 근로자 보호 등에 관한 법률 제8조 1항)이나 노동 조건의 서면 명시를 엄격히 정해(동상법 제17조) 기간제 고용의 고용 보장을 강화했다. 한편 비정규직 보호법에 의한 기간제 노동자에 대한 해고 제한 또한 종업원 규모 5명 미만 기업의 노동자에 대해서는 적용이 제외되어 있다. 그러나 앞서 말했듯이 일반 임시직 노동자의 5명 미만 영세기업 종사자 비율이 높은 것과는 대조적으로 기간제 고용의 비율은 남성 15.3퍼센트, 여성 22.9퍼센트로 일반 임시직의 절반 정도에 지나지 않는다. 반대로 종업원 규모 300명 이상의 대기업에 종사하는 비율은 남성 11.3퍼센트, 여성 9.3퍼센트로 이는 비정규직 노동자 평균의 약 3배의 비율이다(부표 5-1 ② 및 5-1 ③). 이는 기간제 고용 노동자의 경우 법률로 정해진 해고 제한이 상당한 정도 효력을 발휘하고 있다는 것을 의미한다.

기간제 고용의 높은 고용 안정성은 비교적 높은 전문성이나 기술·숙련에 기인한다. 예를 들어 기간제 고용에는 전문가, 기술공·준전문가, 사무 종사자와 같은 높은 전문성이나 기술, 숙련을 요하는 직업이 남녀 모두 각각 37.7퍼센트, 49.0퍼센트나 집중되어 있다(부표 5-1 ② 및 5-1 ③). 또한 기간제 고용이 비정규직 노동자에서 점하는 비율은 남성이 28.5퍼센트로 여성의 22.2퍼센트보다 높은데(표 5-3), 이는 일반 임시직과는 남녀비의 크기가 반대이다. 이는 남성 비정규직 고용이 여성 비정규직 고용과 비교해서 상대적으로 안정적인 고용이 많으며 법이나 제도에 포섭된 정도가 높음을 보여 준다. 하지만 이는 동시에 제4장에서 검증했던 것처럼 이들이 IMF 경제위기 이전엔 남성 정규직 고용이었던 것이 비정규직 고용으로 전환되었을 가능성도 높다.

또한 여성 임금 노동자에서 임시 파트의 비율이 높은 것도 또한 한국 비정규직 노동자의 내부 구성의 특징이라고 할 수 있다(표 5-4). 상용 파트는 남녀 모두 임금 노동자에 점하는 비율이 전무에 가깝지만,[12] 임시파트가 임금 노동자에 점하는 비율은 남성은 2.7퍼센트에 지나지 않은 것에 비해 여성은 9.2퍼센트까지 달하며 여성 비정규직 노동자의 14.3퍼센트까지 이른다. 권혜자(2009)에 의하면 한국의 임시 파트는 일본의 파트타임 노동자와 달리[13] 그 대부분이 기한이 정해지지 않은 고용이면서 고용 계약이 존재하지 않는 경우가 대부분이고 고용 안정은 전혀 기대할 수 없다. 단시간 취로인 점을 제외하면 일반 임시직과 성질이 비슷한 비공식성이 강한 고용이다.

등록형 파견은 고용 계약 없이 일이 생기면 며칠 혹은 몇 주간 동안 일하는 형태의 노동자로, 일일 노동자라고도 불린다. 이러한 고용 형태에서는 고용 보장은 없는 것과 마찬가지이다. 이런 고용은 전통적으로 건설업 일용직 노동자에게 많고 남성 비정규직 노동자의 12.5퍼

---

12 후생노동성의 자문기관인 파트타임노동자연구회에 의하면 2002년 일본 파트타이머의 40퍼센트가 '고용된 기한이 정해져 있지 않은' 상용 파트타이머라고 보고되고 있다. 동 보고는 이는 네덜란드나 프랑스의 80퍼센트 정도에 비교하면 낮은 수준임을 지적하고 일본의 파트타이머 고용의 불안정성을 보여 주는 것이라고 서술하고 있다(일본 후생노동성, 2002).

13 2007년 현재 일본의 비정규직 노동자의 약 60퍼센트가 파트타이머다(제4장 그림 4-2 참조). 한국의 임시 파트와 다른 점은 일본에서는 개정 파트타임 노동법(2007년 5월 개정)에 기초해 고용되는 기한이 정해지지 않아, 유기 고용 계약이나 파트타임 노동자에 대해 노동 조건의 명시나 설명이 사용자의 의무로 되어 있는 것이다.

센트를 점하며 남성이 다수를 점하는 비정규직 고용 형태이다(표 5-4).

이에 더해 대기업 내부 노동시장에서 분리된 용역이나 파견이라는 노동력 아웃소싱을 지향했던 간접 고용의 급증이 최근 지적되고 있다. 간접 고용은 하청 업체와 원청 기업 사이에서 사용자 책임이 애매하기에, 이들 노동자도 대부분 노동법의 보호에서 배제되어 있거나 사용자의 탈법적·위법적 행위에 노출되어 있는 경우가 많다. 그러나 그 간접 고용 노동자의 대부분이 통계상으로는 중소기업의 정규직 노동자 수에 포함되어 있는 등 정확한 규모 파악은 어렵다(정이환, 2010: 50~51). 여기에서는 급속히 보급되어 가는 용역이나 파견 등 간접 고용의 고찰은 한국의 비정규직 고용의 특성을 파악하는 데 있어 매우 중요한 것임을 지적하는 데에서 그치고자 한다.

마지막으로 한국의 비정규직 노동자의 특이성을 보여 주는 고용 형태로 특수 고용을 들 수 있다. 특수 고용 노동자는 고용주 기업에 인적 혹은 경제적으로 종속된 노동자로 일하고 있음에도 불구하고 개별 자영업자로 분류되어 '노동자성'이 인정되지 않기 때문에 근로기준법은 물론 모든 노동법의 보호에서 제외되어 있다. 이에 더해 노동조합을 조직해서 집단적 노동 조건을 결정하는 것도 불가능하고 실업해도 실업 수당도 받지 못하는, 비공식적 성격이 매우 강한 비정규직 노동자이다. 골프장 캐디, 학습지 교사, 보험설계사, 애니메이터, 텔레마케터, 음식료품·서적·화장품 방문판매원, 문화예술 종사자, 수금원, 택배업자, 레미콘·덤프·트럭 운전기사 등이 특수 고용의 대표적인 예이다. 표 5-4에서 임금 노동자에 점하는 비율은 3.6퍼센트에 지나지 않지만 자영업주로도 등록되지 않은 경우가 많아, 광범위하고 다양한 직업에서 계속 증대해 가고 있지만 비공식적인 성격이 강하기 때문에 통계에서 파악하기 어렵고 그 규모는 과소평가되어 있다. 어느 추계(한국비정규노동센터, 2011: 3)에 의하면 택배업자만으로 이미 정부 통계에 나타난 특수 고용의 인원수에 가깝다고 한다.[14] 바로 전통적인 도시잡업층, 혹은 도시 비공식 부문이라고 할 수 있다.

이상에서 봤듯이 한국의 비정규직 노동자는 일반 임시직을 비롯해 근로기준법에도 적용되지 않고 명시적인 고용 계약도 맺지 않는 불안정 고용과 노동력의 높은 유동성, 기업의 영세성을 특징으로 하는 비공식적인 성격이 강한 노동자가 많다는 사실이 확인되었다. 일반 임시직, 임시 파트, 등록형 파견, 특수 고용, 가내 노동이라는 통계에서 파악할 수 있는 노동자만으로도 비정규직 노동자의 65.3퍼센트에 이른다. 이들 노동자는 1970년대 이후 형성된, 한국의 도시 하층과 연속성과 공통성을 가진 주변 노동자이다. 여기에서 더 지적되어야만 하는 것은 이 비공식적 성격이 강한 고용이 여성에 편재되어 있다는 사실이다. 한편 1998년 IMF 경제위기를 거친 뒤 2000년대 이후 정규직 노동자가 비정규직 노동자로 전환되는 가운데 비정규직 보호법에 나타나는 바 법·제도에 포섭되어 고용 안정성이 비교적 높은 기

---

14 필자가 2008년 5월에 여성 비정규직 노동자의 전국 단일 조직인 전국여성노동조합에서 실시한 인터뷰에 의하면 "여성의 특수 고용은 특히 비공식적인 성격이 강하고 잡다하고 다양한 특수 고용이 매일 새로 발생하며 확대되어 가기 때문에 그 전체적인 규모 파악은 불가능하다"고 동 노동조합 간부는 말했다.

간제 고용을 비롯한 상용형 비정규직 노동자도 증가하고 있다. 이처럼 정규직 노동자는 남성, 비정규직 노동자는 여성이라는 성별 고용 형태 분리에 더해, 비정규직 노동자 내부에서도 기간제 고용처럼 비교적 높은 전문성이나 기술·숙련에 뒷받침된 안정적 고용은 남성에게 많고, 도시 하층과 이어지는 불안정 고용은 여성이 많다는 것이 검증되었다.

고용·노동 조건과 법·제도 및 노동조합으로부터의 배제에서 젠더 격차

한국의 비정규직 노동자의 고용·노동 조건과 법·제도, 그리고 그들이 노동조합의 보호에서 배제되는 상황을 젠더의 시점에서 살펴보자. 다만 전술한 것처럼 상용 파트와 가내 노동은 임금 노동자에서 점하는 비율이 매우 낮고 파견 노동자와 용역 노동자는 중소기업의 정규직 노동자에 포함되는 경우가 많아 통계상 과소하게 추계되어 있기 때문에 분석 대상에서 제외한다. 그리고 한국의 도시 비공식 부문의 전형이라고도 할 수 있는 특수 고용도 그 규모나 실태를 파악하는 것이 매우 어렵기 때문에 여기에서는 검토하지 않는다.

한국의 비정규직 노동자의 고용·노동 조건을 임금과 노동시간에 따라 성별로 표시한 것이 표 5-5이다.

한국의 비정규직 노동자의 노동 조건에서 눈에 띄는 것은 긴 노동시간이다. 일본 비정규직 노동자의 과반수가 '단시간 파트타이머'인 것과 대조적으로 한국 비정규직 노동자의 평균 노동시간은 남녀 모두 정규직 노동자보다 2~3시간 이상이나 길다.

더구나 남성 정규직 노동자의 시간당 평균 임금을 100.0으로 했을

표5-5 · 한국 비정규직 노동자의 시간당 임금과 주 노동시간(2008년)

(단위: 원, 시간, %)

	남성				여성			
	시간당 임금(원)	남성정규직 노동자의임 금을100.0 으로했을 때의지수	주당 노동시간 (시간)	정규직노동 자의평균 노동시간을 100.0으로 했을때의 지수	시간당 임금(원)	남성정규직 노동자의임 금을100.0 으로했을 때의지수	주당 노동시간 (시간)	정규직노동 자의평균 노동시간을 100.0으로 했을때의 지수
정규직노동자	14,111	100.0	43.0	104.8	9,681	68.6	36.6	89.4
비정규직노동자	7,086	50.2	45.4	110.8	5,538	39.2	39.7	96.8
일반임시직	6,341	44.9	49.6	121.1	4,782	33.9	47.7	116.4
기간제고용	9,032	64.0	45.2	110.2	6,216	44.1	40.9	99.7
상용파트	9,205	65.2	36.0	87.8	8,463	60.0	27.2	66.3
임시파트	6,606	46.8	21.6	52.6	5,899	41.8	20.2	49.3
등록형파견	5,977	42.4	38.8	94.5	3,970	28.1	34.6	84.3
특수고용	8,778	62.2	43.4	105.8	8,566	60.7	36.8	89.7
파견	9,186	65.1	46.2	112.8	6,258	44.3	41.4	100.9
용역(하청)	5,062	35.9	54.9	133.8	4,956	35.1	39.6	96.6
가내노동	5,451	38.6	39.9	97.4	3,412	24.2	29.3	71.5

자료: 표 5-4와 같음.

때 비정규직 노동자의 시간당 평균 임금은 남성이 50.2퍼센트, 여성은 39.2퍼센트로 낮은데, 특히 여성 비정규직 노동자의 저임금이 현저하다. 게다가 여성 비정규직 노동자는 고용 형태를 불문하고 한결같이 저임금인데, 이는 한국의 여성 비정규직 노동자가 전체적으로 열악한 조건 속에 있음을 단적으로 보여 준다. 여하튼 한국의 비정규직 노동자는 정규직 노동자와 비교해서 '저임금·장시간 노동'이라고 특징지을 수 있다.

고용 형태별로 보면 무엇보다도 남녀 모두 일반 임시직의 낮은 시간당 임금과 긴 노동시간이 눈에 띈다. 한국의 비정규직 노동자 중에서 가장 큰 비중을 차지하는 일반 임시직은 남녀 모두 주당 노동시간이 정규직 노동자 평균보다 각각 6.6시간, 11.1시간이나 긴데도 시간당 평균 임금은 남녀 각각 남성 정규직 노동자의 44.9퍼센트, 33.9퍼센트로 비정규직 노동자의 평균보다 낮다. 이처럼 남녀 모두 일반 임시직 노동자의 장시간 노동, 저임금의 정도는 비정규직 고용 평균과 비교해도 열악하지만 특히 여성 일반 임시직의 경우 더욱 현저하다.

다음으로 비교적 고용이 안정적이고 노동자 기능의 질도 높다고 여겨지는 기간제 고용의 노동 조건을 검토해 보자. 주당 노동시간은 남녀 모두 정규직 노동자 평균보다 각각 2.2시간, 4.3시간 길지만 일반 임시직의 장시간 노동에 비할 바는 아니다. 그러나 임금 수준을 보면 남녀의 양상은 다르다. 남성 기간제 고용은 남성 정규직 노동자 임금의 64.0퍼센트며 남성 비정규직 고용 중에서도 가장 높은 수준이다. 이에 비해 여성 기간제 고용의 임금은 남성 정규직 노동자의 44.1퍼센트로 여성 비정규직 노동자의 평균 수준 39.2퍼센트보다 약간 높지만 다른 비정규직 고용 형태와 비교할 때 남성 기간제 고용 정도로 높은 것은 아니다. 남성 기간제 고용의 임금이 비정규직 고용 안에서도 뛰어나게 높다고 할 수 있다.

그 외 비정규직 고용 형태에 눈을 돌리면 임시 파트의 임금은 남녀 모두 비정규직 노동자의 평균 임금 수준 내외지만 등록형 파견은 성별 비정규직 노동자의 평균 임금보다 남성은 15.7퍼센트, 여성은 28.3퍼센트나 낮아서, 낮은 임금 수준이 한층 눈길을 끈다.

그림 표 5-6에서 한국의 비정규직 노동자의 각종 사회보험이나 법정 기업 복지의 적용 상황 및 노동조합 가입률을 정규직 노동자와 비교하면서 살펴보자. 먼저 정규직 노동자가 사회보장제도에 포섭되는 것과 비정규직 노동자가 사회보장제도에서 배제된다는 사실은 한눈에도 뚜렷하다. 정규직 노동자에 대한 사회보험의 적용률은 남녀 모두 80~90퍼센트대로 법정 기업 복지의 적용률이 남녀 모두 70~90퍼센트대인 것에 비해 비정규직 노동자는 각각 30퍼센트대와 10~20퍼센트대다. 여기에서 특필되어야 할 점은 정규직 노동자에 대한 사회보험이나 법정 기업 복지는 그 적용률이 압도적으로 높을 뿐 아니라 남녀 차이가 거의 없다는 점이다. 한편 비정규직 노동자는 그것들의 낮은 적용률에 더해, 남성보다 여성의 적용률이 더 낮다는 것을 알 수 있다. 기업 내 노동시장에 안정적으로 통합되어 있다면 젠더와 관계없이 사회보장제도에 포섭되는 것에 비해 고용이 불안정하면 할수록 사회보장제도에서 배제되어 여성 비정규직 고용의 더욱 강한 불안정성으로 규정되며 젠더 격차도 커져 간다.

　비정규직 노동자의 사회보장에 포섭되는 상황을 고용 형태별로 검토해 보면 고용의 (불)안정성과 사회보장제도에 대한 배제/포섭과의 밀접한 관계가 선명하게 부각된다. 비정규직 노동자 중에서 가장 큰 부분을 점하며 강한 불안정 고용을 특징으로 하는 일반 임시직은 남녀 모두 사회보험이나 법정 기업 복지의 적용률은 비정규직 노동자의 평균보다 낮다. 특히 하나의 기업에 안정적으로 고용되지 않으면 받기 힘든 퇴직금, 보너스, 초과 근무 수당, 유급 휴가는 비정규직 노동자 평균보다 현격하게 낮은 적용률을 보이고 있다. 저임금, 장시간 노동이라는 열악한 노동 조건에 더해, 불안정 고용에 기인하는 사회보험이나 법정 기업 복지에서 배제되는 일반 임시직 노동자의 강한 비공식성이 부각된다. 게다가 남성보다 영세기업에 많이 집중되

표 5-6 · 임금 노동자의 고용 형태별 사회보험·법정·기업 복지의 적용율 및 노동조합 가입률(2008년)

(단위: %)

		국민연금		의료보험		고용보험		퇴직금		보너스		초과근무수당		유급휴가		노동조합	
성별		남	여	남	여	남	여	남	여	남	여	남	여	남	여	남	여
전체		71.3	54.6	73.2	55.1	63.0	48.2	69.4	50.2	65.2	44.6	49.6	32.5	60.3	42.4	16.1	8.0
구분	정규	97.8	98.9	98.5	98.5	82.5	81.0	99.4	99.3	97.1	94.9	75.1	70.4	89.1	87.5	25.4	18.6
	비정규	36.3	30.1	39.9	31.1	37.1	30.0	29.6	23.1	23.0	16.8	15.8	11.5	22.2	17.5	3.8	2.2
고용형태	일반임시직	32.6	24.5	34.7	25.4	33.4	24.3	17.4	14.5	11.8	10.7	6.4	4.7	11.5	10.3	2.2	0.9
	기간제	61.8	59.6	65.0	60.5	60.9	58.3	55.9	50.9	48.1	39.3	35.2	30.0	46.5	42.7	7.7	6.1
	상용파트	–	98.1	–	98.1	–	84.2	100.0	100.0	100.0	100.0	–	73.6	–	51.6	0.0	5.6
	임시파트	2.6	7.6	2.8	6.9	2.2	7.4	1.3	2.9	3.2	4.0	2.5	1.9	2.4	2.2	0.2	0.3
	특수형파견	1.2	0.5	1.1	0.8	3.5	0.8	0.7	–	–	–	2.0	0.8	–	0.2	0.6	0.4
	특수고용	7.7	6.0	6.6	5.6	8.5	6.4	6.9	5.6	5.7	2.2	3.2	0.7	5.9	2.6	4.4	0.9
	파견	71.8	69.5	74.8	69.4	71.5	72.9	69.2	63.4	52.7	44.7	39.7	45.9	56.0	44.8	11.8	3.2
	용역(하청)	51.2	63.4	71.3	72.1	56.3	67.3	61.2	59.7	39.3	31.7	23.7	26.4	36.5	38.9	3.9	4.2
	가계노동	–	1.0	–	1.0	–	1.0	–	1.0	–	–	–	–	–	1.0	0.0	0.0

자료: 표5-4와 같음.

어 있는 여성 일반 임시직이 사회보험에서 강하게 배제되어 있다는 점은 주목할 만한 것이다. 왜냐하면 영세 고용주와 그곳에 취업하는 비정규직 노동자의 경우, 저소득이나 빈곤에 대해 대응하는 문제, 가계를 어떻게 유지할지 등에 쫓겨 양자 모두 보험료 부담을 회피하려는 탈법적·위법적 행위가 일상화되어 있었기 때문이다(김연명·윤정향, 2003: 401~402).

이와는 대조적으로 비정규직 노동자라도 비교적 안정적인 고용인 기간제 고용은 정규직 노동자에는 미치지 않지만 상대적으로 사회보장제도에 잘 포섭되어 있음을 알 수 있다. 사회보험제도의 적용률은 남녀 모두 약 60퍼센트로 법정 기업 복지 적용률도 또한 비정규직 노동자 평균의 약 2배 이상이며 남녀 격차도 작다.

한편 임시 파트, 등록형 파견은 일반 임시직보다도 더 불안정한 고용으로, 사회보장제도의 적용률은 한결같이 한 자릿수대로 일반 임시직보다 더 낮으며, 처음부터 제도 자체가 없는 경우도 있다. 게다가 일반 임시직과 임시 파트, 등록형 파견이 여성 임금 노동자의 37.9퍼센트로 약 40퍼센트나 점하고 있다는 사실(표 5-4)은 한국의 여성 임금 노동자의 비공식적인 성격을 여실히 보여 준다.

다음으로 표 5-6에서 노동조합 가입률을 살펴보자. 노동자가 노동조건이나 제도의 개선을 요구할 때 노동조합은 그들이 마지막으로 의지할 곳이다. 노동조합의 보호를 받을 수 있는지 없는지는 노동자가 비공식성을 스스로 해소할 수 있는지 없는지의 중요한 기준이다.

1987년 노동자대투쟁 이후 한국 노동운동의 전투성과 강한 요구 관철력은 국제적으로 이미 알려져 있다. 그러나 그 주력은 대기업의 내부 노동시장을 형성하는 남성 정규직 노동자에 의한 기업별 노동조합운동으로 대부분의 비정규직 노동자는 노동운동에서 배제되어 왔다고 해도 좋다. 그것을 잘 보여 주는 것이 노동조합 가입률이다. 정규직 노동자의 노조 가입률은 남성 25.4퍼센트, 여성 18.6퍼센트다. 그러나 이보다 비정규직 노동자의 노조 가입률은 현격히 낮아 남성 3.8퍼센트, 여성 2.2퍼센트에 불과하다. 특히 고용이 불안정하고 노동력 유동성이 높은, 영세기업을 중심으로 분산되어 존재하는 일반 임시직의 노조 가입률은 남성 2.2퍼센트, 여성 0.9퍼센트로 비정규직 노동자 평균보다 더 낮다. 이래서는 일반 임시직 노동자가 직장에서 노동조합을 조직하고 노동 조건이나 제도 개선을 요구하는 것이 불가능한 상황이다. 그리고 일반 임시직보다 더 고용이 불안정하고 직장에의 정착성이 낮아 더욱 분산성이 높은 임시 파트나 등록형 파견의 가입률은 1퍼센트에도 이르지 못한다.

그러나 많은 수의 비정규 고용과는 달리 고용이 안정적인 기간제 고용의 노조 가입률은 남성 7.7퍼센트, 여성 6.1퍼센트로 비정규직 노동자 중에서는 예외적으로 높다. 이로 인해 기간제 고용 노동자는 직장에서 노동조합에 가입할 수 있고 노동자의 목소리를 반영하는 경로를 그럭저럭 확보할 수 있다.

이상에서, 기간제 고용 등의 일부를 제외하면 한국의 비정규직 노동자의 다수는 노동 조건이 열악하고 사회보장제도나 노동조합의 보호나 규제에서도 배제되어 있음을 알 수 있다. 그리고 그 배제의 정도, 즉 비공식성은 비정규직 노동자의 고용 불안정성의 정도에 비례해 강하다고 여겨진다. 특히 남성 비정규직 노동자에 비해 여성 비정규직 노동자는 영세기업에 집중되어 있는 정도가 높고 불안정 고용에 기인해서 노동력의 유동성이 높으며 한 직장에서 정착성이 낮다는 이유로 이 배제의 정도가 더욱 강하다고도 할 수 있다.

젠더 시점에서 본 분단 노동시장 구조

지금까지 한국의 비정규직 노동자의 비공식적인 특질을 젠더 구조와 연관지어 논해 왔다. 여기에서는 노동 이동의 분석을 통해 IMF 경제위기 이후의 노동시장 구조에 대해서 고찰하고자 한다.

장지연·양수경(2007), 장지연·오선영(2010)은 1998~2005년에 한국노동연구원이 실시한 한국 노동 패널 조사 1~8차의 결과를 이용해 8년간 비정규직 노동시장과 정규직 노동시장, 혹은 1차 노동시장과 2차 노동시장 사이의 노동 이동을 유형화했다. 장지연에 의하면 IMF 경제위기 이후 한국의 노동시장 구조는 정규직 노동시장과 비정규직 노동시장, 혹은 1차 노동시장과 2차 노동시장으로 구성된 분단 노동시장으로, 한번 비정규직 노동시장에 속하면 정규직 노동시장으로 다시 진입하는 것이 매우 어렵다(장지연·양수경, 2007: 14). 혹은 주로 남성 정규직 노동자로 이뤄진 대기업 내부 노동시장으로 구성된 1차 시장에서 중소기업 혹은 비정규직 노동자로 구성된 2차 노동시장으로 가는 '전락' 가능성은 그 반대인 2차 노동시장에서 1차 노동시장으로 가는 '상승' 가능성보다 10배 높다(장지연·오선영, 2010: 20~21). 특히 2000년대에 들어와 2차 노동시장으로부터 1차 노동시장으로의 진입은 그 이전에 비해서 더한층 어려워졌다고 한다(장지연·오선영, 2010: 20). 나아가 지속적으로 정규직 노동시장에 머무르는 노동자는 남성의 비중이 높고 학력 수준이 가장 높은 한편, 지속적으로 비정규직 노동시장에 머무는 노동자는 여성의 비중이 높고 학력 수준, 소득 수준이 낮으며 소규모 기업에 집중되어 있다고 서술하고 있다(장지연·양수경, 2007: 16). 장지연에 의한 이들 연구는 정규직 노동시장과 비정규직 노동시장의 분단 구조를 젠더의 시점을 교차시켜 규명했다는 점에서 독자성이 높고 한국의 노동시장 연구에 새로운 성과를 추가했다고 할 수 있다.

필자는 장지연의 연구 성과를 전제로 한국의 노동시장 구조를 분단적인 이중 노동시장 구조라고 파악하는 견해에서 더욱 구체적으로 비정규직 노동자의 다양성에 착목해, 보다 다층적인 노동시장 간 관계에 대해 역사적 맥락에서 분석할 필요가 있다고 주장하고 싶다. 왜냐하면 지금까지 살펴 온 것처럼 한국의 비정규직 노동시장은 결코 단일한 노동시장이 아니라 다양한 성질과 특징을 가진 노동자층으로 구성되어 있기 때문이다. 이들을 비정규직 노동시장이나 2차 노동시장이라고 하나로 묶으려 하면 그 다양하고 구체적인 문제를 사상(捨象)하게 된다. 그러므로 한국 비정규직 노동자의 다양한 실태에 맞는 거시적 통계 분석의 재검토나 면밀한 현장 조사에 근거한 노동시장 분석이 필요하다.

필자는 이러한 관점에서 한국비정규노동센터의 전면적 협력을 얻어 2010년 3월 5일~3월 24일에 한국의 비정규직 노동자에 대한 설문 및 면접 조사를 실시했다. 설문 조사는 한국의 단위 노조를 통해 350명에게 배포하고 그중 218명(남성 112명, 여성 106명), 62.3퍼센트의 회답을 얻었다. 표본 수가 적기 때문에 비정규직 노동자의 다양성

표5-7 · 성별, 고용 · 취업 형태별 직업 이동

(단위: 명, %)

성별	구분		이동 후의 고용 · 취업 형태			
			정규직	비정규직	자영업자	전체
남성	최초의 고용 · 취업 형태	정규직	21(명) 53.8(%)	17 43.6	1 2.6	39 100.0
		비정규직	13 27.7	34 72.3	0 0.0	47 100.0
		자영업자	5 50.0	4 40.0	1 10.0	10 100.0
		전체	39 40.6	55 57.3	2 2.1	96 100.0
여성	최초의 고용 · 취업 형태	정규직	5 15.6	26 81.3	1 3.1	32 100.0
		비정규직	6 14.6	35 85.4	0 0.0	41 100.0
		자영업자	0 0.0	11 84.6	2 15.4	13 100.0
		전체	11 12.8	72 83.7	3 3.5	86 100.0

주: 상단이 인원수, 하단이 %이다.

과 노동자층 간의 관계성을 일반화할 수 있다고 하긴 어려우나 일정한 경향성은 파악할 수 있다.

이 조사 결과로 남녀별 정규직 노동자, 비정규직 노동자, 자영업자 간의 노동 이동을 집계한 것이 표 5-7이다. 이에 의하면 노동 이동을 한 경험이 있는 자는 유효 회답자 203명 중 남성 96명, 여성 86명으로 합계 182명, 89.7퍼센트다. 표 5-7에는 실려 있지 않으나 이직 횟수는 비정규직 노동자일수록 많으며 5회 이상 이직 경험이 있는 자의 75.5퍼센트가 비정규직 노동자고, 여성에서는 더 많아서 83.3퍼센트가 비정규직 노동자이다. 이는 정규직 노동자에 비하면 비정규직 노동자, 특히 여성 비정규직 노동자의 노동 이동이 빈번하다는 사실을 단적으로 보여 주고 있다.

이 중에서 정규직에서 정규직으로의 이동, 즉 정규직 노동시장에 머무르는 자는 남성 정규직 노동자의 53.8퍼센트인 것에 비해 여성은 첫 직장에서 정규직 노동자였던 자의 15.6퍼센트에 지나지 않았다. 여성 정규직 노동자의 81.3퍼센트가 비정규직 노동자가 된다. 이는 지속적으로 정규직 노동시장에 머물 수 있는 노동자는 대기업 내부 노동시장을 주로 구성하는 남성 정규직 노동자라는 장지연의 분석과도 일치한다.

한편, 비정규직 노동자에서 비정규직 노동자로의 이동은 남성이 72.3퍼센트인데 여성은 남성보다 13.1포인트나 높은 85.4퍼센트가 비정규직 노동시장 안을 이동하고 있다. 이는 비정규직 노동시장에서 정규직 노동시장으로의 이동이 남녀를 불문하고 어렵다는 것과 동시에 장지연도 지적한 것처럼 여성의 경우 그 경향이 강한 것을 보여 준다. 뒤집어 말하면 첫 직장에서 비정규직 노동자였던 남성의 27.7퍼센트가 정규직 노동시장에 이동할 수 있었다는 것을 보면, 적어도 남성 노동시장에서 정규직 노동자와 비정규직 노동자의 관계는 여성 정도로 분단적이라고는 할 수 없지 않을까? 본 조사에서 남성 비정규직 노동자로 포함된 자 중에서 계약직·기간제로 분류된 자는 대졸 청년층이 대부분이었는데 그들의 고용은 안정적으로 사회보험의 적용률도 80퍼센트 이상이었다. 이들 노동자의 많은 수는 제조업 기능노동자로 일정 정도의 숙련이나 기능을 갖고 있으며 정규직 고용과 기간제 고용 사이를 빈번히 오가며 일종의 '준중핵 노동자'(準中

核勞動者)라고 해도 좋을 노동자층일 것이다.

그러나 남성 노동자와는 대조적으로 여성 노동자의 경우 정규직 노동시장에 머물거나 비정규직 노동시장에서 정규직 노동시장으로 진입하는 것이 매우 어렵고 정규직 노동시장에서 비정규직 노동시장, 혹은 비정규직 노동시장에서 비정규직 노동시장으로의 이동이 압도적이다. 여성 비정규직 노동시장과 정규직 노동시장의 분단 구조가 확연히 부각된다. 이는 지금까지 검증해 온 것처럼 한국의 여성 비정규직 노동시장이 남성과 비교했을 때 비공식적인 성격이 강하다는 것에서 유래한다. 달리 말하면 한국의 남성 비정규직 노동시장의 일부에 준중핵 노동자가 존재하는 것과 대조적으로, 여성 비정규직 노동시장이 강한 '주변성'을 갖고 있음을 뜻한다. 이외에 본 조사에서는 여성 비정규직 노동자라도 해도 계약직·기간제로 분류된 자가 많았다. 그러나 그녀들의 대부분은 청소 회사의 청소원으로 학력은 초등·중학교 졸, 연령층은 50~60대, 임금은 최저 임금 수준의 주변 노동자에 속해, 남성 계약직·기간제의 존재 형태와는 전혀 다르다.

마지막으로 흥미롭게도 자영업자층도 여성의 경우 약 85퍼센트가 비정규직 노동자가 된 것에 비해, 남성은 50퍼센트가 정규직 노동자로 이동했다. 이 사실은 자영업자층도 또한 여성은 도시 하층과 강하게 이어진 주변 노동자인 것에 비해 남성 자영업자층은 정규직 노동시장으로 가는 경로가 될 수 있는 것을 보여 준다. 여하튼 자영업자층에서 비정규직 노동자로 가는 이동은 남녀 합해 65.2퍼센트나 되어서 제3장, 제4장에서도 서술한 비정규직 노동자와 자영업자와의 교류·순환관계를 뒷받침한다.

이상으로 비정규직 노동시장과 정규직 노동시장의 분단 구조가
검증되었다. 그러나 여기에서도 남녀 차이가 있는데, 여성 비정규직
노동시장은 자영업자층도 포함되는 주변 노동자로서 정규직 노동시
장과 확연히 분단되어 있는 반면, 남성 비정규직 노동자나 자영업자
층 중에는 준중핵 노동자로도 불러야 할 층이 존재한다는 점[15]이다.

4. 한국 노동자 가족의 생활 구조
― 한일 노동자 가족의 생활 구조 비교 분석

지금까지 한국에서의 노동 비정규직화에 대해 비공식성이라는 개념
을 축으로 젠더 시점에서 고찰해 왔다. 그러나 비정규직 고용이 사회
구조에서 점하는 의미를 해명하기 위해서는 그 비공식적인 고용의
특성을 밝히기만 해서는 충분하지 않고 비정규직 노동자가 사회 속
에서 어떻게 재생산되고 공급되는지를 규명해야만 한다. 이에 더해
개개인의 노동자가 일하는 방식이 어떻게 정해지는지를 알기 위해서
는 그것을 규정하는 노동자 가족의 재생산 구조나 생활 구조를 분석

---

15 제4장에서 현대자동차를 예로 현대자동차의 완성차 메이커의 사내 하청 노동자와 부품하청 기업의
정규직 노동자의 임금 수준을 비교했다. 전자는 비정규직 노동자로 분류되고, 후자는 중소기업의 정
규직 노동자로 분류되지만 전자에 비해 후자의 임금은 1차 하청부품기업은 76.9퍼센트, 2차 하청부
품기업은 66.7퍼센트 수준이다. 은수미는 사내 하청, 파견 노동자 중에는 고용 관행이 정규직 노동
자와 유사하며 정규직 노동자로 전환될 가능성이 높은 '의사(擬似) 정규직 노동자'가 존재한다고 지
적한다. 현대자동차의 완성차 메이커의 사내 하청 노동자는 바로 그런 예일 것이다. 그러나 한편으
로 중소영세기업의 고용은 정규직 노동자로 분류되어도 '주변적' 성격이 짙다고 은수미는 서술하고
있다(은수미, 2010b: 10).

할 필요가 있다.

앞서 말했듯이 일본에서는 노무라 마사미(1998)가 가족의 재생산 구조의 유형를 분류해 그에 맞춰 일본의 고용 구조를 세 개의 고용 모델로 분류했다. 다만 주부가 파트타임 노동자로 가계 보조적으로 일하는가 아닌가의 차이는 있어도 첫 번째 대기업 모델도 두 번째 중소기업 모델도 일본의 노동자 가족 모델은 내부 노동시장을 구성하는 남성 정규직 노동자가 주로 가족의 생계비를 버는 '남성 생계 부양자'형 가족이다. 한편 자영업주와 무급 가족 종사자에 의해 가족 전체의 노동으로 가족의 생계비를 버는 세 번째 자영업 모델은 1990년부터 2008년에 자영업층이 22.4퍼센트에서 13.0퍼센트로 급격히 비율이 떨어지면서 축소되었다.

한편 한국에서는 1998년 IMF 경제위기 이후 노동의 비정규직화가 급속히 진행되었다. 한국의 비정규직 노동자는 노동자대투쟁 이후 10여 년에 걸쳐 서서히 형성되어 온 남성 정규직 노동자에 의한 내부 노동시장이 축소되는 것과 표리일체로 증대했다. 그러나 그 기층 부분이 개발연대의 도시 하층과 연속성을 가지는 주변 노동자였던 것은 지금까지 논의해 온 바이다. 통계상 파악할 수 있었던 전체 고용 노동자의 과반수를 점하는 한국의 비정규직 노동자는 젠더 구조·격차를 내포하면서도 남녀 모두 비공식적인 성격이 강한 고용이 다수를 점하고 있다. 이러한 주변 노동자는 현재에 이르러도 예전과 똑같이 취업자의 약 30퍼센트를 차지하는 도시 영세 자영업층과 교류·순환관계가 있다는 점에서 양자의 재생산 구조에서는 중복되는 부분도 많다고 추측된다. 도시 영세 자영업층만이 아니라 종업원 10명 미만의 영세기업 종사자는 2008년에 기업 전 종사자의 42.0퍼센트에 이르러 1993년 39.0퍼센트보다 약간 늘어났다. 그 한편으로 종업원 300명 이상의 대기업 종사자는 전체의 13.4퍼센트에 지나지 않는다 (한국 통계청, 『전국 사업체 조사』 각 연도). 이것은 도시 영세 자영업이나 영세기업도 포함된 도시 하층에서 미분화된 한국의 주변 노동자의 방대한 존재를 시사한다.

그래서 여기에서는 일본과 비교하면서 한국 노동자 가족의 재생산 구조는 어떠한지를 부각시키고 싶다. 특히 '남성 생계 부양자'형의 일본 노동자 가족과 비교해서 남녀 모두 비정규직 노동자가 압도적으로 많은 한국에서는 노동자 가족의 재생산은 어떻게 유지되며, 또 어떠한 유형으로 포착할 수 있을까? 이 의문에 대해 노동자 가구의 가계 구조 중에서 가계 수입 구조를 상세히 검토하는 것으로 답을 내보고자 한다. 다만 노동자 가족의 젠더 구조를 분석할 수 있는 통계 자료는 존재하지 않기 때문에 여기에서는 가구주와 가구원이 가계 수입에 대해 어떠한 역할을 하고 있는지를 검토할 수밖에 없다.

표 5-8은 2000년과 2008년 한일 노동자 가구의 월평균 가계 수입 구성을 나타낸 것이다. 먼저 일본은 2000년에서 2008년까지 9년 동안 노동자 가구의 가계 수입 구조는 놀라울 정도로 변하지 않았다. 정기적인 수입인 경상 수입의 비율이 동 기간 일본은 98.1~98.3퍼센트인 것에 비해 한국은 92.8퍼센트에서 95.5퍼센트로 2.7포인트 늘어 수입의 안정성이 약간 늘어났다. 이와는 반대로 경조 수입 등 주로 증여로 구성되는 부정기적인 수입인 특별 수입은 한국은 7.2퍼센트에서 4.5퍼센트로 감소했다. 1.9~1.7퍼센트인 일본에 비교하면 큰 편이

표5·8 · 한일 노동자 가구 월평균 가계 수입 구성(2000년 및 2008년)

(단위: 엔, 천 원, %)

연도	일본의 평균 가계 수입		한국의 평균 가계 수입	
	2000년	2008년	2000년	2008년
가구 인원(명)	3.46	3.45	3.54	3.44
유업 인원(명)	1.65	1.68	1.51	—[1]
가구주 연령(세)	46.2	47.4	40.94	44.36
실수입	560,954(100.0)	534,235(100.0)	2,386.9(100.0)	3,762.0(100.0)
경상수입	550,088(98.1)	525,414(98.3)	2,214.2(92.8)	3,591.8(95.5)
직장 수입	526,331[3](93.8)	500,738[2](93.7)	2,008.5(84.1)	3,267.4(86.9)
가구주 수입	460,436(82.1)	434,066(81.3)	1,639.4(68.7)	2,568.9(68.3)
배우자 수입	53,232(9.5)	55,742(10.4)	201.8(8.5)	423.5(11.3)
다른 가구원 수입	12,250(2.2)	10,930(2.0)	167.2(7.0)	275.1(7.3)
사업·부업 수입	3,747(0.7)	2,661(0.5)	94.3(4.0)	110.6(2.9)
다른 경상 수입	20,010(3.6)	21,897(4.1)	111.5(4.7)	213.8(5.7)
재산 수입	766(0.1)	794(0.1)	45.1(1.9)	45.6(1.2)
사회보험급부	18,691(3.3)	20,532(3.8)	66.4[2](2.8)	168.2(4.5)[3]
외부 보조 수입	553(0.1)	571(0.1)		
특별 수입	10,866(1.9)	8,820(1.7)	172.8(7.2)	170.2(4.5)

자료: 일본 총무성 통계국(2000; 2008), 한국 통계청(2000a; 2008)에 의거해 작성.

주: 1) 2008년 한국의 유업 인원은 한국 통계청(2008)에는 게재되어 있지 않다.
　 2) 합계치가 맞지 않는 것은 오차의 범위 내이다.
　 3) 한국 통계청(2000a; 2008)에서는 사회보험급여와 외부 보조 수입의 합계액이 기재되어 양자의 구별은
　　 불가능하다.

다. 마찬가지로 일본 노동자 가구의 사업·부업 수입은 0.7~0.5퍼센트에 지나지 않지만, 한국은 4.0퍼센트에서 2.9퍼센트로 감소하기는 했지만 역시 일본의 5배 이상의 비중이다. 그렇다고 해도 2000년에는 수입의 일부를 항상 바깥에서 증여나 부업 등 다양한 수입원으로 수시적으로 조달하던 한국 노동자 가구의 가계 수입 구조는 2008년에

는 좀 더 정기성이 늘어나면서 안정성이 커진 것을 알 수 있다.

다음 경상 수입의 주요 부분을 점하는 직장 수입의 비율과 그 내부 구성의 변화를 비교해 보자. 2000년에서 2008년 사이에 일본의 직장 수입의 비율도 93.8~93.7퍼센트로 거의 변하지 않았으며 압도적으로 높은 수치를 보여 주고 있다. 한편 한국의 직장 수입 비율은 84.1퍼센트에서 86.9퍼센트로 2.8포인트 상승했다고는 하지만 일본보다 6.8포인트나 낮고 '직장 수입 단일형'의 일본과 비교하면 직장 이외 수입원도 있는 '수입 다원형'이라고 여겨진다.

한일 노동자 가구의 가계 수입 구조에서 가장 큰 차이는 직장 수입의 다원화의 정도이다. 일본은 직장 수입 중 가구주 수입이 82.1퍼센트~81.3퍼센트로 80퍼센트 이상의 높은 비율을 점하고 있음에 비해 한국은 오히려 가구주 수입 비율은 68.7퍼센트에서 68.3퍼센트로 약간 떨어졌으며 일본보다 13.0포인트나 낮다. 동시에 2008년 일본의 가구주 이외의 가구원 수입은 '배우자의 수입'이 2000년 9.5퍼센트에서 10.4퍼센트로, '다른 가구원 수입'이 동기간에 2.2퍼센트에서 2.0퍼센트로 변화해, 합치면 11.7퍼센트에서 12.4퍼센트로 조금 증가한 것에 머물러 있다. 이에 비해 한국은 같은 시기 각각 8.5퍼센트에서 11.3퍼센트, 7.0퍼센트에서 7.3퍼센트로, 합치면 15.5퍼센트에서 18.6퍼센트로 증가해, 일본보다 6.2퍼센트포인트나 높다. 가구주 이외 가구원 수입의 비율이 일본보다 클 뿐만 아니라 증가하고 있다. 요약하자면 일본의 노동자 가구의 가계 수입 구조는 9년 동안 거의 변화 없이 가구주의 직장 수입에 전적으로 의존하는 '남성 생계 부양자'형을 보여 주고 있다. 이에 비해 한국에서는 직장 수입 비율이 증대하고 있음에도 불구하고 가구주만이 아니라 다른 가구원도 일해 수입을 얻는 다취업 형태의 경향이 강해진 것이다. 이러한 다취업 형태는 노동자 가족의 '남성 생계 부양자'형 보다 가족 전원이 일하는 자영업 가족의 생활 구조에 가깝다.

그런데 지금까지 살펴본 것은 노동자 가구 전체를 평균한 가계 수입의 구성이다. 이 중에는 정규직 노동자 가구도 비정규직 노동자 가구도 포함되어 있다. 일본에서는 노동의 비정규직화가 진행되고 있다고 해도 남성 정규직 노동자를 중심으로 하는 '남성 생계 부양자'형 노동자 가구의 재생산 구조가 여전히 지배적이지만, 한국에서는 임금 노동자의 과반수가 비정규직 노동자로 정규직 노동자 가구와 비정규직 노동자 가구가 병존한다고 여겨진다. 이 때문에 한국 노동자 가구의 생활 구조를 고찰하기 위해서는 이 양자를 구분해 분석할 필요가 있다.

그러나 앞서 서술했듯이 한국에서는 노동자 가구의 재생산 구조나 생활 구조와 노동자의 고용 형태, 취업 행동을 연관지어 분석한 연구는 거의 없다. 뿐만 아니라 비정규직 노동자에 관한 가장 상세한 자료인 한국통계청 『경제활동인구 부가 조사』는 개인 단위의 조사이기 때문에 가구의 생활 구조에 관한 정보는 얻을 수 없다. 한편 도시 노동자 가구의 전수조사인 『도시 가계 조사』에서는 정규직 노동자 가구와 비정규직 노동자 가구를 구별해 조사를 실시하지는 않는다. 유일하게 종사상 지위를 이용해 정규직 노동자 가구와 비정규직 노동자 가구를 구분할 수 있으며, 더불어 노동자 가구의 생활 구조를 알 수 있는 자료는 2000년에 한국 통계청이 실시한 표본 조사 『가구 소비 실태 조사』밖에 없다. 조금 오래되었지만 2000년에 실시된 『가구 소비 실태 조사』의 원자료를 이용해 한국에서 정규직 노동자 가구와 비정규직 노동자 가구의 가계 구조와 취업 구조를 분석해 보자.[16] 정규직 노동자 가구와 비정규 노동자 가구의 구분은 정규직 노동자와 비정규직 노동자 중 어느 쪽의 수입이 가구의 지배적 수입이 되고 있는가를 기준으로 삼았다.

한국에서 정규직 노동자 가구와 비정규직 노동자 가구의 가계 수입 구조와 취업 구조를 표시한 표 5-9에 의하면 정규직 노동자 가구와 비정규직 노동자 가구는 무엇보다도 연평균 실수입에서 큰 차이가 있다. 정규직 노동자 가구의 4180.6만 원에 비해 비정규직 노동자 가구는 2456.6만 원으로 정규직 노동자 가구의 58.8퍼센트에 지나지 않는다. 또한 실수입에 점하는 직장 수입의 비율은 정규직 노동자 가구가 80.1퍼센트로 비정규직 노동자 가구의 76.1퍼센트보다 4포인트가 높다. 주목되는 것은 가구주만이 유업자인 가구 비율이 정규직 노동자 가구가 58.2퍼센트인 것에 비해 비정규직 노동자 가구는 23.5퍼센트에 지나지 않으며, 가구주 이외 유업자가 있는 비정규직 노동자 가구 비율은 80퍼센트 가까이에 이르고 있다. 게다가 가구주 이외 유업자가 있는 경우 유업자의 인원수가 1인인 비율은 정규직 노동자 가구로 76.6퍼센트인데, 비정규직 노동자 가구에서는 67.5퍼센트로 정규직 노동자 가구 쪽이 9.1포인트 높다. 그런데 2인 이상의 유업자가

---

16 『가구 소비 실태 조사』(2000)의 원자료를 입수할 수 없었기에 김연명·김종건(2003)의 통계 분석에 의거했다.

표5-9 · 한국 정규직 노동자 가구 · 비정규직 노동자 가구의
가계 수입 구조와 취업 구조(2000년)

		정규직 노동자 가구	비정규직 노동자 가구	전체
가구주 평균 연령(세)		50.2	49.2	50.0
평균 유업인원(명)		1.6	1.8	1.8
가구주 이외 평균 유업 세대원(명)		0.7	1.0	1.0
취학 중 평균 자녀수(명)		1.1	0.8	1.0
연평균 실수입(만 원)		4,180.6	2,456.6	3,515.3
연평균 직장 수입(만원)		3,349.0	1,869.5	2,832.8
실수입에 점하는 직장 수입 비율(%)		80.1	76.1	80.6
가구주 이외의 유업자가 있는 가구(호), (%)	1명	177(76.6)	187(67.5)	586(73.1)
	2명	47(20.3)	78(28.2)	178(22.2)
	3명	7(3.0)	12(4.3)	37(4.6)
	소계	231(100.0)	277(100.0)	802(100.0)
가구주 이외 유업자가 있는 가구수와 비율(호), (%)		231(41.8)	277(76.5)	802(66.3)
가구주만이 유업자인 가구수와 비율(호), (%)		322(58.2)	85(23.5)	407(33.7)
전체 호수(호)		553	362	1,209

출처: 한국 통계청(2000b, 김연명·김종건[2003 : 372]에서 재작성).

있는 비율이 되면 반대로 비정규직 노동자 가구는 32.5퍼센트, 정규
직 노동자 가구가 23.3퍼센트로 비정규직 노동자 가구 쪽이 9.2포인
트나 높아진다. 이를 통해 알 수 있는 것은 정규직 노동자 가구는 오
히려 표 5-8의 일본형, 이른바 '남성 생계 부양자'형 가족이 과반수
를 점하고, 가구주의 직장 수입에 의존하는 경향이 강하다는 점이다.
이와는 대조적으로 비정규직 노동자 가구는 표 5-8에 나타난 한국형
노동자 가족보다 다취업 형태가 더욱 강화된 '가족 전체 벌이'형에
가까워진다. 낮은 실수입을 보전하기 위해 가구주와 가구주 이외 가
구원의 유업자가 다취업 형태로 가계를 지탱하는 상태이다. 그 때문
에 비정규직 노동자 가구주가 정규직 노동자 가구보다 평균 유업인

원이 많고, 취학 중인 자녀 수 평균이 적게 나타나는 것이다.

그런데 1987년 노동자대투쟁 이후 재벌계 대기업을 중심으로 형성된 내부 노동시장을 구성하는 남성 정규직 노동자 가구의 '남성 생계 부양자'형 가족에도 IMF 경제위기 이후 변화가 보인다. 지금까지 살펴본 것처럼 한국에서 내부 노동시장이 형성된 기간은 고작 10여 년으로 재벌계 기업을 중심으로 하는 남성 정규직 노동자로 한정되어, 그들은 기업별 노동조합운동을 통해 양호한 노동 조건이나 기업 복지를 획득하고 있었다. 경상대학교 사회과학연구원이 2002년에 실시한 울산, 경상남도, 부산 소재의 재벌 기업과 그 계열 기업에 소속되는 금속산업 노동자의 『노동자 생활 조사』[17]에 의거하며 '남성 생계 부양자'형 가족의 생활 구조의 변화를 검토해 보자. 조사 대상 노동자의 속성은 남성 노동자가 96.9퍼센트, 생산 노동자가 88.2퍼센트, 정규직 노동자가 80.6퍼센트, 근속 연수로는 근속 10년 이상인 노동자가 70.3퍼센트, 그중 근속 15년 이상이 45.0퍼센트다(경상대학교 사회과학연구원, 2003: 27~29). 이처럼 조사 대상자의 속성은 87년 노동자대투쟁 이후 재벌 기업을 중심으로 형성된 남성 생산 노동자의 내부 노동시장에서의 중핵 노동자층과 일치한다.

이들 노동자 중 기혼자 72.6퍼센트가 '배우자는 유업자가 아니다'라고 대답했으며, 가구주만이 유업자인 '남성 생계 부양자'형 가족이다. 남은 27.4퍼센트의 노동자가 '배우자는 유업자다'라고 대답했지

---

17 본 조사는 경상대학교 사회과학연구원이 2002년 7월 21일~8월 21일에 실시했다. 울산, 경상남도, 부산 소재의 재벌 기업과 그 계열 기업에 속하는 금속산업 노동자를 대상으로 실시한 것으로 1123개표의 유효 설문표를 회수했다(회수율 45.3퍼센트).

만 그중 약 90퍼센트의 배우자가 월평균 소득 150만원 미만의 가계 보조적인 수준으로 일하고 있다. 노동자대투쟁을 통해 재벌계 대기업의 남성 정규직 생산 노동자의 가족에서는 일본의 대기업 모델에 유사한 '남성 생계 부양자'형 가족이 성립되었다는 것을 확인할 수 있다.

그러나 주목해야 될 점은 이 대기업모델에서 유업자인 배우자의 68.2퍼센트가 1997년 IMF 경제위기 이후 취업을 하기 시작해 50퍼센트는 2000년대 이후 일하기 시작했다는 점이다. 원래 '남성 생계 부양자'의 수입만으로 가계를 유지해 오다가 경제위기 이후 그것이 곤란해지자 배우자가 가계 보조적으로 일하게 되었다고 조사팀은 추정하고 있다(경상대학교 사회과학연구원 2003 : 55~58). 요컨대 IMF 경제위기를 계기로 대기업에서도 기업별 노동조합의 발언력이 약해지고 제4장에서 본 것처럼 기업에 의해 가혹한 구조조정이나 임금 삭감이 단행되었다. 그 결과 남성 생산 정규직 노동자 가족에서 성립되었던 '남성 생계 부양자'형 가족도, 일본의 노동자 가족형으로 말하면 '남성 생계 부양자'와 전업주부로 구성된 대기업 모델로부터 '남성 생계 부양자'와 주부가 파트타임 노동을 하는 중소기업 모델로 이행했다고 할 수 있을 것이다.

한국 노동자 가족의 재생산 구조의 특징을 정리해 보자. 1987년 노동자대투쟁의 주체로서 내부 노동시장을 형성한 재벌계 대기업 남성 정규직 생산 노동자, 달리 말하면 중핵 노동자 가족이 '남성 생계 부양자'형 모델인 것에 반해 비정규직 노동자 가족은 다취업 형태로 자영업 가족의 가족 전체 벌이형에 가깝다. 비정규직 노동자 가구에서는 가구주도 포함해 가구원 개개인이 낮은 실수입을 보전하기 위해 다취업 형태로 가계를 지탱해야만 하기 때문이다. 지금까지 도시 영세 자영업층과 비정규직 노동자의 교류·순환관계가 검증되었지만, 양자는 개발연대의 도시 하층에 이어지는 주변 노동자로, 생활 구조가 유사했을 뿐 아니라 동일 가구 중에 자영업자나 비정규직 노동자 가구원이 동거하고 있는 경우가 많다. 지은이가 한국비정규노동센터와 같이 실시한 사례조사(제3절 제3항 참고)에서도 비정규직 노동자 가구 149가구 중 13가구(8.7퍼센트)에서 자영업자와 비정규직 노동자 가족의 동거를 볼 수 있었다. 여기에서 비정규직 노동자나 도시 영세 자영업층, 혹은 중소 영세기업 노동자도 포함해 주변 노동자 가족의 재생산에는 이들의 교류·순환관계가 재생산 구조의 고리로써 중요한 역할을 수행하고 있다고 여겨진다. 이 재생산 구조의 고리는 개발연대의 도시 하층의 그것과 연속성을 가지며, 취업 인구의 약 30퍼센트를 차지하는 방대한 도시 영세 자영업층의 존재 또한 이것과 연속성을 갖는다고 할 수 있을 것이다. 앞으로 자영업층까지 포함된 주변 노동자 가족의 생활 구조와 그 관계성에 대해 보다 치밀한 실태 조사도 포함하는 실증적 연구가 필요하다.

지금까지 살펴본 대로 한국에서는 안정적으로 고용되지 않는 노동자, 혹은 안정적인 수입을 바랄 수 없는 취업자의 다수는 사회보장제도의 보호에서 배제되어 왔다. 그 것은 각 개인의 문제에 머물지 않고 가구의 취업자, 특히 주된 생계 부양자가 안정적인 고용이나 수입을 얻지 못하는 경우 가구 전체가 사회보장제도에서 배제되고 만다. 왜냐하면 한국의 사회보장제도는 '남성 생계 부양자-여성 전업주부'라는 중핵 노동자 가족 모델을 전제로 하여 가구 단위로 만들어졌기 때문이다. 이 모델에서 벗어나는 저소득 자영업·비정규직 노동자·여성 가구를 중심으로, 사회보장제도로 보호받지 못하는 사각지대가 광범위하게 확산돼 있는 것이다. 실제로 2008년에 급부가 시작된 국민연금에서는 무연금·저연금 문제가 처음부터 심각하게 나타나고 있다 (김성원, 2011a: 76).

5. 한국의 비정규직 노동자 조직화의 새로운 모색

지금까지 한국의 노동의 비정규직화를 비공식성이라는 개념으로 젠더 시점에서 분석해 고찰해 왔다. 결론적으로 기간제 고용처럼 비교적 높은 전문성이나 기술·숙련을 기반으로 하는 일부의 안정적 고용을 제외하면 한국의 비정규직 노동자는 일반 임시직을 비롯해 저임금·장시간 노동을 특징으로 하는 비공식적인 성격이 강한 노동자가 많다는 것이 확인되었다. 이들 노동자의 다수는 5명 미만의 영세 기업에 종사하기 때문에 해고 규제도 적용되지 않고, 명시적인 고용 계약도 맺지 않으며 불안정하고 유동성 높은 고용을 특징으로 한다. 이러한 고용의 불안정성은 정규직 노동자와 비정규직 노동자의 평균 근속 연수의 차이에서도 잘 드러나는데, 2009년 전자의 평균 근속 연수는 8.17년인 것에 비해 후자는 1.94년이다. 또한 근속 연수별 분포에서는 정규직 노동자의 53.0퍼센트가 근속 5년 이상, 31.3퍼센트가 10년 이상 근속이지만 비정규직 노동자의 55.7퍼센트가 근속 1년 미만이다(김유선, 2009: 93). 그 위에 고용의 불안정성에 규정되어 비공식성이 강한 한국의 비정규직 노동자는 노동법 및 사회보장제도, 노동조합의 보호나 규제에서도 배제되어 있어 '사회적 취약 계층'과 겹치는 부분이 많다. 이들은 도시 영세 자영업층이나 비노동력 인구, 실업자와 함께 순환·교류관계를 가지며, 도시 하층과 연속성과 공통성을 갖는 것이다.

그러나 더욱 중요한 것은 이러한 비정규직 고용이 띤 비공식적인 성격은 남성 비정규직 노동자보다 여성 비정규직 노동자가 훨씬 강하다는 점이다. 일반 임시직 노동자는 여성 임금 노동자의 1/4을 차지하고 또한 여성 일반 임시직일수록 어떤 기술도 없는 무기능인 노동자가 많다. 이에 비해 기간제 고용이 남성 비정규직 노동자의 약 30퍼센트를 점하는데, 이처럼 남성 비정규직 노동자 중에는 협소하기는 하지만 정규직 노동자로 상승하는 경로도 열려 있는 준중핵 노동자라고 해도 좋은 노동자층도 나타나고 있다. 제4장에서도 본 것처럼 남성 비정규직 고용 중에는 원래 정규직 고용이었던 직종이 비정규직 고용으로 치환된 것이 많은데, 이 또한 이러한 사실과 무관하지 않다.

또한 비정규직 노동자 문제는 개개인의 노동자에 머무르지 않고 노동자 가족의 취업 형태, 더 나아가 가족의 재생산 구조도 결정짓는다. 한국 가족 중에서 여전히 방대하게 존재하는 도시 하층에 포섭되는 자영업 및 영세 기업 종사자 가족이나 비정규직 노동자 가족은 다취업 형태, 즉 '가족 전체 벌이'로 저임금·장시간 노동을 하며 가족의 재생산을 유지하고 있는 상태이다. 그러나 한국의 사회보장제도는 안정적 고용과 상대적 고임금을 향수하는 중핵 노동자를 생계비를 버는 단 한 사람으로 하는 '남성 생계 부양자'형 가족을 전제로 설계되어 있다. 이 모델에서 벗어난, 저소득·불안정 취로인 많은 자영업 및 비정규직 노동자 가구, 여성 가구를 중심으로 사회보장제도의 보호를 받지 못하는 가족이 광범하게 퍼져 있으며 양극화 사회를 조장하고 있다.

그럼 이에 대항해야 할 노동운동에 눈을 돌리면 87년 체제를 이끈 노동자대투쟁의 주체가 된 것은 대기업 남성 정규직 노동자를 중심으로 하는 기업별 노동조합이다. 그들은 87년 체제 중에서 전투적인 노동운동을 강력히 전개했고 노동 삼권은 물론 장기 안정 고용과 상대적 고임금 등의 노동 조건의 개선이나 혜택 좋은 기업 복지 등을 쟁취했다. 그와는 표리일체로 87년 체제의 또 하나의 측면인 비정규직 노동자 등을 비롯한 주변 노동자는 노동운동에서도 배제되어 왔다. 그러나 1998년 IMF 경제위기 이후 대기업 남성 정규직 노동자 중심의 기업별 노동조합운동에 의하여 주도되어 왔던 한국의 노동운동은 한편에서는 노동의 비정규직화의 진전으로, 다른 한편으로 정부나 기업의 강력한 공세로 지금은 약체화되어 막다른 상태에 빠진 모습을 보여 주고 있다. 그것은 비정규직 노동자가 급격히 늘어난 것과 나란히 노동조합의 조직률이 급속히 저하하는 것으로 나타나고 있다.

이러한 노동운동의 정체를 타개하기 위해서는 증대된 비정규직 노동자의 조직화가 필요 불가결하다. 특히 1990년대 이후 비정규직 노동자의 기층 부분은 여성을 필두로 하는, 비공식적인 성격이 강한 노동자이기 때문에, 이들 노동자를 어떻게 조직하고 세력화할 것인가가 한국 노동운동의 가장 중요한 과제가 되었다. 민주노총과 노총의 양대 내셔널 센터로 대표되는 기존의 노동조합은 산별 조직으로의 전환을 지향하며 기업별 노동조합을 대신해 비정규직 노동자를 조직화하려고 했다(요코타 노부코, 2004: 20~21). 그러나 한국의 산별 노조는 노동자 개인이 산별 노조에 가입하는 서구와는 달리 많은 경우 기업별 조합이 산별 노조의 지부나 지회가 된 것뿐이므로 전 종업원이 아니라 종래의 정규직 노동자를 중심으로 하는 조합원밖에 대표하지 못했다. 실제로 산별 노조 산하의 많은 노동조합은 규약과 단체 협약을 통해 비정규직 노동자의 노조 가입을 제한하고 있어서, 산별 전환으로 조직률을 높이거나 노동조합의 대표성을 확대하는 데 실패했다고 할 수 있을 것이다(은수미, 2010b: 9~10).

따라서 기존의 기업별 노동조합의 틀을 뛰어넘는 새로운 노동운동 모델의 정립 없이는 한 곳에서 길게 근무하지 못하고 직장을 전전하며, 호불황에 따라 노동시장으로의 진입과 퇴출을 반복하는 비정규직 노동자, 그중에서도 여성 비정규직 노동자의 조직화는 어렵다. 이러한 여성 비정규직 노동자 조직화 문제를 해결할 기도로 1999년 전국 단일 조직인 전국여성노동조합이(이하 전국여성노조) 결성되었다. 전국여성노조는 기업, 업종, 직종, 지역에 관계없이 일하는 여성이라면 누구라도 조합원이 될 수 있다는 점에서 여성 비정규직 노동자의 존재 양식에게 적합한 노동조합임과 동시에 비정규직 노동자의 조직화에도 일정의 방향성을 보여 준다. 그 결과 전국여성노조는 2010년 현재 10개의 지부와 7000여 명의 조합원이 가입되어 있는 한국 최대 규모의 비정규직 노동자의 단일 노조가 되었다(은수미, 2010a: 57).

전국여성노조는 종래의 남성 정규직 노동자를 중심으로 한 기업별 노동조합에 의한 노동운동과는 다른 새로운 노동조합 개념이나 운동 원리를 모색하고 있다. 특히 종래의 기업별 노동조합운동이 조합원의 고용 보장이나 임금 등의 노동 조건의 개선에만 경주해 온 것에 비해 전국여성노조는 지역을 단위로 노동과 복지를 연계시키는 전략을 고안했다. 끊임없이 노동 이동을 하고 있는 비정규직 노동자는 고용과 함께 생활도 불안정한 데다 국가나 기업의 복지에서도 배제되어 왔기 때문이다. 그러므로 노동조합은 개개 직장의 임금이나 노동 조건의 개선 요구를 넘어 지역 단위로 '사회적 취약 계층' 간의 상호 부조에 기반을 두고 생활의 질 개선이나 복지의 제공까지 그 활동 범위를 넓혀야 한다고 생각하는 것이다. 이 경우 운동의 주체로서 기업에 고용된 임금 노동자에 한정되지 않고 다양한 존재 형태를 취하는 '사회적 취약 계층'을 광범하게 망라할 수 있다. 또한 시민사회나 자치체의 지원도 끌어낼 필요가 있어서, 지역을 기반으로 한 복지 공동체의 구축을 기도했던 것이다(은수미, 2010b: 22~23). 이를 구현한 새로운 시도로 전국여성노조의 공제조합활동을 들 수 있다. 전국여성노조 인천 지부는 2010년 1월 15일에 지역의 사회적 취약 계층에 대해서 퇴직금 및 노후 지원 자금 지급을 목표로 하는 공제조합을 설립하고, 앞으로 거주, 건강, 생활 상담으로까지 활동을 확대하는 것을 시야에 넣고 있다. 이들 운동은 이제 막 시작되었지만 지금까지의 남성 정규직 노동자를 중심으로 하는 기업별 노동조합운동의 한계를 넘고자 하는 새로운 시도로서 앞으로 그 동정을 주의 깊게 지켜볼 필요가 있을 것이다.

		고용 형태				
		정규직	비정규직	일반 임시	기간제	상용 파트
	전체	100.0	100.0	100.0	100.0	100.0
연령	15~19세	0.1	2.4	1.9	1.5	―
	20~24세	4.5	9.3	10.6	10.3	―
	25~29세	17.8	12.4	14.5	17.4	―
	30~34세	17.7	10.6	11.5	13.1	12.2
	35~39세	17.7	13.2	14.3	13.1	32.5
	40~44세	14.9	12.4	12.6	11.6	33.2
	45~49세	12.7	12.5	12.8	11.2	5.4
	50~54세	9.0	9.8	9.6	8.2	―
	55~59세	4.0	6.8	5.1	6.4	16.8
	60~64세	1.1	5.2	3.7	4.6	―
	65세 이상	0.4	5.5	3.5	2.8	―
산업	농림업	0.2	1.4	0.8	1.5	―
	어업	0.0	0.2	0.3	0.3	―
	광업	0.2	0.1	0.1	0.1	―
	제조업	30.1	13.6	19.9	16.3	11.8
	전기가스수도사업	1.0	0.1	0.0	0.2	
	건설업	5.9	11.4	6.3	12.3	3.5
	도소매	8.8	14.5	19.4	10.2	56.6
	숙박·음식점업	1.2	12.5	19.3	9.1	―
	운송업	5.4	2.9	3.7	4.3	―
	통신업	1.8	0.8	0.8	0.9	―
	금융·보험업	5.3	4.3	0.8	4.7	―
	부동산·임대업	1.2	2.4	3.0	2.5	―
	사업 서비스업	9.0	12.4	3.4	10.0	―
	공공행정·국방·사회보장행정	8.3	2.6	0.6	4.6	―
	교육 서비스업	9.6	7.9	6.6	9.1	14.9
	보험·사회복지사업	6.5	3.3	3.0	5.8	8.8
	오락, 문화, 운동 관련 산업	1.6	2.8	2.9	3.4	―
	기타 공공, 수리, 개인 서비스	3.5	5.2	7.4	3.7	4.3
	가사 서비스업	―	1.7	1.8	0.9	―
	국제·외국기관	0.2	0.0	―	0.1	―
직업	의회 의원, 고위 임원, 관리자	3.7	0.5	0.2	1.5	―
	전문가	18.2	6.1	4.3	12.1	21.9
	기술공, 준전문가	14.8	8.9	9.1	10.2	14.4
	사무 종사자	30.6	11.4	10.5	20.6	40.3
	서비스 종사자	4.2	15.8	23.0	11.2	―
	판매 종사자	2.4	11.2	10.9	5.2	―
	농림어업 숙련 종사자	0.1	0.5	0.6	0.7	―
	기능원, 관련 기능 종사자	7.9	12.6	12.9	11.6	14.3
	장치, 기계 조작, 조립 종사자	13.8	7.7	10.5	8.1	―
	단순 노무 종사자	4.3	25.2	18.0	18.8	9.1
규모	1~4명	5.6	32.3	41.4	18.8	27.7
	5~9명	11.6	22.7	26.5	17.7	23.7
	10~29명	22.5	22.2	18.7	23.4	15.4
	30~99명	25.6	13.8	9.2	18.9	27.6
	100~299명	14.9	5.3	3.0	10.8	5.5
	300명 이상	19.9	3.7	1.2	10.4	―

고용 형태별 노동자 분포(전체, 2008년)

(단위: %)

고용 형태						
임시 파트	등록 파견	특수 고용	파견	용역(하청)	가내 노동	합계
100.0	100.0	100.0	100.0	100.0	100.0	100.0
9.9	1.8	0.2	0.3	0.6	0.7	1.3
14.9	2.5	3.4	13.6	4.7	4.5	7.0
8.3	2.1	9.8	10.5	6.0	8.0	15.0
7.6	5.5	12.7	14.7	4.8	12.0	14.0
11.1	10.7	19.3	11.3	7.8	20.0	15.4
11.2	12.0	21.0	15.6	6.9	15.9	13.6
8.5	20.1	15.9	12.8	9.2	11.7	12.6
5.7	17.3	9.1	11.2	14.0	7.8	9.4
5.8	12.1	3.6	3.3	15.7	5.4	5.4
4.7	6.7	2.7	4.0	16.0	3.7	3.2
12.4	9.1	2.3	2.8	14.4	10.3	3.1
1.2	6.1	—	0.2	0.1	0.8	0.8
0.0	0.3	0.1	—	—	0.6	0.1
—	0.1	—	—	—	—	0.1
3.9	5.9	0.7	10.5	0.6	75.5	21.5
0.1	—	0.3	—	0.1	—	0.6
2.6	61.9	0.2	7.7	2.2	—	8.7
15.1	5.1	28.8	16.1	0.2	9.0	11.8
19.5	6.7	0.4	3.5	0.9	1.1	7.1
1.0	2.4	0.6	1.9	0.4	—	4.1
0.5	0.4	3.1	0.3	0.1	2.6	1.3
0.5	0.1	39.5	1.5	—	—	4.8
2.1	0.1	2.5	1.0	1.9	1.4	1.8
2.9	2.2	2.8	47.0	92.4	4.3	10.8
10.0	0.5	0.4	3.7	—	—	5.3
20.5	0.1	11.4	1.9	0.3	0.7	8.7
5.5	0.3	0.1	2.5	0.2	—	4.8
5.5	0.9	2.7	—	0.0	—	2.2
5.9	2.6	6.4	2.2	0.4	2.4	4.4
3.4	4.3	—	—	0.2	1.7	0.9
—	—	—	—	—	—	0.1
0.2	0.1	0.1	0.2	0.3	—	2.0
9.5	0.3	0.6	12.1	1.0	4.9	12.0
14.2	0.3	15.5	6.5	1.2	1.3	11.7
12.3	0.7	1.7	10.0	5.5	7.3	20.6
24.0	6.8	3.2	13.2	6.9	3.3	10.2
7.7	1.9	59.9	20.3	2.3	1.6	7.0
0.3	0.8		—	0.2	—	0.3
3.0	40.8	0.9	10.7	8.3	4.4	10.3
1.7	3.0	5.5	7.8	8.2	2.0	10.6
27.1	45.5	12.7	19.1	66.0	75.1	15.2
42.8	40.4	15.7	21.6	20.6	78.6	19.5
22.1	34.9	8.7	16.2	21.9	10.8	17.3
18.4	19.9	35.6	22.8	32.4	5.8	22.3
9.6	4.4	32.7	25.4	18.1	2.2	19.5
3.7	0.2	5.2	11.0	6.0	—	9.9
3.4	0.1	5.1	2.9	0.9	2.6	11.5

자료: 한국 통계청,『경제활동인구 조사』및『경제활동인구부가조사』
2008년도판 원자료에서 지은이 작성.

		고용 형태				
		정규직	비정규직	일반 임시	기간제	상용 파트
전체		100.0	100.0	100.0	100.0	100.0
연령	15~19세	0.0	2.4	2.2	1.6	-
	20~24세	1.8	7.8	9.7	7.1	-
	25~29세	13.5	13.6	16.9	16.7	-
	30~34세	17.8	13.0	14.2	15.7	-
	35~39세	19.2	13.7	16.0	13.1	-
	40~44세	16.4	10.8	11.3	11.9	-
	45~49세	14.2	10.9	10.0	9.8	-
	50~54세	10.4	8.7	7.2	8.4	-
	55~59세	4.9	7.1	4.6	6.7	100.0
	60~64세	1.4	6.0	3.8	5.9	-
	65세 이상	0.6	6.0	4.1	3.1	-
산업	농림업	0.3	1.0	1.1	1.3	-
	어업	0.0	0.3	0.5	0.4	-
	광업	0.3	0.1	0.2	0.1	-
	제조업	33.5	15.1	23.0	18.4	-
	전기가스수도사업	1.3	0.1	0.0	0.3	-
	건설업	7.1	21.8	12.0	20.6	-
	도소매	8.7	12.3	20.4	8.3	-
	숙박·음식점업	0.9	6.5	10.6	4.8	-
	운송업	6.9	5.0	6.6	6.4	-
	통신업	2.0	1.1	1.1	1.1	-
	금융·보험업	5.1	2.6	0.6	3.0	-
	부동산·임대업	1.2	2.8	3.8	3.1	-
	사업 서비스업	9.1	14.7	3.9	12.0	-
	공공행정·국방·사회보장행정	9.3	2.2	0.5	4.3	-
	교육 서비스업	5.8	4.4	3.9	5.6	-
	보험·사회복지사업	2.3	1.0	0.6	2.0	-
	오락, 문화, 운동 관련 산업	1.7	3.4	4.0	3.9	-
	기타 공공, 수리, 개인 서비스	4.3	5.3	7.2	4.1	100.0
	가사 서비스업	-	0.1	0.2	0.1	-
	국제·외국기관	0.2	0.0	-	0.1	-
직업	의회 의원, 고위 임원, 관리자	5.1	0.9	0.3	2.4	-
	전문가	15.1	5.4	2.7	11.7	-
	기술공, 준전문가	15.8	9.4	10.4	12.2	100.0
	사무 종사자	26.5	7.3	6.5	13.8	-
	서비스 종사자	3.7	7.1	10.6	4.8	-
	판매 종사자	2.4	6.7	9.0	3.0	-
	농림어업 숙련 종사자	0.2	0.8	1.1	1.1	-
	기능원, 관련 기능 종사자	10.6	22.0	20.9	18.4	-
	장치, 기계 조작, 조립 종사자	17.1	13.3	18.3	13.0	-
	단순 노무 종사자	3.4	27.1	20.2	19.4	-
기업 규모	1~4명	4.7	27.6	36.5	15.3	100.0
	5~9명	10.2	24.7	26.7	18.8	-
	10~29명	22.5	23.3	20.3	23.6	-
	30~99명	24.4	14.2	11.5	19.6	-
	100~299명	16.0	6.0	3.7	11.4	-
	300명 이상	22.1	4.2	1.2	11.3	-

고용 형태별 노동자 분포(남성, 2008년)

(단위: %)

고용 형태						
임시 파트	등록 파견	특수 고용	파견	용역(하청)	가내 노동	합계
100.0	100.0	100.0	100.0	100.0	100.0	100.0
13.7	1.5	0.3	0.6	0.9	-	1.0
18.9	1.9	5.1	11.5	3.7	-	4.4
12.6	2.8	13.4	14.7	6.3	-	13.6
9.1	7.4	18.6	18.5	6.6	10.2	15.7
7.8	13.5	17.3	10.5	9.1	9.4	16.8
4.1	11.7	18.6	5.4	6.2	6.1	14.0
4.0	21.0	14.1	8.2	7.3	14.9	12.7
2.4	17.7	5.8	14.7	8.8	-	9.7
4.0	12.8	2.3	5.9	14.7	18.5	5.8
3.8	6.4	2.2	5.4	18.2	-	3.4
19.6	3.3	2.4	4.6	18.3	40.9	2.9
1.0	1.4	-	-	0.1	-	0.6
0.1	0.2	-	-	-	-	0.2
-	0.2	-	-	-	-	0.2
5.2	4.0	1.3	8.5	0.7	64.1	25.6
-	-	-	-	0.1	-	0.8
7.5	33.2	0.7	16.8	3.8	-	13.5
13.3	3.0	23.9	1.6	0.3	7.9	10.3
16.2	1.0	0.7	1.1	0.1	10.2	3.3
2.1	2.8	2.1	4.1	0.7	-	6.1
0.5	0.3	6.7	-	0.2	-	1.6
1.3	-	33.0	1.6	-	-	4.0
0.3	0.0	3.3	1.1	3.1	-	1.9
4.8	1.5	4.6	57.2	90.2	4.6	11.5
11.1	0.4	0.7	2.7	-	-	6.3
16.8	0.1	5.6	1.2	-	6.1	5.2
2.3	-	-	-	0.3	-	1.7
9.5	0.8	1.5	-	-	-	2.4
7.4	1.0	16.0	4.0	0.6	7.0	4.7
0.5	-	-	-	-	-	0.1
-	-	-	-	-	-	0.1
0.2	0.1	0.2	0.5	0.5	-	3.3
9.6	0.3	0.7	15.3	0.6	29.2	10.9
16.2	0.4	16.7	10.9	0.7	-	13.1
7.3	0.3	3.2	4.4	3.2	4.8	18.3
18.0	0.6	1.3	10.1	3.7	10.2	5.2
5.7	0.9	42.9	2.1	0.4	-	4.2
0.1	0.5	-	-	0.3	-	0.5
7.6	53.6	2.7	23.4	13.9	-	15.5
4.2	3.9	16.5	14.6	10.5	12.3	15.5
31.1	39.4	15.7	18.7	66.1	43.4	13.6
41.8	31.8	22.6	14.4	18.0	78.9	14.6
21.3	39.5	13.9	16.3	23.5	21.1	16.5
18.0	23.0	35.7	25.7	32.7	-	22.8
9.0	5.2	19.2	31.9	19.1	-	20.0
4.2	0.3	6.9	11.6	5.7	-	11.7
5.7	0.2	1.8	-	1.0	-	14.4

자료: 부표5-1-①과 같음..

		고용 형태				
		정규직	비정규직	일반 임시	기간제	상용 파트
	전체	100.0	100.0	100.0	100.0	100.0
연령	15~19세	0.4	2.3	1.7	1.3	-
	20~24세	10.7	10.7	11.3	14.0	-
	25~29세	27.5	11.3	12.4	18.2	-
	30~34세	17.6	8.4	9.1	10.1	12.5
	35~39세	14.5	12.8	12.8	13.0	33.3
	40~44세	11.5	13.9	13.7	11.3	34.1
	45~49세	9.5	14.0	15.2	12.8	5.5
	50~54세	5.7	10.8	11.8	7.9	-
	55~59세	2.1	6.5	5.4	6.0	14.6
	60~64세	0.6	4.4	3.6	3.0	-
	65세 이상	0.1	5.0	2.9	2.4	-
산업	농림업	0.1	1.7	0.5	1.8	-
	어업	0.0	0.1	0.1	0.1	-
	광업	0.1	0.0	-	-	-
	제조업	22.6	12.2	17.2	13.8	12.1
	전기가스수도사업	0.5	0.1	-	0.2	-
	건설업	3.0	1.7	1.4	2.3	3.6
	도소매	8.9	16.6	18.6	12.5	58.0
	숙박·음식점업	2.0	18.1	27.0	14.3	-
	운송업	2.1	0.9	1.1	1.7	-
	통신업	1.4	0.6	0.5	0.6	-
	금융·보험업	5.9	5.9	1.0	6.8	-
	부동산·임대업	1.1	2.0	2.2	1.9	-
	사업 서비스업	8.9	10.2	3.0	7.6	-
	공공행정·국방·사회보장행정	6.0	2.9	0.7	4.9	-
	교육 서비스업	18.2	11.1	9.0	13.3	15.3
	보험·사회복지사업	15.9	5.4	5.1	10.3	9.1
	오락, 문화, 운동 관련 산업	1.4	2.3	1.9	2.8	-
	기타 공공, 수리, 개인 서비스	1.9	5.0	7.6	3.2	1.9
	가사 서비스업	-	3.1	3.2	1.9	-
	국제·외국기관	0.2	0.0	-	-	-
직업	의회 의원, 고위 임원, 관리자	0.4	0.1	0.0	0.4	-
	전문가	25.3	6.9	5.8	12.6	22.5
	기술공, 준전문가	12.4	8.4	8.0	7.7	12.2
	사무종사자	39.7	15.2	14.0	28.7	41.3
	서비스 종사자	5.2	23.8	33.8	18.9	-
	판매 종사자	2.4	15.4	12.6	7.7	-
	농림어업 숙련 종사자	-	0.2	0.1	0.2	-
	기능원, 관련 기능 종사자	1.8	3.9	5.8	3.4	14.6
	장치, 기계 조작, 조립 종사자	6.4	2.5	3.7	2.1	-
	단순 노무 종사자	6.4	23.5	16.1	18.1	9.4
규모	1~4명	7.5	36.7	45.7	22.9	25.9
	5~9명	14.5	20.7	26.4	16.3	24.3
	10~29명	22.4	21.1	17.3	23.2	15.8
	30~99명	28.1	13.5	7.1	18.1	28.3
	100~299명	12.3	4.7	2.3	10.2	5.6
	300명 이상	15.1	3.3	1.2	9.3	-

고용형태별 노동자 분포(여성, 2008년)

(단위: %)

고용 형태						
임시 파트	등록 파견	특수 고용	파견	용역(하청)	가내 노동	합계
100.0	100.0	100.0	100.0	100.0	100.0	100.0
8.4	2.5	0.2	-	0.1	0.8	1.6
13.3	3.8	2.7	15.5	6.1	5.0	10.7
6.5	0.4	8.2	6.9	5.5	9.0	17.0
6.9	1.1	10.2	11.5	2.3	12.2	11.7
12.4	3.9	20.1	12.0	6.1	21.3	13.4
14.1	12.9	22.1	24.1	7.8	17.0	13.0
10.4	18.1	16.7	16.8	11.9	11.3	12.4
7.0	16.5	10.6	8.2	21.2	8.7	9.0
6.5	10.4	4.2	1.1	17.0	3.9	4.9
5.1	7.4	2.9	2.7	13.0	4.2	3.0
9.5	23.1	2.2	1.2	9.0	6.6	3.3
1.3	17.4	-	0.4	0.2	0.9	1.1
-	0.5	0.1	-	-	0.7	0.1
-	-	-	-	-	-	0.0
3.3	10.6	0.4	12.2	0.5	76.9	15.9
0.1	-	0.4	-	-	-	0.2
0.6	10.3	-	-	0.1	-	2.1
15.8	10.3	31.0	28.3	0.1	9.1	13.8
20.8	20.5	0.2	5.5	1.9	-	12.4
0.5	1.3	-	-	0.1	-	1.3
0.4	0.4	1.6	0.6	-	2.9	0.9
0.2	0.4	42.4	1.4	-	-	5.9
2.8	0.4	2.1	0.8	0.2	1.6	1.7
2.1	3.7	2.0	38.3	95.5	4.2	9.8
9.5	0.7	0.2	4.5	-	-	4.0
22.0	0.2	13.9	2.6	0.6	-	13.6
6.7	1.1	0.1	4.5	-	-	9.2
3.8	1.2	3.3	-	0.1	-	1.9
5.3	6.4	2.2	0.7	0.1	1.9	3.9
4.6	14.7	-	-	0.4	1.9	2.0
-	-	-	-	-	-	0.1
0.2	-	-	-	-	-	0.2
9.5	0.2	0.5	9.4	1.6	2.0	13.4
13.4	-	15.0	2.8	1.9	1.4	9.8
14.3	1.8	1.1	14.8	8.6	7.6	23.9
26.4	21.7	4.1	15.8	11.1	2.5	17.2
8.5	4.1	67.3	35.6	4.9	1.8	10.8
0.3	1.6	-	-	-	-	0.1
1.2	9.6	0.1	-	0.8	5.0	3.1
0.7	0.9	0.7	2.0	5.2	0.8	3.9
25.5	60.1	11.4	19.4	65.8	78.9	17.4
43.2	61.5	12.7	27.7	24.1	78.6	26.3
22.4	23.6	6.4	16.1	19.8	9.5	18.5
18.5	12.4	35.6	20.3	32.0	6.5	21.6
9.9	2.6	38.6	19.9	16.9	2.4	18.7
3.5	-	4.4	10.5	6.3	-	7.4
2.4	-	2.3	5.4	0.9	2.9	7.5

자료: 부표 5-1-①과 같음.

종장·새로운 노동운동의 모색을 위하여
―총괄을 대신하며

본서는 1960년대 후반 이후 한국의 경제 발전의 특징을 노동사회의 다이내믹한 변화를 살펴봄으로써 부각시키고자 한 것이다. 특히 1960년대 후반부터 80년대 초반까지의 개발연대에 형성된 도시 하층과의 연속성과 단절이라는 양쪽에서 한국의 경제 발전을 지탱한 생산 노동자의 노동시장 구조의 변화를 밝혀 보고자 했다. 특히 도시 하층을 시야에 넣고 노동시장 분석을 함으로써 1998년 IMF 경제위기 이후 한국 사회 문제의 핵심이 된 비정규직 고용이나 양극화 사회를 사회 구조 속에서 객관적으로 파악할 수 있다.

1. 도시 하층의 형성

1960년대 후반에서 80년대 초반의 개발연대에는 급속한 공업화가 진행되면서 농촌에서 도시로 대량의 이농민이 유입되어 도시 하층을 형성했다. 종래 개발 도상 경제의 노동시장 구조의 특징은 도시잡업적인 비공식 부문과 주로 근대적인 공장 노동자로 구성된 공식 부문이 단절되어 존재하는 이중 노동시장으로서 논해져 왔다. 그러나 한국의 도시 하층은 개발 도상 경제에서의 이중 노동시장과는 달리 도시잡업적인 직업에 종사하는 취업자와 근대적인 공장 노동자 사이에 순환·교류관계가 있으며 이에 더해 공장 노동자도 대기업과 중소기업 사이를 빈번히 이동하고 있는 것이 검증되었다.

예를 들어 1970년대 후반 이후 출현하고 증대하기 시작된 중화학공업의 남성 생산 노동자의 대부분도 다양한 직업 편력을 행하는 도시 무허가 정착지의 취업자와 연속성을 가졌다. 따라서 개발연대의 한국 노동시장은 도시 하층이라는 포괄적인 개념을 통해 다시 포착할 수 있으며, 이는 저임금과 불안정 취업을 공통적인 특징으로 하는 횡단적이고 연속적인 단일 노동시장을 형성하고 저임금 노동력의 공급원으로 한국의 경제 발전을 지탱했던 것이다. 그러나 이미 1975년경 노동력 공급이 미숙련 노동력의 임금 상승 없이는 원활히 돌아가지 못하는 제한적인 상태로 전환되었는데, 그럼에도 이러한 저임금 구조가 유지되었던 것은 정부의 강력한 노동 통제에 의한 것이 크다고 할 수 있다. 권위주의적인 개발 독재 정권에 의해 노동운동이 철저히 억압되었기 때문에 노동자는 노동조합을 조직해 저항하기보다 조금이라도 좋은 조건을 찾아 노동 이동을 반복함으로 노동력의 유동성이 높은 단일 노동시장이 형성되었던 것이다.

그러나 1980년대 초반부터 중화학공업화에 박차를 가하자, 그에 따른 생산 노동력 부족이 현재화되면서 도시 하층과 연속성을 가지는 개발연대의 횡단적인 단일 노동시장 구조와 권위주의적 노동 체제는 어떤 전환을 이룰 수밖에 없었다.

2. 노동자대투쟁과 '87년 체제'의 성립

중화학공업화의 진전에 따라 급속한 생산 확대로 야기된 생산 노동력 부족에 대응하기 위해 대기업에서는 필요한 노동력을 기업 내에서 양성·조달함으로 노동자의 기업 정착화를 꾀했다. 이 때문에 발생한 대기업과 중소기업의 노동자 정착성 격차는 노동시장 구조에도 중대한 변화를 초래했다. 즉 1980년대 중반에는 대기업 남성 생산 노동자 중에 근속 10년 이상 되는 중견 노동자층이 나타남에 따라, 여전히 노동력의 유동성이 높은 중소기업 노동시장과의 사이에 분단이 발생하기 시작된 것이다. 이들 대기업·중화학공업·남성 생산 노동자, 그중에서도 중견 노동자 주도로 대기업을 중심으로 기업별 노동조합이 조직화되었고, 그 운동이 이윽고 1987년 노동자대투쟁으로 귀결되어 권위주의적 노동 체제를 붕괴시켰다.

그 결과 대기업과 중소기업 사이에 임금 수준 등 노동 조건에서도 눈에 띄는 격차가 나타났고, 양 노동시장은 미숙련 노동자 등의 하층 부분에서는 여전히 연결이 남아 있었음에도 불구하고, 그 분단의 양상은 더욱 심화되었다. 게다가 이는 단순한 임금 수준 등의 격차만을 뜻하는 게 아니며, 대기업의 남성 생산 노동자에 대해서만 명확한 임금 규칙에 따른 정기 승급제나 연공임금제가 확립되면서 내부 노동 시장이 일반화되어 갔다.

이렇게 1987년 노동자대투쟁을 계기로 노동시장 체제는 크게 바뀌었다. 즉 주로 대기업·중화학공업·남성 생산 노동자라는 중핵 노동자의 내부 노동시장과 개발연대의 도시 하층과 연속성을 가진 중소기업 노동자를 비롯한 주변 노동자의 외부노동시장으로 구성된 분단 노동시장 체제로서의 87년 체제가 형성된 것이다. 주변 노동자가 열악한 노동 조건하에서 격심한 노동 이동을 반복하고, 노동조합 조직화도 곤란한 것에 반해, 대기업의 내부 노동시장에 포섭된 중핵 노동자는 강력한 기업별 노동조합운동을 전개함으로써 87년 체제에서 노동 체제를 규정하는 하나의 주요한 요인이 되어 갔다.

그러나 여기에서 간과해서 안 되는 것은, 만성적인 노동력 부족 상황과 강력한 노동운동을 배경으로 적어도 대기업에서는 개발연대와 같은 저임금 노동력의 활용은 어려워짐에 따라 그를 대신할 노동력으로 사외공·임시공이나 하청 기업의 하청 노동자라는 새로운 주변 노동자층이 등장했다는 사실이다. 이는 1998년 IMF 경제위기 이후 비정규직 노동자 문제로 이어진다.

3. '87년 체제'의 변화

1990년대에 들어오면서 정부와 기업은 노동자대투쟁으로 노동조합에 빼앗긴 노사관계의 헤게모니를 되찾고자 다시 공세로 전환했다.

그러나 개별연대의 권위주의적인 노동 체제로의 회귀는 불가능했기에, 정부와 기업은 노동조합운동을 경제 이기주의라고 비난하는 대대적인 캠페인을 펼치는 한편, '신경영전략'으로 강력한 노동운동에 대항하려고 했다. 중핵 노동자의 내부 노동시장과 주변 노동자의 외부 노동시장으로 이루어진 분단 노동시장 체제라는, 노동사회에서의 87년 체제는 98년 IMF 경제위기까지 정부 및 기업과 중핵 노동자에 의한 기업별 노동조합운동의 대항과 투쟁 속에서 변화하고 심화되어 갔다.

87년 체제의 심화는 거시적으로 보면 새로운 주변 노동자인 비정규직 노동자의 증대로 드러난다. 특히 1990년대에 급속히 진행된 여성의 임금 노동자화는 비정규직 노동자화를 그 중축으로 한다. 중소기업 노동자의 유동성이 여전히 높은 것과 정반대로 대기업 남성 생산 노동자의 기업에의 정착화 및 장기근속화가 한층 더 진행되어, 97년에는 근속 10년 이상의 중견 노동자가 반수 가까이를 점하게 됨에 따라 내부 노동시장 구조가 심화되었다. 이는 중핵 노동자의 내부 노동시장으로의 포섭이 강해지는 한편으로 주변 노동자의 외부 노동시장은 확대되어 양자의 분단이 심해졌음을 보여 준다.

이러한 분단 노동시장 체제 변화의 주요한 요인을 1990년대 들어 대부분의 대기업에서 활발히 전개된 신경영전략에서 찾아낼 수 있다. 신경영전략은 노동 비용 상승 압력을 억제하기 위한 경영 합리화와 노동자대투쟁에서 노동조합에 빼앗긴 현장 통제력을 경영 측이 되찾는 것을 목적으로 기업 주도로 시행되었다. 먼저 기업은 노동 비용의 급격한 상승을 억누르고자 인원 절감을 위한 자동화 설비 투자를 실시했다. 자동화 기계를 도입하면서 노동력을 절감함과 동시에 자동화에 의한 작업의 규격화·표준화·단순화를 통해 탈숙련화를 추진했다. 이러한 자동화의 진전에 따라 단순 반복적 작업이 증대하는 한편, 오히려 노동 강도는 강해졌다. 이러한 노동과정의 변화와 탈숙련화는 기업 내 기능 형성의 필요를 크게 감소시켰고, 그와 동시에 기업으로 하여금 노동력의 수량적 유연성을 추구하게 하여 미숙련 노동자인 비정규직 노동자에 대한 수요를 증대시켰다. 즉 IMF 경제위기 이후의 글로벌화의 급진전에 대응하는 생산 체제에 있어서의 노동의 비정규직화의 조건은 이미 87년 체제하에서 준비되었고, 여기에 비정규직 노동력을 공급한 것은 주변 노동자에 의한 외부 노동시장이었다.

이것에 더하여 평등주의적 노동조합운동의 이념과 조합원의 높은 동질성을 기초로 강한 단결력을 유지해 온 기업 내 노동조합에 대해, 기업은 신경영전략을 통해 노동자를 차별화·이질화하고 개별적으로 기업 조직에 포섭함으로써 노동조합을 약체화시키려고 했다. 이른바 지금까지의 경영 대 노동조합이라는 집단적 노사관계 일변도의 노동정책을 개별적 노무 관리로 전환하려고 했던 것이다. 이는 특히 개선활동을 내용으로 하는 소집단활동인 '반 생산 회의'로 넓게 보급, 실시되었다. 이렇게 노동자 개인 간이나 반 사이에 경쟁 원리를 주입함으로써 개인별, 작업 단위별로 노동자의 차별화·이질화를 추진했고, 그에 따라 기업에 의한 노동자의 개별적 노무 관리가 가능해졌다. 그 결과 대기업에서는 신경영전략에 의한 노동자의 기업으로의 개별적 포섭, 달리 말하면 기업 주도의 내부 노동시장화가 급속히 진행됨에 따라 기업 내 노동시장에 기반을 둔 대기업의 노동조합운동의 약체화는 87년 체제하에서 이미 시작되었던 것이다.

4. IMF 경제위기 이후의 '내부 노동시장 체제'의 변화

한국 노동사회의 제2의 전환점은 1998년 IMF 경제위기다. IMF 경제위기를 계기로 한국 경제가 급속히 글로벌화에 말려든 결과 노동의 비정규직화와 사회의 양극화가 궤를 하나로 해서 급격히 진행되었고 그 이후 사회 문제의 핵심으로 자리잡았다. 그러나 90년대 이후 한국에서 노동의 비정규직화의 의미를 묻고자 하면 지금까지 살펴본 것처럼 한국 노동사회의 87년 체제라 할 수 있는 분단 노동시장 체제에 맞춰 두 개의 측면에서 검토해야만 한다. 하나는 87년의 노동자대투쟁 이전부터 존재했던 도시 하층과 연속성을 가지는 주변 노동자와의 관계성이다. 또 하나는 98년 IMF 경제위기를 계기로 대기업의 남성 정규직 노동자가 비정규직 노동자로 대체되면서 남성 정규직 노동자의 내부 노동시장이 축소되어 간 흐름이다.

후자부터 살펴보자. 87년 체제 아래에서 정부와 기업은 정리해고제 등의 노동시장 규제 완화 정책의 도입을 획책해 왔는데, 그것을 실현시킨 것이 IMF 경제위기였다. IMF에서 긴급 융자를 받는 조건으로 당시 김대중 정권이 정리해고제를 즉시 도입하자마자, 기업은 대규모의 정리해고를 단행했으며 정리해고된 정규직 노동자를 비정규직 노동자로 대체했다. 이는 87년 체제에서 강력한 기업별 노동조합의 힘을 배경으로 안정적인 고용이나 비교적 양호한 노동 조건 등을 향수해 온 대기업 남성 정규직 노동자에 의한 내부 노동시장 체제의 약체화를 의미한다. 또한 IMF 경제위기 이후에도 계속 이어진 노동의 비정규직화는 개발연대 이래 한국형 발전 모델에 규정된 생산 체제의 심화·고도화에 의한 바가 크다.

개발연대에서 IMF 경제위기까지 한국의 경제 발전을 유형화한 핫토리 다미오의 조립형 공업화론은 한국의 생산 체제를 고찰하는 데 시사하는 바가 많다. 핫토리에 의하면 한국은 주로 일본에서 고도 기술·기능이 체화된 자동화 기계·설비 및 고품질의 중핵 부품이나 소재를 수입하고 그것들을 통합해서 미숙련 노동력으로 조립해서 수출함으로써 산업이나 상품을 고도화하고 기술·기능 절약형 발전을 이뤄 왔다(핫토리 다미오, 2005; 2007). 실제로 1980년대 전반 이후 중화학 공업화에 동반되는 생산 확대에 의해 심각한 노동력 부족이 발생했을 때도 90년대 신경영전략에서도 기업은 제일 먼저 인원 절감을 위한 자동화 설비 투자를 실시했을 뿐, 생산 노동자의 기능 양성이나 숙련 형성을 적극적으로는 시행하지 않았다. 오히려 신경영전략의 전개 속에서 생산 노동자의 탈숙련화가 급속히 진행되어, 그것이 비정규직 노동자에 대한 수요를 증대시켰던 것이다.

1998년 IMF 경제위기 이후 한국의 대기업을 중심으로 급속히 추진된 생산 시스템의 디지털화·자동화도 또한 이러한 기능·숙련 노동 배제적 생산 체제가 심화·발전한 것이라고 생각할 수 있다. 그 전형적인 예가 모듈형 생산 시스템의 도입이다. 한국의 수출 지향형 경제 발전을 주도해 온 전자 산업이나 자동차 산업에서는 IMF 경제위기를 계기로 생산 시스템의 모듈화가 급속히 진전되었다. 모듈형 생산 시스템에서 핵심적인 노동은 기술자나 테크니션에 의한 소프트웨어 프로그래밍이어서, 직접 생산 노동은 모듈을 장착해 조립하는 단순 반복에 지나지 않는 작업이 되고 말았다. 즉 노동과정이 철저히 단순화되었고 규격화·표준화됨에 따라 숙련은 해체되었으며, 이 때문에 정규직 노동자가 비정규직 노동자로 대체되는 것이 더욱 용이해져 노동의 비정규직화가 급속히 진전된 것이다.

게다가 87년 체제에서는 기업별 노동조합이 강력했기 때문에 정규직 노동자를 해고하고 비정규직 노동자로 대체하는 것이 어려웠지만, IMF 경제위기로 인해 노동조합의 발언력이 약해지고 정리해고제가 도입되자 그것은 눈사태와 같이 진전되게 되었던 것이다. 남성 정규직 노동자의 비정규직화는 강력한 기업별 노동조합운동의 근간이 되어 왔던 대기업의 내부 노동시장을 축소시켰고, 대기업 남성 정규직 노동자를 중심으로 하는 기업별 노동조합운동을 더욱 약체화시켰다. 이러한 일련의 흐름이 대기업의 내부 노동시장 체제를 크게 위축·동요시켰던 것이다.

5. IMF 경제위기 이후 노동의 비정규직화와 젠더 구조

다음으로 87년 체제에서 또 하나의 측면, 즉 분단 노동시장 체제에서 외부 노동시장을 구성했던 방대한 주변 노동자와 비정규직 노동자와의 관계성을 살펴보아야만 한다. 이들 주변 노동자는 개발연대부터 도시 하층과 연속성을 가지고 왔음은 전술했던 바이다. 여기에서는 법·제도나 노동조합의 보호나 규제에서 배제된 고용 및 취업의 성질을 '비공식성'이라고 정의하고, 비공식성을 분석 개념으로 사용해 한국에서 다양한 비정규직 고용의 특징이나 성격을 밝히고자 했다. 또한 비공식성이라는 개념을 도입함으로써 정규직 고용과 비정규직 고용 사이뿐만 아니라 다양한 형태로 존재하는 비정규직 고용 내부에 파묻힌 젠더 구조를 부각시킬 수 있다.

결론적으로 한국의 비정규직 노동자의 특징은 기간제 고용처럼 비교적 높은 전문성이나 기술·숙련에 근거를 둔 일부의 상대적으로 안정된 고용을 제외하면, 일반 임시직을 전형으로 하는, 비공식적 성격이 강한 노동자가 다수를 차지한다는 사실이 확인되었다. 이들 노동자의 다수는 저임금·장시간 노동을 하는데, 취업하는 기업의 영세성에 규정되어 해고 규제도 적용되지 않고 명시적인 고용 계약도 맺지 않는 불안정하고 유동성이 높은 고용을 특질로 하고 있다. 한국에서는 안정적으로 고용되어야 노동법이나 사회보장제도에 포섭되고 노동조합의 보호를 받을 수 있기 때문에, 이들 불안정 고용 노동자의 다수는 바로 그 고용의 불안정성 때문에 법이나 제도의 보호로부터 배제되는 비공식적인 성격을 갖추게 된다. 이들 비정규직 노동자는 '사회적 취약 계층'과도 겹치는데, 도시 영세 자영업층이나 비노동력 인구, 실업자와도 순환·교류 관계를 가지는 이른바 연변 노동력으로서 도시 하층과 연속성과 공통성을 가지고 있다.

덧붙여 중요한 것은 이러한 비정규직 고용의 비공식적인 성격은 남성 비정규직 노동자보다 여성 비정규직 노동자에게 더욱 강하다는 것이다. 여성 취업자의 다수는 1990년대 이후 경기 순환에 대응해 비정규직 노동자나 도시 영세 자영업층, 혹은 비노동력 인구까지 포함해 그 사이를 순환·교류하고 있다. 한편 남성 비정규직 노동자에서 점하는 기간제 고용의 비율이 여성보다 높다는 사실에서도 잘 드러나듯이, 남성 비정규직 노동자 중에는 정규직 노동자로 상승하는 경로가 열린, '준중핵 노동자'라고 해도 좋은 노동자층도 존재하고 있다. 남성 비정규직 고용 중에는 원래 정규직 고용이었던 것이 비정규직 고용으로 대체된 것이 많다는 것 또한 지적해 두고 싶다.

또한 비정규직 노동자 문제를 다루면서, 개개의 노동자만이 아니라 노동자 가족의 취업 형태를 규정하는 가족 재생산 구조도 검토할 필요가 있다. 여전히 방대한 도시 하층에 포함되는 도시 영세 자영업 및 영세 기업 종사자의 가족은 다취업 형태, 이른바 '가족 전체 벌이' 형으로 가족의 재생산을 유지하고 있다. 동시에 비정규직 노동자 가족 또한 가구원이 각각 저임금·장시간 노동으로 가족의 생계를 유지한다는 점에서 자영업 가족과 같은 가족 전체 벌이형이다. 게다가 비정규직 노동자나 도시 영세 자영업층, 영세 기업 종사자 등이 동일 가구를 구성하고 있는 경우도 보이며 가족 구조에 있어서도 이들은 긴밀한 교류관계를 가지며 겹치는 부분이 크다. 그러나 한국의 사회보장제도는 수적으로 소수이며 안정적 고용과 상대적 고임금을 향수하는 중핵 노동자가 오직 생계비를 버는 '남성 생계 부양자'형 가족을 전제로 설계되어 있다. 따라서 그 유형에서 벗어나 있는, 한국 노동자 가족의 다수를 점하는 저소득·불안정 취업의 자영업 및 비정규직 노동자 가구, 여성 가구를 중심으로 사회보장제도의 보호를 받지 못하

는 가족이 광범위하게 확대되고 있는 것이 현 상황이며, 이것이 양극
화 사회 문제의 중심을 이루고 있다.

6. 새로운 노동운동 모델을 찾아서

이상 살펴본 것처럼 IMF 경제위기 이후 비정규직 노동자가 급격히
증대하는 것에 동반하여, 87년 체제 아래에서 한국의 노동운동을 주
도해 온 대기업 남성 정규직 노동자를 중심으로 하는 기업별 노동조
합운동은 약체화되었고 정체되어 있다. 그러나 한국의 노동운동은
한국의 민주화 과정에 있어 사회의 변혁 주체로 지금까지도 중요했
고 앞으로도 중요하다. 따라서 87년 체제가 전환되는 중에서 새로운
노동 체제나 노동운동을 객관적으로 전망하려면, 그 주체가 되어야
할 비정규직 노동자의 성질이나 사회적 의미를 엄밀히 파악하는 것
이 필요 불가결하다.

　본서에서는 노동시장 분석을 통해 한국의 노동력 구조와 그 특질,
성격을 밝혔다. 현재 한국의 노동운동이 87년 체제에서 새로운 단계
로 한 발 내딛으려고 할 때 새로운 한국의 노동운동을 이끌어 나갈 수
있는 주체는 누구인가? 본서는 그것에 대해 생각하기 위한 기초 작업
이었다고 할 수 있을 것이다. 이 기초 작업에 의거하면서 한국 노동운
동 중에서 태동을 시작하고 있는 새로운 움직임에 대해 고찰하는 것
은 중요한 과제가 될 것이다. 그 위에 한국에서 노동운동 조직화를 위
한 이 새로운 움직임은 일본에서 노동운동의 새로운 방향성을 모색

하는 데도 큰 시사점을 주게 될 것이다. 본서가 이러한 것들을 생각하는 데 단서가 될 수 있다면 지은이로서는 망외의 기쁨이다.

후기

나는 1990년 11월부터 1995년 2월까지 4년에 걸쳐 대한민국 정부의 국비 유학생으로 서울대학교 사회과학대학 경제학과 대학원 박사과정으로 유학했다. 당시 한국은 1987년 6·29 민주화선언과 그 뒤에 이어진 노동자대투쟁의 열기가 식지 않은 채였으며, 민주화운동을 주도한 20~30대 청년들은 더욱 성숙한 시민사회를 만들고자 대학에서, 직장에서, 예술과 문화의 장에서 사회 변혁을 이루고자 활발히 움직이고 있었다. 그러므로 사회운동뿐만 아니라 모든 학문, 예술, 문화활동이 한국사회의 현실과 밀접하게 연관되어 있었다. 그렇게 희망과 활기가 넘치는 시대에 서울대학교 경제학과 대학원에서 유일한 일본인 유학생으로 연구할 수 있었던 행운에 지금도 감사하고 있다. 내 연구자로서의 자세나 태도, 그리고 사회를 보는 시각은 이 4년 동안의 유학 생활에서 키워지고 확립되었다고 해도 과언이 아니다.

나는 한국의 연구자들이 한국사회의 현실이나 문제점을 실제로 어떻게 인식하고 생각하고 있는가를 알고 싶어 재학중이었던 쓰다주쿠

대학교 국제관계학 연구과 박사과정을 그만두고 한국으로 왔다. 그러나 약 20년 전의 일본은 한국에 대한 연구가 지금처럼 활발하게 이뤄지지 않았기 때문에 한국어는 거의 독학으로 공부할 수밖에 없었다. 서울에 막 도착했을 때는 빈약한 언어력 때문에 한국인과 의사소통도 제대로 할 수 없었다. 또한 일본인이란 이유로 상당한 적의와 반감에 부딪칠 것이라 각오도 했었다. 하지만 그러한 걱정은 기우로 끝났다. 당시 한국의 대학이나 학계의 청년 세대 연구자들은 군사 정권 하에서 금지되었던 사회 변혁의 학문을 배우고자 바깥세상을 향해 활짝 문을 열어 놓고 있었다. 그들은 외국의 학문 연구에 강한 관심, 특히 일본의 마르크스주의 연구의 전통과 축적에 경의를 표하면서 한국 연구를 함께하는 동료로서 나를 받아 주었다.

따라서 나는 한국의 연구자와 문제의식을 공유하는 동시에, 일본인 연구자로서 일본과의 비교 연구를 통해 한국사회를 바라보고자 하는 연구 스타일을 가질 수 있게 되었다. 즉 한국의 연구자나 사회운동가가 당대의 현실이나 문제점을 어떻게 인식하고 있는지를 이해하는 것에서부터 나의 한국사회 분석은 시작되는 것이다. 그러므로 본서가 일관되게 유지하고 있는 자세도 단순한 통계 숫자의 나열이나 분석이 아니라, 그 배후에서 그것들을 규정하는 한국사회의 본질이 무엇인가를 꿰뚫어 보려고 하는 것이다. 본서는 1960년대 후반 이후 한국 자본주의 발전의 의미와 특징을 한국 노동사회의 깊은 곳에서부터 역사적으로 밝혀내는 것을 목적으로 한다.

본서는 20여 년에 걸친 내 한국 노동사회에 관한 연구 성과이다. 이 저서가 나오기까지 말로는 다 하지 못할 정도로 많은 분들의 도움을 받았다. 이 자리를 빌려 깊은 감사를 전하는 바이다.

내가 서울대학교 박사과정에 입학할 당시에는 일제 강점기 시대를 거치셨던 분들일수록 반일 감정이 강했다. 그럼에도 불구하고 안병직 선생님께서는 흔쾌히 일본인 유학생인 나의 지도 교수가 되어 주셨다. 이후 현재에 이르기까지 안병직 선생님께서는 한국 연구의 스승님으로서 한 사회를 정직하게 바라보는 방법을 가르쳐 주셨다.

윤진호 선생님과 김기원 선생님 덕분에 나는 한국사회경제학회에 참가할 수 있었다. 그곳에서 이뤄졌던 활발한 세미나에서 나는 많은 귀중한 조언과 시사점을 얻었으며, 나 나름의 한국 자본주의론 및 한국 노동사회경제론을 구성할 수 있었다.

또한 20년 지기 친구인 한국개발연구원의 황수경 박사와의 자극적인 토론을 통해 정말 많은 것을 배울 수 있었다. 특히 항상 객관적인 입장으로 냉철하게 한국 경제에 대한 분석을 하는 그녀에게서 연구자가 가져야 할 자세를 배웠다.

한편 한국노동연구원의 장지연 박사와 은수미 박사는 공동 연구의 연구자로 귀중한 데이터와 자료를 제공해 주셨을 뿐만 아니라, 그분들과 한일의 비정규 노동운동의 미래에 대해 토론하면서 중요한 시사점을 받았다.

또한 서울대학교 유학 시절부터 항상 변하지 않는 우정으로 나의 유학 생활이나 연구를 지지해 준 이화여자대학교 이명휘 교수에게 진심으로 감사드리고 싶다.

일본에서도 많은 선생님에게 지도와 온정을 받았다. 쓰다주쿠대학교 재학 중 나를 지도해 주신 고(故) 야마다 히데오(山田秀雄) 선생님께서는 사회 과학의 기초를 가르쳐 주셨다. 불초의 제자인 나는 연구 성과의 집대성을 선생님에게 보여드릴 수 없었다는 것이 너무나 안타깝다. 이제서야 겨우 졸저를 선생님의 영전에 바칠 수 있어 감개무량하다.

니무라 가즈오 선생님께서는 대학원 시절부터 내가 연구자로서 중요한 국면에 설 때마다 결정적인 조언을 해주셨고 많은 지원을 아끼지 않으셨다. 내가 오늘 여기에 있는 것은 니무라 선생님께 받은 지도의 산물이라고 생각한다.

다케나카 에미코 선생님은 나의 일본의 지도 교수님이라고 해도 과언이 아닐 정도로 노동과 젠더에 관해 넓고 깊게 지도해 주셨다. 특히 본서를 관통하는 중심적 시각 중 하나인 노동시장 분석을 통한 노동사회경제를 보는 시각은 선생님의 지도가 없었다면 얻을 수 없었을 것이다.

또한 노무라 마사미 선생님께서는 대학원 시절부터 지도를 해주셨다. 본서를 출간하면서 원고 단계부터 세밀히 살펴봐 주셨고, 벽에 부딪쳐 무너질 것 같을 때마다 적절한 조언과 따뜻한 격려를 해주시며 본서를 완성할 수 있도록 이끌어 주셨다.

핫토리 다미오 선생님께서 구축하신 조립형 공업화론은 나의 한국 연구의 원점이다. 많은 지도를 해주신 핫토리 선생님께서 2007년 말에 병으로 쓰러지신 뒤 선생님을 대신해 조립형 공업화론이 여전히 현재의 한국사회경제에도 타당한 이론임을 본서에서 증명하고자 결심했다. 그것이 성공했는지 아닌지는 독자의 판단에 맡기고자 한다.

출판사 미네르바쇼보의 고노 나호(河野菜穂) 씨는 처음 책을 내는 사람이라 모르는 것투성이인 나의 의논이나 질문에 일일이 친절하게 대답해 주셨다. 고노 씨의 도움에 진심으로 감사드리고 싶다.

마지막으로 연구자로서 요령도 없이 멀리 돌아가기만 하는 딸을 조바심내며 걱정하면서도 늘 곁에서 격려해 주시고 지탱해 주시는 아버지 야스지(安司), 어머니 기쿠코(喜久子)에게 진심 어린 감사와 함께 이 책을 바치고 싶다.

2012년 9월 5일

요코타 노부코

참고문헌

1. 1차 자료

日本厚生労働省 (1996; 2001; 2004),『就業形態の多様化に関する総合実態調査報告』.

_____ (1991; 1997; 2003),『パートタイム労働者総合実態調査報告』.

_____ (2002),『パートタイム労働研究会最終報告』. http://www.mhlw.go.jp/shingi/2002/07/s0719-3a.html

_____ (2002),『賃金構造基本統計調査』.

日本総務省統計局 (各年版),『労働力調査』.

_____ (各年版),『労働力調査特別調査報告』.

_____ (2004),『労働力調査年報』.

_____ (2000),『家計調査年報』.

한국교육개발원 (각 연도 12월),『교육 통계 분석 자료집』.

한국경영자총협회 (각 연도),『한국 노동 경제 연감』.

한국 통계청 (1999),『99년 9월 고용 동향』.

_____ (각 연도),『경제활동인구 조사』원자료.

_____ (각 연도),『경제활동인구 부가 조사』.

_____ (각 연도),『전국 사업체 조사』.

_____ (2000a; 2008),『도시 가계 조사』.

_____ (2000b),『가구 소비 실태 조사』원자료.

_____ (2000c),『한국 표준 직업 분류』.

_____ (2007),『제6차 한국 표준 직업 분류 개정』.

한국 노동부 (1988),『1987년 여름의 노사분규 평가 보고서』.

_____ (2003),『사업체 노동 실태 현황』.

_____ (각 연도),『구인·구직 및 취업 동향』

_____ (각 연도),『직종별 임금 실태 조사 보고서』원자료.

_____ (각 연도),『노동 통계 연감』.

_____ (각 연도),『노동력 수요 동향 조사 보고서』.

_____ (각 연도 12월호),『매월 노동 통계 조사 보고서』.

_____ (각 연도),『노동 백서』.

_____ (각 연도),『고용 전망 조사 보고서』.

_____ (각 연도),『임금 구조 기존 통계 조사』.

한국은행 (각 연도),『국민 계정』.

한국노동조합총연맹 (1988),『1987년도 노동쟁의』.

한국노동연구원 (1991),『제조업 고용 조사』원자료.

_____ (1992),『제조업 숙련 형성 조사』원자료.

_____ (각 연도),『KLI 노동 통계』.

한국노사문제임의중재협의회 (1991),『기능 인력 개발 체계의 개선 방안에 관한 연구를 위한 기업 내 교육 훈련 제도의 실태 조사』.

전국금속산업노동조합연맹 (1975),『1974년도 사업 보고서』.

_____ (1982),『1981년도 사업 보고서』.

_____ (2006),『현대자동차의 모듈 생산 방식 —— 아산공장 사례를 중심으로』.

전국금속산업노동조합연맹 내부 자료 (1999).

대우중공업 사내자료 (1990).

현대중공업 사내자료 (1990).

현대자동차 사내자료 (2004).

현대중공업 (1998),『'98단체협약서』.

서울대학교 경제학부 배무기 교수 조사팀 (1982),「도시 무허가 정착지 실태 조사 —— 서울시 관악구 신림7동(난곡)」원자료.

『조선일보』, 1999년 10월 7일 기사.

『매일노동신문』, 2011년 11월 25일 기사.

2. 일본어 문헌

青木昌彦・安藤晴彦 編 (2002),『モジュール化 ——新しい産業アーキテクチャの本質』, 東洋経済新報社.

アジット・S・バラ / フレデリック・ラベール (2005),『グローバル化と社会的排除 ——貧困と社会問題への新しいアプローチ』, 福原宏幸・中村健吾 監訳, 昭和堂.

阿部とし子 (1965),「工業都市における企業間格差と家族の社会・経済的性格 現代都市家族の所得構造と家族類型の研究(その2)」, 日本社会学会,『社会学評論』第15巻 第3号.

有田謙司 (2005),「日本における雇用構造の変化と雇用保障 ——解雇規制と非正規雇用」, 塚田広人 編著,『雇用構造の変化と政労使の課題 ——日本・韓国・中国』, 成文堂.

有田伸 (2006),「職業移動を通じてみる韓国の都市自営業層 ——経済危機後の変化の考察を中心に」, 奥田聡 編著,『経済危機後の韓国 ——成熟期に向けての経済・社会的課題』, アジア経済研究所.

李鋌 (2002),『整理解雇と雇用保障の韓日比較』, 日本評論社.

池添弘邦 (2001),「コンティンジェント労働の概念と実態」,『アメリカの非典型雇用 ——コンティンジェント労働者をめぐる諸問題』, 日本労働研究機構.

岩田正美 (2008),『社会的排除 ——参加の欠如・不確かな帰属』, 有斐閣.

岩間暁子 (2008),『女性の就業と家族のゆくえ——格差社会の中の変容』, 東京大学出版会.

上原一慶 (2009),『民衆にとっての社会主義 ——失業問題からみた中国の過去'現在'そして行方』, 青木書店.

梅村又次 (1971),『労働力の構造と雇用問題』, 岩波書店.

ウン・スミ (2010a),「非正規労働者組織化の方向に関する再検討」,『山口大学大学院東アジア研究科主催 東アジア国際フォーラムプロシーディングス』.

遠藤公嗣 (1999),『日本の人事査定』, ミネルヴァ書房.

大沢真理 (1993),『企業中心社会を超えて』,時事通信社.

──────── (2001),「非正規は差別されていないか」,上井喜彦・野村正實 編著,『日本企業理論と現実』,ミネルヴァ書房.

──────── 編著 (2004),『アジア諸国の福祉戦略』,ミネルヴァ書房.

──────── (2007),『現代日本の生活保障システム ──座標と行方』,岩波書店.

小倉一哉 (2002),「非典型雇用の国際比較 ──日本・アメリカ・欧州諸国の概念と現状」,『日本労働研究雑誌』No. 505,日本労働研究機構.

尾高煌之助 (1984),『労働市場分析』,岩波書店.

小野旭 (1973),『戦後日本の賃金決定』,東洋経済新報社.

加藤佑治 (1987),『現代日本における不安定就業労働者』,御茶の水書房.

木下順 (2010),「養成工制度と労務管理の生成」,『大原社会問題研究所雑誌』619号.

木下武男 (2007),『格差社会にいどむユニオン』,花伝社.

金成垣 (2008),『後発福祉国家論 ──比較のなかの韓国と東アジア』,東京大学出版会.

──────── (2011a),「韓国における年金制度と女性 ──後発国の文脈から」,『海外社会保障研究』第175号,国立社会保障・人口問題研究所.

──────── (2011b),「韓国における若者の生活不安と社会保障①～③」,『月間福祉』,2011年2月～4月.

金鎔基 (1991),「韓国における労使関係の転換 ──現代グループ労働争議の事例分析」,東京大学大学院経済学研究科修士論文(未公刊).

──────── (1998),「韓国の重工業大工場における人事制度改革」,法政大学大原社会問題研究所,『現代の韓国労使関係』,御茶の水書房.

木本喜美子 (1995),『家族・ジェンダー・企業社会 ──ジェンダー・アプローチの模索』,ミネルヴァ書房.

G.エスピン・アンデルセン,マリーノ・レジーニ 編 (2004),『労働市場の規制緩和を検証する』,伍賀一道 他訳,青木書店.

クォン・ヘジャ (2009),「女性の短時間非正規労働に長所はあるのか? ──女性の短時間労働者と他の非正規労働の実態分析」,『日韓非正規フォーラム2009プロシーディングス』.

熊沢誠 (1981),『日本の労働者像』, 筑摩書房.

公文溥 (1998),「大宇自動車における日本的生産システムの導入と作業組織」,法政大

学大原社会問題研究所,『現代の韓国労使関係』,御茶の水書房.

倉持和雄 (1994),『現代韓国農業構造の変動』, 御茶の水書房.

桑原哲 (2006),「東アジア製品アーキテクチャのモジュール化と貿易構造について
の実証分析」,『RIETI Discussion Paper Series 06-J-050』.

──────── (2011),「製品アーキテクチャのモジュール化の進展のもとにおける日本
'韓国'中国の東アジア地域における比較優位構造とその変化について」,『RIETI
Discussion Paper Series 11-J-001』.

経済企画庁国民生活局・財団法人家計経済研究所 (1996),『生活構造の日韓比較』.

小池和男 (1980),「韓国の熟練形成と賃金構造」, 日本労働協会 編,『韓国の労働事情』
日本労働協会.

伍賀一道 (2003),「現代日本の失業と不安定就業」, 社会政策学会 編,『現代日本の失
業』,法律文化社.

国際交流基金 (1999),『女性のパートタイム労働 ── 日本とヨーロッパの現状』, 新水
社.

酒井和子 (2002),「厚生労働省のパートタイム労働研究会の中間報告をどう見るか」,
『賃金と社会保障』No.1322.

清水敏行 (1986; 1987a; 1987b),「朴正熙維新体制と労働統制の展開」(1), (2), (3), 北海
道大学大学院法学研究科,『北大法学論集』第36巻 第5・6号, 第37巻 第4号, 第38巻
第2号.

新宅純二郎 (2006),「東アジアにおける製造業のネットワークの形成と日本企業
のポジショニング」, 東京大学21世紀COEものづくり経営研究センター,『MMR
Discussion Paper』No.92.

鈴木玲 (2005),「社会運動的労働運動とは何か ── 先行研究に基づいた概念と形成
条件の検討」, 法政大学大原社会問題研究所,『大原社会問題研究所雑誌』No. 562・
563.

──────── (2010),「社会運動ユニオニズムの可能性と限界 ── 形成要因'影響の継続性'
制度との関係についての批判的考察」, 法政大学大原社会問題研究所・鈴木玲 編,
『新自由主義と労働』,御茶の水書房.

隅谷三喜男 (1955),『日本賃労働史論』,東京大学出版会.

──────── (1960),「日本資本主義と労働市場」, 東畑精一 編,『農村過剰人口論』,日本評

論新社(『隅谷三喜男著作集』第2巻, 岩波書店, 2003年 所収).

_____ (1975),「韓国の労働市場 ──その構造と機能」Ⅰ・Ⅱ, アジア経済研究所,『アジア経済』第16巻 第3・4号.

_____ (1976a),『韓国の経済』, 岩波書店.

_____ (1976b),『労働経済論』, 筑摩書房.

孫昌熹 (1995),『韓国の労使関係 労働運動と労働法の新展開』, 日本労働研究機構.

滝沢秀樹 (1988),『韓国社会の転換 ──変革期の民衆世界』, 御茶の水書房.

_____ (1992),『韓国の経済発展と社会構造』, 御茶の水書房.

武川正吾 (1999),『社会政策のなかの現代 福祉国家と福祉社会』, 東京大学出版会.

武川正吾・キムヨンミョン 編 (2005),『韓国の福祉国家・日本の福祉国家』, 東信堂.

武川正吾・イヘギョン 編 (2006),『福祉レジームの日韓比較 社会保障・ジェンダー・労働市場』, 東京大学出版会.

竹中恵美子 (1979),『増補 現代労働市場の理論』, 日本評論社.

_____ (1996),「労働市場 ──日本型労働市場の再編から変容へ」, 石畑良太郎・佐野稔 編,『現代の社会政策』, 有斐閣.

_____ (2005),「日本の男女雇用平等政策のいま──『男性稼ぎ手モデル』は転換しうるか?」, 女性労働問題研究会,『女性労働研究』47号, 青木書店.

田中博秀 (1984),『解体する熟練 ──ME革命と労動の未来』, 日本経済新聞社.

谷本雅之 (2003),「近代日本の女性労働と『小経営』」, 氏家幹人 他編,『日本近代国家の成立とジェンダー』, 柏書房所収.

千葉悦子 (2000),「農家女性労働の再検討」, 木本喜美子・深澤和子 編著,『現代日本の女性労働とジェンダー ──新たな視角からの接近』, ミネルヴァ書房.

チャンジョン・オソニョン (2010),「韓国の労働市場構造と社会的排除」,『山口大学大学院東アジア研究科主催 東アジア国際フォーラムプロシーディングス』.

塚田広人 編著 (2005),『雇用構造の変化と政労使の課題 ──日本・韓国・中国』, 成文堂.

東畑精一 (1956),「農業人口の今日と明日」, 有沢弘巳・宇野弘蔵・向坂逸郎 編,『世界経済と日本経済』, 岩波書店.

長井偉訓 (2002),「『IT革命』と労使関係」, 労務理論学会,『労務理論学会誌』第11号.

_____ (2006),「電機産業における生産システムの変容と労働力編成」, 愛媛大学法文学部,『法文学部論集総合政策学科編』第21号.

中窪裕也 (2001),「コンティンジェント労働の諸相」, 日本労働研究機構,『アメリカの
　非典型雇用 ──コンティンジェント労働者をめぐる諸問題』.

仲野組子 (2000),『アメリカの非典型雇用』, 青木書店.

中川清 (1985),『日本の都市下層』, 勁草書房.

中西徹 (1991),『スラムの経済学 ──フィリピンにおける都市インフォーマル部門』,
　東京大学出版会.

日本労働研究機構 編 (2001),『韓国の労働法改革と労使関係』, 日本労動研究機構.

二村一夫 (1984),「企業別組合の歴史的背景」, 法政大学大原社会問題研究所『研究資
　料月報』305号.

＿＿＿＿ (1987),「日本労使関係の歴史的特質」,『社会政策学会年報第31集』, 御茶の水
　書房.

＿＿＿＿ (1994),「戦後社会の基点における労動組合運動」,『シリーズ日本近現代史
　4』, 岩波書店.

野原光 (2006),『現代の分業と標準化 ──フォードシステムから新トヨタ・システム
　とボルボ・システムへ』, 高菅出版.

野村正實 (1993a),『トヨティズム ──日本型生産システムの成熟と変容』, ミネルヴ
　ァ書房.

＿＿＿＿ (1993b),『熟練と分業 ──日本企業とテイラー主義』, 御茶の水書房.

＿＿＿＿ (1998),『雇用不安』, 岩波書店.

＿＿＿＿ (2003),『日本の労働研究 ──その負の遺産』, ミネルヴァ書房.

朴昌明 (2004),『韓国の企業社会と労使関係 ──労使関係におけるデュアリズムの深
　化』, ミネルヴァ書房.

橋本健二 (2007),「格差拡大とジェンダー ──女性内部の格差拡大と貧困層の集積」,
　女性労働問題研究会 編,『女性労働研究』51号.

＿＿＿＿ 編著 (2010),『家族と格差の戦後史 ──1960年代日本のリアリティ』, 青弓社.

橋谷弘 (1995),「韓国における年貧困層」, 小島麗逸・幡谷則子 編,『発展途上国の都市
　化と貧困層』, アジア経済研究所.

働く女性の教育ネットワーク (2008),『誰でも学べる女性労働組合ガイドブック 韓
　国篇』.

服部民夫 (1988),『韓国の経営発展』, 文真堂.

_____ (2005),『開発の社会経済学 ─ 韓国の経済発展と社会変容』, 文真堂.

_____ (2007),『東アジア経済の発展と日本 ─ 組立型工業化と貿易関係』, 東京大学出版会.

_____ 編著 (1987),『韓国の工業化 ─ 発展の構図』, アジア経済研究所.

濱口桂一郎 (2009),『新しい労働社会 ─ 雇用システムの再構築へ』, 岩波新書.

平川均 (1988),「世界システムの中の東アジア工業化と労働」, 社会政策学会 編,『アジアの労働と生活』, 御茶の水書房.

_____ (1992),『NIES ─ 世界システムと開発』, 同文館.

藤本隆宏 (2003),『能力構築競争 ─ 日本の自動車産業はなぜ強いのか』, 中央公論社.

深川由紀子 (1997),『韓国 先進国経済論』, 日本経済新聞社.

法政大学大原社会問題研究所 (1998),『現代の韓国労使関係』, 御茶の水書房.

松本厚治・服部民夫 編著 (2001),『韓国経済の解剖 ─ 先進国移行論は正しかったのか』, 文真堂.

三山雅子 (2011),「誰が正社員から排除され 誰が残ったのか ─ 雇用・職業構造変動と学歴・ジェンダー」, 藤原千沙・山田和代,『労働再審③ 女性と労働』, 大月書店.

メラニー・ウルス (2009),「日本における非正規雇用問題」, 法政大学大原社会問題研究所,『大原社会問題研究所雑誌』613号, 2009年 11月.

森建資 (2003),「雇用関係の変貌」, 社会政策学会 編,『雇用関係の変貌』, 法律文化社.

両角道代 (2008),「均衡待遇と差別禁止 ─ 改正パートタイム労働法の意義と課題」, 労働政策研究・研修機構,『日本労働研究雑誌』No.576.

山垣真浩 (2011),「解雇規制の必然性 ─ Authority Relationsの見地から」, 法政大学大原社会問題研究所・鈴木玲 編,『新自由主義と労働』, 御茶の水書房.

横田伸子 (1994),「1980年代の韓国における労働市場構造の変化 ─ 製造業生産職男子労働者を中心に」,『アジア経済』第35巻 第10号.

_____ (1998),「韓国の『都市下層』と労働市場」, 法政大学大原社会問題研究所,『現代の韓国労使関係』, 御茶の水書房.

_____ (2001),「民主化過程における韓国労働市場の構造変化と労使関係」, 九州大学,『韓国経済研究』第1巻 第2号.

_____ (2003),「韓国における労働市場の柔軟化と非正規労働者の規模の拡大」, 法政大学大原社会問題研究所,『大原社会問題研究所雑誌』535号.

_____ (2004), 「経済危機以降の韓国の雇用構造の変化と労使関係の新たな展開」, 現代韓国朝鮮学会, 『現代韓国朝鮮研究』.

_____ (2005), 「ジェンダー視点から見た日本におけるパートタイム労働者の現況と問題点」, 塚田広人 編著, 『雇用構造の変化と政労使の課題 ── 日本・韓国・中国』, 成文堂.

_____ (2007), 「1990年代以降の韓国における就業体制の変化と労働力の非正規化 ── 日本との比較分析を中心に」, 奥田聡 編著, 『経済危機の韓国 ── 成熟期に向けての社会・経済的課題』, アジア経済研究所.

_____ (2011), 「1990年代以降の韓国における労働力の非正規化とジェンダー構造」, 法政大学大原社会問題研究所, 『大原社会問題研究所雑誌』 No.632.

吉岡英美 (2010), 『韓国の工業化と半導体産業 ── 世界市場におけるサムスン電子の発展』, 有斐閣.

吉川良三・畑村洋太郎 (2009), 『危機の経営』, 講談社.

脇田滋 (2007), 「韓国非正規職保護法 ── その概要と関連動向」, 『龍谷法学』 第40巻第4号.

3. 한국어 문헌

강석제 (1995), 「신경영전략과 노동조합」, 영남노동운동연구소, 『신경영전략 ── 이렇게 맞서자』.

강신준 (1995), 「신경영전략과 인사·임금 제도」, 영남노동운동연구소, 『신경영전략 ── 이렇게 맞서자』.

국토개발연구원 (1982), 『주민자조활동과 도시 서비스 ── 자조활동을 통한 도시 서비스 공급 개선 방안 연구』.

김성희 (2005), 「비정규운동, 지난 5년의 성과와 과제」, 한국비정규노동센터, 『비정규운동, 지난 5년 그리고 앞으로 5년』.

김소영 (2001), 『고용 형태 다양화와 법·제도 개선 과제』, 한국노동연구원.

김영모 (1990), 『한국 빈곤 연구』, 한국복지정책연구소출판부.

김종숙·박수미 (2003), 『한국 여성의 노동 이동』, 한국여성개발원.

김종엽 엮음 (2009), 『87년 체제론 — 민주화 이후 한국 사회의 인식과 새 전장』, 창비.

김종엽 (2009), 「분단 체제와 87년 체제」 (김종엽 엮음[2009] 수록).

김철관 (1996), 「D중공업의 근로자 참여」, 한국경영자총협회, 『임금연구』 1996년 가을호.

김철식 (2009), 『상품 연쇄와 고용 체제의 변화: 한국 자동차산업 사례 연구』, 서울대학교 사회학과 박사학위논문.

김연명 · 윤정향 (2003), 「비정규 노동자의 사회복지 배제와 그 대책」, 정이환 외, 『노동시장 유연화와 노동복지: 비정규 근로자의 사회적 보호에 관한 국제 비교 연구』, 인간과복지.

김연명 · 김종건 (2003), 「비정규 노동자 가구의 사회복지와 노동력 재생산 실태」, 정이환 외, 『노동시장 유연화와 노동복지: 비정규 근로자의 사회적 보호에 관한 국제 비교 연구』, 인간과복지.

김유선 (2001), 「비정규직의 규모와 실태」, 한국노동사회연구소, 『노동사회』 제55호.

_____ (2003), 「1980년대 이래 비정규직 증가 원인」, 한국노동사회연구소, 『노동사회』 제78호.

_____ (2004), 『노동시장 유연화와 비정규직 고용』, 한국노동사회연구소.

_____ (2009), 「2009년 비정규직의 규모와 실태」, 한국노동사회연구소, 『노동사회』 제144호.

김태현 (2001), 「비정규 노동운동 어떻게 할 것인가」, 한국노동사회연구소, 『노동사회』 제56호.

김형기 (1988), 『한국의 독점자본과 임노동』, 까치.

김호기 (2009), 「87년 체제인가, 97년 체제인가」 (김종엽 엮음[2009] 수록).

경상대학교 사회과학연구원 (2003), 『금속노동자의 생활과 의식』, 한울.

금재호 (2002), 『기업 내부 노동시장의 변화』, 한국노동연구원.

남기곤 (2002), 「한시 근로자(contingent worker)의 규모와 성격」 한국산업노동학회, 『산업노동연구』 제8권 제1호.

대우자동차 노동조합 (1996), 『대우자동차 신경영전략에 따른 신노무정책과 노동조합의 대응』, 한국노동이론연구소.

박기성 (1992), 『한국의 숙련 형성』, 한국노동연구원.

_____ (1993), 「숙련 인력의 형성과 활용」, 한국노동연구원, 『국가경쟁력 강화를 위한 「신인력」정책 방향에 관한 토론회』.

_____ (2001), 「비전형근로자의 측정과 제언」, 한국노동경제학회 2001년 학술 세미나

자료집.

박덕제 (1985), 「한국의 연공임금에 관한 연구」, 서울대학교 경제학과 박사학위논문.

_____ (2000), 「한국 기업의 인력 관리와 산업 근로자의 근면성」, 미공간논문.

박덕제·박기성 (1990), 『한국의 노동조합 II』, 한국노동연구원.

박경수 (1981), 「농촌 출신 도시 공업 근로자의 경제 행위에 관한 연구 ── 구로공단 근로자
　　의 대농가송금 보조 사례를 중심으로」, 서울대학교 농업경제학과 대학원 석사논문.

박준식 (1992), 『한국의 대기업 노사관계 연구』, 백산서당.

배무기 (1982), 「한국 노동 경제의 구조 변화」, 서울대학교, 『경제논집』 제21권 제4호.

배무기·박제윤 (1978), 『한국의 공업 노동 연구』, 서울대학교 경제연구소.

배진한 (1978), 「농촌 노동력 유출과 노동시장」, 『노동경제논집』 Vol.2 No.1.

배은경 (2007), 「경제위기와 젠더관계의 재편」, 정운찬·조홍식 엮음, 『외환위기 10년, 한국
　　사회 얼마나 달라졌나』, 서울대학교출판부.

서상목 외 (1981), 『빈곤의 실태와 영세민 정책』, 한국개발연구원.

송호근 (1991), 『한국의 노동 정치와 시장』, 나남.

신원철 (2001), 「기업 내부 노동시장의 형성과 전개 ── 한국 조선산업에 관한 사례 연구」,
　　서울대학교 대학원 사회학과 박사학위논문.

안주엽·주준모·남재량 (2002), 『비정규 근로의 실태와 정책 과제II』, 한국노동연구원.

어수봉 (1992), 『한국의 노동 이동』, 한국노동연구원.

_____ (2005), 「고용 정책적 측면에서의 비정규직 고용 개선 방안 연구」, 『노동부 용역
　　보고서』.

영남노동운동연구소 (1994), 『신경영전략과 노동조합의 대응』.

_____ (1995), 『신경영전략 ── 이렇게 맞서자』.

우석훈·박권일 (2007), 『88만원 세대』, 레디앙.

윤정향 외 (2002), 『한국의 비정규직 노동자 ── 산업별 심층 연구』 한국노총 중앙연구원.

윤진호 (1984), 「도시 비공식 부문」, 이대근·정운영, 『한국 자본주의론』, 까치.

_____ (1994), 『한국의 불안정 취로자에 관한 연구』, 인하대학교출판부.

_____ (2001), 「노동시장의 구조변화와 노동조합의 조직 현황」, 윤진호 외, 『비정규
노동자와 노동조합』, 전국민주노동조합총연맹.

윤진호 외 (2001), 『비정규 노동자와 노동조합』, 전국민주노동조합총연맹.

은수미 (2010b), 「노동조합의 새로운 역할 모델」, 전국여성노동조합, 『새로운 노동조합활

동 모색 ── 더불어 함께 나누고 살리며 돕는 전국여성노동조합활동』.

_____ (2011), 『사내하도급과 한국의 고용 구조』, 한국노동연구원.

이대근·정운영 (1984), 『한국자본주의론』, 까치.

이재열 (1986), 『공식-비공식 부문간 직업 이동에 관한 일연구』, 서울대학교 사회학과 석
　사학위논문.

이종훈 (1985), 『한국의 농촌 - 도시간의 노동 이동 경로에 관한 연구 ── Todaro의 2단계
　이동가설의 검증을 중심으로』, 서울대학교 경제학과 석사학위논문.

이원덕 (1998), 『21세기 한국의 노동』, 한국노동연구원.

이형덕·김종덕 (1982), 「농촌의 가족 이주에 관한 연구」, 『농촌경제』 제5권 제1호.

이효수 (1988), 『노동시장 구조론 ── 한국 노동시장의 이론과 실증』, 법문사.

이효재·허석렬 (1983), 『제3세계의 도시화와 빈곤』, 한길사.

장지연 (2001a), 『경제위기와 여성 노동』, 한국노동연구원.

_____ (2001b), 「비정규직 노동의 실태와 쟁점 ── 성별 차이를 중심으로」, 『경제와 사
　회』 제51호, 한울.

장지연·양수경 (2007), 「사회적 배제 시각으로 본 비정규 고용」, 한국노동연구원, 『한국노
　동정책연구』 제7권 제1호.

장지연·요코타 노부코 엮음 (2008), 『글로벌화와 아시아 여성 ── 노동과 삶』, 한울.

장홍근 (1999), 「한국 노동 체제의 전환과정에 관한 연구 1987~1997」, 서울대학교 사회학
　과 박사학위논문.

전국민주노동조합총연맹 (2001), 『비정규 노동자와 노동조합』.

전국여성노동조합 외 (2001), 『여성의 세력화를 위한 여성 친화적 조직 방안 ── 전국여성
　노조 출범 2주년 기념 토론회 보고서』.

정건화 (1987), 「한국의 도시빈민의 형성 및 존재 형태에 관한 연구 ──「도시 비공식 부문」
　론 비판을 중심으로」, 서울대학교 경제학과 석사학위논문.

정동익 (1985), 『도시 빈민 연구』, 아침.

정성기 (1984), 「한국의 대-중소기업 노동시장 구조와 임금 격차」, 서울대학교 경제학과
　석사학위논문.

정이환 (1992), 『제조업 내부 노동시장의 변화와 노사관계』, 서울대학교 사회학과 박사학
　위논문.

_____ (2003), 「비정규 노동의 개념 정의 및 규모 추정에 대한 하나의 접근」, 한국산업노

동학회, 『산업노동연구』 제9권 제1호.

_____ (2006), 『현대 노동시장의 정치사회학』, 후마니타스.

_____ (2009), 「노동시장 체제를 통해서 본 한국 자본주의」, 『한국사회학연구』 제1호.

_____ (2010), 「비정규 노동과 한국 고용 체제의 성격」, 한국노사관계학회, 『산업관계연구』 제20권 제2호.

_____ (2011), 『한국과 일본의 비교 경제위기와 고용체제』, 한울.

정이환 외 (2003), 『노동시장 유연화와 노동복지』, 인간과복지.

조돈문 외 (1999), 『신경영전략과 노동조합의 대응』, 전국민주노동조합총연맹.

조성제 (2006), 「한·중·일 자동차산업의 고용관계 비교 ── 도요타, 현대, 상하이 폴크스바겐의 비정규직 실태를 중심으로」, 한국노동연구원, 『노동정책연구』 제6권 제2호.

조욱성 (1994), 「대우조선의 93년 임금 교섭 실태와 개선 방안」, 한국경영자총협회, 『임금연구』 1994년 봄호.

조준모 (2002), 「비정규 근로 노동 계약과 고용 보호의 딜레마」, 안주엽·조준모·남재량, 『비정규 근로의 실태와 정책 과제 II』, 한국노동연구원.

조주은 (2004), 『현대가족 이야기』, 문화기획 퍼슨웹.

조형 (1982), 「한국의 도시 비공식 부문 근로자에 관한 연구」, 『이대논총』 14집.

조형제·백승렬 (2010), 「유연 자동화와 숙련 성격의 변화 ── 현대자동차 차체 공장의 시스템 조정 노동을 중심으로」, 『산업노동연구』 제16권 제1호.

정진호 외 (2002), 『소득 불평등 및 빈곤의 실태와 정책 과제』, 한국노동연구원.

채창균 (1993), 「독점·비독점 부문별 노동조합의 상대적 임금 효과」, 서울대학교 경제학과 박사학위논문.

최강식·이규용 (1998a), 『우리나라 기업의 고용 조정 실태 I』, 한국노동연구원.

_____ (1998b), 『우리나라 기업의 고용 조정 실태 II』, 한국노동연구원.

_____ (1999), 『우리나라 기업의 고용 조정 실태 III』, 한국노동연구원.

최경수 (2001), 「고용구조 파악을 위한 고용 형태의 분류와 규모의 추정」, 한국노동경제학회, 『노동경제논집』 제24권.

최재현 (1986a), 「공식 부문과 비공식 부문 간의 상호 교류 ── 전기자료에 근거한 해석」, 산업사회연구회, 『산업사회연구1』, 한울.

_____ (1986b), 「자본제 생산양식과 도시 비공식 부문」, 『한국사회연구4』, 한길사.

_____ (1992), 『열린 사회학의 과제: 최재현 사회학 논문집』, 창작과비평사.

최태룡 (1994), 「경영혁신운동과 노동 통제」, 영남노동운동연구소, 『신경영전략과 노동조합의 대응』.

탁희준 (1992), 『한국 대기업의 사내 직업 훈련에 관한 조사 연구』, 국민경제연구소.

한국노동연구원 (1990), 『분기별 노동 동향 분석』, 1990, 2/4분기.

한국비정규노동센터 (2001), 『비정규 노동』 2001년 12월호.

_____ (2002), 『비정규 노동』 2002년 12월호.

_____ (2003), 『비정규 노동』 2003년 12월호.

_____ (2004), 『비정규 노동』 2004년 12월호.

_____ (2005), 『비정규 노동』 2005년 11월호.

_____ (2006), 『비정규 노동』 2006년 12월호.

_____ (2007), 『비정규 노동』 2007년 12월호.

_____ (2008), 『비정규 노동』 2008년 12월호.

_____ (2009), 『비정규 노동』 2009년 12월호.

_____ (2010), 『비정규 노동』 2010년11·12월호.

_____ (2011), 「2010 경제활동인구 조사 부가 조사 분석」, 미공간논문.

한국사회과학연구소 (1992), 『한국사회 노동자 연구』, 백산서당.

한상진 외 (1985) 『도시 비공식 부문 연구 —— 서울시 3개 영세민지역을 중심으로』, 현대사회연구소.

허석렬 (1982), 「도시 무허가 정착지의 고용 구조에 관한 일고찰」, 『한국사회연구1』, 한길사.

홍정수 (1996), 「대우중공업의 생산직 월급제」, 한국경영자총협회, 『임금연구』 1996년 봄호.

황수경 (1993), 『독점-비독점 부문 간의 숙련 형성 메커니즘에 관한 연구』, 숭실대학교 노사관계대학원 석사논문.

_____ (2007a), 『한국의 숙련 구조 변화와 핵심 기능 인력의 탐색』, 한국노동연구원.

_____ (2007b), 「서비스화가 일자리 숙련 구조에 미친 영향 —— 인지적 숙련 및 상호적 숙련을 중심으로」, 한국노동경제학회, 『노동경제논집』 제30권 제3호.

황정미·김순영 (2006), 「한국의 여성 비정규 노동과 사회 정책의 방향」, 『산업노동연구』 제12권 제1호.

4. 영어 문헌

Amsden, Alice H (1989), *Asia's Next Giant: South Korea and Late Industrialization*, Oxford University Press.

Braverman, Harry (1974), *Labor and Monopoly Capital: The Degradation of Work in the Twentieth Century*, Monthly Review Press.

Chang, Kyung-Sup (2010), *South Korea under Compressed Modernity: Familial Political Economy in Transition*, Routledge.

Chun Jennifer Jihye (2009), *Organizing at the Margins: The Symbolic Politics of Labor in South Korea and The United States*, Cornell University Press.

Deyo, Frederic C (1989), *Beneath the Miracle : Labor Subordination in the New Asian Industrialism*, University of California Press.

Doeringer, P. and Piore, M. (1971), *Internal Labor Markets and Manpower Analysis*, D.C. Health and Company.

International Labor Office (2002), *Decent Work and the Informal Economy*, International Labor Office.

Koo Hagen (1976), "Entrepreneurship in a Developing Society: Patterns of Labor Absorption and Social Mobility", *Social Forces*, Vol.54:4.

_____ (2001), *Korean Workers: The Culture and Politics of Class Formation*, Cornell University Press.

Nam Hwasook (2009a), *Building Ships, Building A Nation: Korea's Democratic Unionism under Park Chung Hee*, University of Washington Press.

_____ (2009b), "Shipyard Women and the Politics of Gender: A Case Study of the KSEC yard in South Korea", in Ruth Barraclough & Elyssa Faison. ed (2009)., *Gender and labour in Korea and Japan: Sexing Class*, Routledge.

Polanyi Karl (2001), *The Great Transformation: The Political and Economic Origins of Our Time*, Beacon Press.

Polivka, Anne E (1996), "Contingent and Alternative Work Arrangements, Defined", *Monthly Labor Review*, Bureau of Labor Statistics, USA.

Sethuraman, S.V (1976), *Jakarta: Urban Development and Employment*,

International Labor Office.

_____ ed (1981), *The Urban Informal Sector in Developing Countries: Employment, Poverty and Environment*, International Labor Office.

Thompson, E. P (1980), *The Making of the English Working Class*, Pelican.

Todaro, Michel P. (1969), "*A Model of Labor Migration and Urban Unemployment in Less Developed Countries*", America Economic Review, March 1969.

_____ (2000), *Economic Development*, 7th ed., Addison-Wesley Longman.

한국 노동시장의 해부: 도시 하층과 비정규직 노동의 역사

발행일 초판1쇄 2020년 9월 10일

지은이 · 옮긴이 요코타 노부코 | **펴낸곳** (주)그린비출판사 | **펴낸이** 유재건 | **주소** 서울시 마포구 와우산로 180, 4층

주간 임유진 | **편집** 신효섭, 홍민기 | **디자인** 권희원

마케팅 유하나 | **경영관리** 유수진 | **물류유통** 유재영

전화 02-702-2717 | **팩스** 02-703-0272 | **이메일** editor@greenbee.co.kr | **신고번호** 제2017-000094호

ISBN 978-89-7682-634-3 93330

이 도서의 국립중앙도서관 출판예정도서목록(CIP)은 서지정보유통지원시스템(http://seoji.nl.go.kr)과 국가자료종합목록구축시스템(http://kolis-net.nl.go.kr)에서 이용하실 수 있습니다.(CIP제어번호: CIP2020033391)

철학과 예술이 있는 삶 **그린비출판사**